Sammlung Luchterhand 789

Über dieses Buch: »Ich bin 1940 geboren, und nur sehr wenige Marokkanerinnen meiner Generation haben überhaupt lesen und schreiben gelernt – ganz zu schweigen von der Möglichkeit, eine weiterführende Schule zu besuchen. Es erscheint mir fast wie ein Wunder, daß ich nicht Analphabetin geblieben bin. Wenn ich also versuche, eine Frau ohne Schulbildung dazu zu bringen, daß sie ihre Meinung äußert, dann ist das für mich, als ob ich mir selbst das Wort erteile, jenem anderen möglichen Selbst, das im traditionellen Schweigen hätte verharren müssen.« Fatima Mernissi

Über die Autorin: Fatima Mernissi, geb. 1940 in Fès, Marokko, studierte politische Wissenschaften in Rabat und anschließend Soziologie in den Vereinigten Staaten; arbeitet in verschiedenen internationalen Organisationen mit; heute ist sie Professorin der Soziologie an der Universität in Rabat.
Veröffentlichungen: Sexe, idéologie et Islam, Paris 1983 (dt. Geschlecht Ideologie Islam, München 1987); Le harem politique. Le Prophète et les femmes, Paris 1987.

Der Harem ist nicht die Welt

Elf Berichte aus dem Leben marokkanischer Frauen

Gesammelt und eingeleitet
von Fatima Mernissi
Aus dem Französischen
von Edgar Peinelt
unter Mitarbeit
von Nina Corsten

Luchterhand
Literaturverlag

Titel der Originalausgabe: *Le Maroc raconté par ses femmes*
erschienen bei: Société Marocaine des Editeurs Réunis, Rabat 1984

Deutsche Erstausgabe
Sammlung Luchterhand, März 1988
Lektorat: Christiane Gieselmann
Luchterhand Literaturverlag GmbH, Frankfurt am Main. Umschlagentwurf: Max Bartholl. Umschlagfoto: Christa Schwarzwälder. Satz und Druck: Druck- und Verlags-Gesellschaft mbH, Darmstadt. Bindung: Wagner, Nördlingen. Printed in Germany.
ISBN 3-630-61789-1

8 9 10 95 94 93 92 91

Inhalt

Fatima Mernissi
Die Welt der Frauen in Marokko

Omar Ibn Al Khattab der Gerechte* sagt: Wenn der Dialog zwischen den Geschlechtern überhaupt möglich ist, dann wird er jedenfalls als Monolog enden. Und der Prophet soll gesagt haben: »Fragt eure Frauen um Rat, aber tut genau das Gegenteil!«**
Um zu erklären, was damit gemeint ist, müßte man zeigen, wieso das Schweigen der Frauen zu den Grundlagen unserer Kultur gehört. Aber im vorliegenden Buch geht es nicht um dieses Thema, sondern darum, das traditionelle Schweigen zu brechen, wie auch immer es entstanden sein mag.
Wie mag Marokko aussehen – mit den Augen der Frauen betrachtet? Wird uns ein anderes, ein unbekanntes Marokko gezeigt, oder erscheint die Welt genau wie in der männlichen Sichtweise? Sind die weiblichen Vorstellungen am Ende gar befangen im männlichen Orientierungs- und Bezugssystem? Glaubt man einer beliebten männlichen Argumentation, die in den marokkanischen Medien immer wieder lautstark zu Gehör gebracht wird, dann dreht sich im Leben der Frauen alles darum, geliebt und begehrt zu werden – von einem Mann natürlich, und zwar von einem, der auch bezahlen kann, der den weiblichen Körper in Gold aufwiegt. Schönheit und Sinnlichkeit – als Mittel der Verführungskunst – gelten als die wichtigsten Ideale im Leben einer Frau.
Aber in der Welt der marokkanischen Frauen sind in Wahrheit ganz andere Kämpfe und Probleme entscheidend. Die Mehrheit der Frauen hat um den Arbeitslohn, um das tägliche Brot, um das nackte Überleben zu kämpfen. In ihrer Welt dreht sich alles darum, wie man mit Armut, Arbeitslosigkeit und den Wechselfällen des Lebens fertig wird. Die Frauen begreifen sich deshalb auch selbst vor allem als ›Wirtschaftsfaktoren‹: als Arbeitskräfte und Einkommensquellen.

* Omar I., der 2. Kalif (Anm. d. Ü.).

** Ghasali (Algazel, islamischer Theologe des 11. Jahrhunderts, Anm. d. Ü.) überliefert diesen Ausspruch des Propheten (*hadith*) in seinem berühmten Werk *Ihya ulum ad-din.*

Frauen, die ihr ganzes Leben in einem ›Harem‹ verbringen, gibt es heute kaum noch. Das Gespräch, das ich mit Batoul Benjelloun geführt habe, schildert eine Ausnahme von der Regel – sie ist in den zwanziger Jahren in einem Harem in Fès aufgewachsen und hat auch seit ihrer Heirat, kurz nach dem Zweiten Weltkrieg, wieder in einem Harem gelebt.

Heute sind die jungen Frauen aus guter Familie um Schul- und Berufsbildung bemüht und entwickeln großen Ehrgeiz, wenn es um die Karriere und das Einkommen geht. Für eine junge Frau aus den bürgerlichen Kreisen von Fès oder Casablanca ist es inzwischen selbstverständlich, daß ihre ›Attraktivität‹ auch mit ihrem Beruf und ihrem Einkommen zu tun hat und nicht nur davon abhängt, ob sie ihre Taille mit einem goldenen Gürtel schmückt. Selbst in der gesellschaftlichen Klasse, die es sich leisten könnte, auf Lohnarbeit der Frauen zu verzichten, weil das Familienoberhaupt genug verdient, um Frau und Kinder zu ernähren – selbst in dieser Klasse wird inzwischen akzeptiert, daß die Frauen ihre Eigenständigkeit auch ökonomisch beweisen wollen.

Die Zeiten, als sich das Leben der Frauen in der Abgeschiedenheit vollzog, sind endgültig vorbei. Natürlich gibt es auch heute noch Menschen, die dieser Ära nachtrauern und sie idealisieren. Das ist bedauerlich und rührend altmodisch – da werden alte Zeiten und eigene Wunschvorstellungen beschworen, die mit der historischen Wirklichkeit nichts zu tun haben.

Denn in Wahrheit war es auch in der marokkanischen Geschichte die Ausnahme, daß Frauen völlig untätig und zurückgezogen lebten. Man darf nicht vergessen, daß Marokko noch bis vor kurzer Zeit von Hungersnöten, Seuchen und inneren Unruhen heimgesucht wurde. Für die Mehrheit der Bevölkerung, die von der Landwirtschaft lebte, war es undenkbar, daß allein der Ehemann für den Unterhalt der Frauen zu sorgen habe – im Gegenteil, die Frauen haben immer harte Arbeit leisten müssen. In Artikel 115 der *mudauana** heißt es: »Jeder bestreitet seinen Lebensunterhalt aus seinen eigenen Einkünften, mit Ausnahme der Ehefrau, deren Unterhalt dem Ehemann obliegt.« Mit der Wirklichkeit hat diese

* Das marokkanische Familienrecht, genauer: das 1. und 2. Buch des Personenstandsgesetzes (Dahir Nr. 1-57 343, vom 22. November 1957).

Formulierung wenig zu tun, sie zeigt nur, daß zwischen den Vorstellungen, die bei der Abfassung dieser Bestimmungen maßgebend waren, und dem Alltag der marokkanischen Frauen Welten liegen. In diesem Zusammenhang muß man daran erinnern, daß die *mudauana* ausschließlich von Männern erarbeitet wurde. Als die Führer der nationalen Bewegung, die Gefängnis und Folter ertragen hatten, um Gleichheit und Demokratie zu erkämpfen, kurz nach der Unabhängigkeit das Modell der Familie im neuen Marokko entwarfen, war eine Zentralfigur der Familie, nämlich die Frau, bei der Beschlußfassung nicht repräsentiert.

Dabei ist, wie auch die Interviews zeigen werden, in den Schichten mit geringem Einkommen oft gerade der Ehemann die Randfigur: Arbeitslosigkeit und Arbeitsemigration führen dazu, daß die Männer entweder zum Lebensunterhalt der Familie oder zur Erziehung der Kinder wenig beizutragen haben.

Die nachstehenden Interviews sind aufschlußreich in zweifacher Hinsicht. Zum einen: In unserer Gesellschaft ist es seit jeher besonders schwierig gewesen, die Differenzen zwischen weiblicher und männlicher Weltsicht genauer zu bestimmen, weil die Frauen sich eben nicht öffentlich geäußert haben. Für die Entwicklung demokratischer Formen – und dazu gehört die Vielfalt der Meinungen und Argumente – in den islamischen Gesellschaften bedeutet es eine schwerwiegende Hypothek, daß allein die Männer sich Gehör verschaffen können.

Zum anderen könnten die Interviews ein genaueres Bild der Wirklichkeit zeichnen. Es geht darum, den Umbruch im Leben der Frauen zu erfassen, der in den letzten Jahrzehnten stattgefunden hat. Wie sehen die Frauen selbst ihre Möglichkeiten, was bedeuten ihnen die tiefgreifenden und unumkehrbaren Veränderungen in ihrer Welt? Ziehen sie persönliche Konsequenzen aus dieser Entwicklung?

Mobilität, Ausbildung und Beruf sind die Bereiche, in denen sich grundlegend neue Chancen für die Frauen ergeben haben: hier zeigt sich ganz deutlich, wie soziale Machtverschiebungen und Klassenauseinandersetzungen auf die weibliche Lebenswelt einwirken.

In den islamischen Gesellschaften gilt jede Form des Wandels als eine Bedrohung durch fremde Mächte – die sogenannte ›Zukunftsplanung‹ und die Entwicklungspolitik stehen daher völlig im Bann der Tradition. Unter diesen Umständen wird die Ideologie zum bestimmenden Faktor. Die aktuellen ›Schwierigkeiten der Entwicklung‹ in Marokko sind erst in zweiter Linie wirtschaftlicher Natur: in erster Linie geht es um ideologische Entscheidungen. Bevor man sich den praktischen Fragen zuwendet, muß man beschließen, welche sozialen Problembereiche Vorrang haben sollen. Von den Politikern und Intellektuellen, die sich mit solchen Fragen von nationaler Bedeutung befassen, ist eigentlich zu fordern, daß sie nicht nur ihren eigenen Überzeugungen folgen, sondern auch die Vorstellungen der Bevölkerung kennen und in Betracht ziehen. Was selbst fortschrittliche Politiker und Intellektuelle bei ihren Gesellschaftsentwürfen aber häufig vergessen, ist die Tatsache, daß die ›Massen‹ nicht geschlechtslos sind – und die Frauen bilden die Mehrheit.

In der Welt der Frauen sind die Männer das ›schwache Geschlecht‹

Die Frauen schildern eine Lebenswirklichkeit, die mit den vorherrschenden männlichen Idealen und Ordnungsvorstellungen nichts gemein hat. In den staatlich kontrollierten Massenmedien und in der Gesetzgebung ist natürlich die männliche Sichtweise bestimmend: ich ziehe es vor, sie als den männlichen ›Dauerton‹ zu bezeichnen. Von der ›herrschenden Meinung‹ zu sprechen, könnte den Eindruck erwecken, es gebe noch andere Äußerungen oder Gegenstimmen. Natürlich vertreten fortschrittliche Intellektuelle oft abweichende Standpunkte – doch es gelingt ihnen nicht, sich Gehör zu verschaffen. Gegen das Dröhnen des Propagandaapparats haben sie keine Chance, er übertönt einfach alles. Hinzu kommt noch etwas anderes: die Linke wagt es nicht, gegen den offiziellen ›Dauerton‹ in der Behandlung von Frauenfragen anzuschreien, weil sie befürchten muß, von den Vertretern der herrschenden Ideologie der ›Gottlosigkeit‹ bezichtigt zu werden. Diese Furcht bestimmt die politische Haltung der fortschrittlichen Kräfte zu einer Reihe von wichtigen Fragen – zu Empfängnisverhütung, Polygamie und ›Verstoßung‹ von Ehefrauen oder auch zum Problem der Diskriminierung von Frauen im Erbrecht. Nach der Logik der herrschenden Ideologie

stellt bekanntlich jede Veränderung eine ›Neuerung‹ *(bidaa)* dar, und Neuerungen gelten als ›Irrwege‹ *(dalal).*
Wie die Interviews zeigen werden, sind es vor allem drei Problembereiche, die von Männern und Frauen völlig verschieden gesehen werden: die Geschlechterrollen, die ehelichen Beziehungen und die Empfängnisverhütung.

Die Geschlechterrollen
Nach männlicher Auffassung sind bekanntlich die Männer das ›starke‹, die Frauen das ›schwache‹ Geschlecht. Aus den Äußerungen der Frauen ergibt sich ein anderes Bild. Die Frauen erscheinen als ein ›Geschlecht von Riesinnen‹, im täglichen Nahkampf mit den Ungeheuern der Zerstörung: der Arbeitslosigkeit, der Armut und den entehrenden Tätigkeiten.
Diese Selbstbewertung der Frauen als entscheidende Wirtschaftskräfte zeigt sich besonders kraß in dem Interview mit Aïcha Al Hyaniya, einem Kind von 9 Jahren, das der Welt seiner Kindheit in der *hyayna** entrissen wurde, um als Hausangestellte bei einer Familie in Fès zu arbeiten. In ihrer Erinnerung erscheint die Kinderzeit in ihrer ländlichen Heimat vor allem als eine Periode der Produktivität. Damals konnte sie pflanzen, Holz und Wasser holen, beim Olivenpressen helfen, Fische und Vögel fangen und das Vieh hüten – sie sah sich begabt mit fast mythischen Fähigkeiten zur Vermehrung des Wohlstands.
Mit den Schwierigkeiten des täglichen Lebens müssen die Frauen allein fertig werden, der Mann erscheint in ihren Schilderungen nicht gerade als eine große Hilfe. Nicht nur, daß er die Rolle des Ernährers nicht ausfüllt, die ihm die Unterhaltsregelung *(nafaqa)* in Art. 115 der *mudauana* zuweist, er ist nicht einmal in der Lage, eine Vermittlerfunktion zu übernehmen, die täglichen Härten zu mildern.
Außer Batoul Benjelloun, die ein Leben im Käfig des Harems geführt hat, sind alle interviewten Frauen der Meinung, einen wichtigen Beitrag zum wirtschaftlichen Auskommen ihrer Familie zu leisten – unabhängig vom Einkommen und sozialen Status des Ehemannes. Rabéa, eine Lehrerin, die mit einem Arzt verheiratet war, berichtet,

* die ländliche Gegend um Fès.

daß ihr Mann bei der Heirat verlangte, sie solle ihren Beruf aufgeben. Sie bestand darauf, weiterhin zu arbeiten, und sie sieht ihren Entschluß, sich nach dem Scheitern der Ehe scheiden zu lassen, in engem Zusammenhang mit der Tatsache, daß sie über ein eigenes Einkommen verfügte. Für sie ist das Recht auf Arbeit ebenso wichtig wie das Recht, seine Meinung offen zu vertreten: »Wir sind heute so weit, daß wir dem Mann die Meinung sagen können – für meine Mutter war das noch undenkbar. Daß wir hingehen können und die Scheidung einreichen – auch wenn das bedeutet, eine Menge Nachteile in Kauf zu nehmen und Beleidigungen zu ertragen –, daß es diese Möglichkeit gibt, ist sehr wichtig.«

Nezha ist die einzige unter den befragten Frauen, die an der Universität studiert hat. Sie stammt aus bescheidenen bürgerlichen Verhältnissen und hat schon früh begonnen, für ihren Lebensunterhalt selbst zu sorgen. Als sie noch die höhere Schule besuchte, fand sie Möglichkeiten, in den Schulferien zu arbeiten und sich ein eigenes Einkommen zu verschaffen. Für die ungebildeten Frauen, die nicht lesen und schreiben können oder nur wenige Jahre in der Schule verbracht haben, beginnt das Arbeitsleben allerdings noch früher: im Kindesalter. Die meisten dieser Frauen aus den besitzlosen Schichten werden schon im Alter von vier oder fünf Jahren zur Arbeit in der Familie herangezogen. Auf dem Land bedeutet das Feldarbeit, Hüten der Tiere und die tägliche Last des Holzsammelns und Wasserholens. In der Stadt besorgt man den Mädchen eine Anstellung in einem Haushalt oder gibt sie bei einer *m'allma** ›in die Lehre‹.

In den Berichten der Frauen treten die Männer ganz und gar nicht in der Rolle eines Beschützers gegen die Härten und Wechselfälle im Leben der Frauen auf. Sie erscheinen eher als ›Anti-Helden‹; wie die Frauen sind auch sie den zerstörerischen Kräften ausgeliefert, die vor allem in den ländlichen Regionen wirken. Durch Dürreperioden und fortschreitende Schrumpfung der privaten Anbauflächen geraten die Familien irgendwann in eine ausweglose Situation: einzeln oder gemeinsam müssen sich weibliche wie männliche Familienmitglieder auf die Wanderschaft begeben, um anderswo Arbeit und

* eine Lehrerin, die den kleinen Mädchen traditionelle Handarbeiten beibringt: Sticken, Weben, Posamentieren ... (Hocharabisch *moallima* – Lehrerin, Anm. d. Ü.).

Auskommen zu finden. Von den befragten Frauen hat nur Daouya Al Filalia eine persönliche Entscheidung zur Emigration getroffen. In anderen Fällen folgen die Frauen ihren Männern nach der Heirat an einen neuen Ort. Oft trifft auch die Familie den Beschluß, daß eine Frau allein in die Fremde gehen soll, um Arbeit zu finden – das ist zum Beispiel das Schicksal der jungen Mädchen, die als Hausangestellte ›untergebracht‹ werden.
Kurz: in den Berichten der Frauen gibt es keine ›starken Männer‹, die den ›schwachen weiblichen Wesen‹ Schutz und Luxus bieten können. Die Frauen sind sich ihrer Position im wirtschaftlichen Überlebenskampf um die Entlohnung und die Absicherung eines Arbeitsplatzes sehr wohl bewußt. Offensichtlich ist das offizielle männliche Selbstbild mit der weiblichen Sicht der Dinge völlig unvereinbar. Gilt dies auch für die Vorstellungen über das Eheleben?

Die ›glückliche Ehe‹ als weibliches Lebensziel

Nach männlicher Definition besteht die eheliche Gemeinschaft aus zwei völlig ungleichen Teilen: aus einem abhängigen Wesen, der Frau, dessen sämtliche Bedürfnisse von einer begüterten und großzügigen Person, dem Mann, befriedigt werden. Diese Ungleichheit herrscht auch in den emotionalen Beziehungen. Zur ehelichen Treue ist nur die Frau verpflichtet, der Mann darf sich andere Partnerinnen suchen. Nach den Regeln der Polygamie sind ihm bis zu vier Ehefrauen erlaubt, die er überdies nach Belieben ›verstoßen‹ und durch andere ersetzen kann. Er ist dabei niemandem Rechenschaft schuldig, seine Launen sind Gesetz. In einer Gesellschaft, die Polygamie und Verstoßung gesetzlich festgeschrieben hat, sind Vorstellungen von wirtschaftlicher und persönlicher Gleichstellung der Ehepartner natürlich nicht gerade populär. Die Schilderungen der Frauen lassen keinen Zweifel, daß sie sich im Rahmen der Ehegemeinschaft in einer Situation völliger Unterdrückung befinden – von daher erscheint ihnen wirtschaftliche und persönliche Gleichberechtigung, eine ›partnerschaftliche Ehe‹, als die einzig richtige Lösung. Für die Verwirklichung dieser Idealvorstellung kämpfen sie mit aller Kraft.
Sie fordern eheliche Treue, aber ein Mann muß nicht reich sein, um geliebt zu werden; das wird aus ihren Berichten vom täglichen

Daseinskampf auch deutlich. Was die Frauen aus ihrem Leben erzählen, macht auf ganz schlichte Weise klar, wie unsinnig jene Vorstellung ist, die im Zentrum des offiziellen männlichen Selbstbildes steht; ob ein Mann geliebt wird, hängt nicht von seiner materiellen Potenz, sondern von seinen emotionalen Qualitäten ab. Er muß nicht viel geben können, aber er soll hingabefähig sein. Die besondere, enge Beziehung zu ihrem Ehegatten ist den Frauen wichtig. Ob er den Lebensunterhalt bestreitet oder nicht, spielt keine entscheidende Rolle – sie müssen ohnehin in der Regel selbst für ihr Auskommen sorgen.

»Bevor ich mein erstes Kind bekam, habe ich meinem Mann gewisse Bedingungen gestellt. Ich habe gesagt: Hunger und Armut kann ich ertragen; ich bin bereit, mit dir in einem baufälligen Haus, in einer Wellblechhütte oder sogar in einem Zelt zu leben, wenn es sein muß ... Aber wenn ich merke ... Wenn du eine andere Frau hast, oder wenn du auch nur anfängst, spät nach Hause zu kommen – woher soll ich denn wissen, was du treibst – dann ist Schluß, das wäre *maqdarsch* – mehr als ich ertragen kann.« So spricht Tahra Bent Mohammed, die es aus ihrer Heimat im Mittleren Atlas in eine Vorstadtsiedlung von Rabat verschlagen hat, weil sie ihrem Ehemann nachgefolgt ist.

Die meisten Familien leben heute unter äußerst destruktiven Umständen – die Arbeitslosigkeit führt zum Beispiel dazu, daß der Ehemann oft abwesend ist und seinen Unterhaltspflichten kaum nachkommen kann. Erstaunlicherweise bedeutet den Frauen die eheliche Gemeinschaft dennoch sehr viel.

Habiba, die Seherin, lebt in einer ganz ungewöhnlichen, aber glücklichen Partnerschaft mit ihrem zweiten Ehemann: er steht ihr bei, wenn sie einen ihrer Anfälle hat – wenn die *riah** über sie kommen. Dann hält er sie und wälzt sich mit ihr auf dem Boden, im Dreck und in den Pfützen. Und dieser Mann ist durchaus nicht reich und großzügig, sondern arbeitslos und obendrein *ma'dur* – ein beinamputierter Krüppel.

Eine glückliche Ehe als Zentrum der eigenen Familie – dieses Ideal verfolgen die Frauen mit aller Kraft. Das zeigt sich bereits in der

* *riah* (eigentl. ›die Winde‹) ist die Bezeichnung für einen Zustand der Entrückung, wenn ›Geister‹, die *dschnun*, von einem Menschen Besitz ergreifen.

Partnerwahl: fast alle interviewten Frauen haben es abgelehnt, den Mann zu heiraten, den die Eltern ausgewählt hatten, und sich einen Mann gesucht, der ihnen gefiel. Auch in diesem Punkt besteht offenbar ein Widerspruch zwischen der weiblichen Lebenspraxis und dem islamischen Familienideal, wie es die *mudauana* festlegt: dort wird, in Artikel 12, verfügt, daß »die Frau den Ehevertrag nicht selbst schließt, sondern sich zu diesem Zweck durch den *ualî** vertreten läßt«.
Nach dem islamischen Recht wird eine Ehe genaugenommen nicht zwischen Mann und Frau geschlossen, sondern sie stellt einen Vertrag zwischen zwei Männern dar: die Vorschrift lautet, »daß die testamentarisch Bevollmächtigte einen männlichen Vertreter bestimmt, der im Namen ihres Mündels den Heiratsvertrag abschließt«.** Demnach übernimmt stets ein Mann die Funktion des *uali*. Zwar ist festzuhalten, daß die Heiratsvermittlerin dem Mann, der im Namen der Braut den Vertrag schließt, keineswegs das Recht überträgt, auch den Ehepartner auszuwählen. Die Wirklichkeit sieht anders aus: was die Frauen berichten, läßt keinen Zweifel daran, daß sich Väter und Brüder meist um die Feinheiten der islamischen Gesetze nicht scheren und sich das Recht anmaßen, der Tochter oder Schwester einen Mann auszusuchen. Den jungen Frauen bleibt dann nur noch die Möglichkeit, diese Gattenwahl abzulehnen – oder zu gehorchen. Dieser Konflikt zwischen den weiblichen Vorstellungen und den männlichen Gesetzen und Lebensregeln zeigt sich in verschiedenen Bereichen. Gänzlich unvereinbar sind die Standpunkte in der Frage der Empfängnisverhütung. Was die religiösen und politischen Autoritäten zu diesem Problem zu sagen haben, steht in scharfem Gegensatz zu den Nöten und Wünschen der Frauen.

Gegensätzliche Haltungen zur Empfängnisverhütung

Aus den Interviews wird deutlich, daß die Geburtenkontrolle zu den wichtigsten Problemen im Leben der marokkanischen Frauen gehört. Die meisten Frauen bringen mehrere Kinder zur Welt, die schon im Säuglingsalter sterben – eine fatale Verausgabung weiblicher Lebenszeit und Lebensenergie.

* eine Person des Vertrauens, ein persönlich ›Bevollmächtigter‹.

** die weibliche Vertrauensperson wird *uasia* genannt – *uasia* heißt auch ›Testament‹.

Angesichts der wirtschaftlichen Schwierigkeiten, mit denen die Familien in der Regel zu kämpfen haben, bedeutet die Möglichkeit des Schwangerschaftsabbruchs den Frauen sehr viel – um weniger Kinder zur Welt zu bringen, ist ihnen jedes traditionelle oder moderne Mittel recht. Ganz offensichtlich spielt das Problem der Schwangerschaft eine zentrale Rolle im Leben der Frauen: die rasche Folge der Geburten bedroht ihre eigene Gesundheit und die der Kinder. Was sie zu berichten haben, zeigt deutlich, wie stark sie dieses Problem ängstigt und bedrückt. Wären sie diese Sorge los, dann könnten sie sich stärker den Tagesfragen widmen, der dauernden Aufgabe, die Familie in einer Welt der Knappheit und der Wechselfälle mit dem Nötigsten zu versorgen.
Würde die offizielle Ideologie in Marokko auch die Probleme und Bedürfnisse der Bevölkerung spiegeln – ohne Ansehen von Klassenzugehörigkeit und Geschlecht –, dann müßte die Geburtenkontrolle ganz oben auf der Liste wichtiger Aufgaben stehen. Aber leider zeigt sich in dieser Frage vor allem, wie nachteilig es sich auf die Entwicklungsmöglichkeiten des Landes auswirkt, daß die männlichen Vorstellungen mit den weiblichen so unvereinbar sind: ein Problem, mit dem sich die marokkanischen Frauen offenkundig seit Jahrhunderten intensiv beschäftigt haben – das Resultat ist eine Art weiblicher Medizin und Arzneimittelkunde –, ist von den zuständigen staatlichen Instanzen erst in jüngster Zeit zur Kenntnis genommen worden und dies auch nur unter dem Druck internationaler Organisationen. Und die – durchweg männlichen – staatlichen Planer und Politiker behandeln die Empfängnisverhütung noch immer wie ein ›fremdes Produkt‹, das den islamischen Ländern nur durch ›imperialistische Machenschaften‹ aufgenötigt worden ist.*
In der Tat war in Marokko die Geburtenkontrolle völlig ausgespart worden, als in der Aufbruchstimmung nach der Wiedererlangung der nationalen Unabhängigkeit, die entscheidenden ›Zukunftsfragen‹ der Nation definiert wurden. Erst zehn Jahre später, widerwil-

* Der große Fundus medizinischer und pharmazeutischer Kenntnisse macht ganz deutlich, daß die Familienplanung seit altersher eine bedeutende Rolle in der marokkanischen Gesellschaft gespielt hat. In der traditionellen arabischen Medizin nehmen die Methoden der Abtreibung einen wichtigen Platz ein – es gibt eine Fülle von Literatur zu diesem Thema.

lig und unter dem Druck von Organisationen des internationalen Kapitals, begann man, sich mit diesem Problem zu beschäftigen. »Das Amt für Statistik bei der Staatlichen Planungsbehörde machte 1965 die Regierung darauf aufmerksam, daß sich das Bevölkerungswachstum nachteilig auf die soziale und wirtschaftliche Entwicklung des Landes auswirken könne. Daraufhin nahm der Gesundheitsminister Kontakt zum Weltbevölkerungsrat, zur ›Ford Foundation‹ und zur I. P. P. F. (›International Planned Parenthood Federation‹) auf. Eine Ärztedelegation besuchte Familienplanungs- und -beratungsstellen in Brüssel und in London. Ein Jahr später, 1966, richteten die marokkanischen Gesundheitsbehörden solche Beratungszentren ein. Im selben Jahr fand in Rabat erstmals eine Tagung über Probleme der Familienplanung statt.«*
Aus der gleichen Quelle (Castadot/Laraqui) ist auch zu erfahren, daß »Marokko zur Finanzierung des Bevölkerungsprogramms seit 1966 Auslandshilfen in Höhe von etwa einer Million US-Dollar erhalten hat«. Finanziert wurde das Programm unter anderem von der ›Ford Foundation‹, dem Weltbevölkerungsrat, der US-amerikanischen Entwicklungshilfe (U. S. A. I. D.) – die allein von 1966 bis 1973 1 500 000 Dirham zu Verfügung stellte –, der I. P. P. F., der schwedischen (S. I. D. A.) und der kanadischen (C. I. D. A.) Entwicklungshilfe und vom Amt für technische Zusammenarbeit des französischen Außenministeriums. Mit diesen Geldern sind auch eine Reihe von Forschungsarbeiten und Tagungen zu Fragen der Bevölkerungsentwicklung finanziert worden – zum Beispiel die ›Meinungsumfrage zur Familienplanung‹, die in den Jahren 1966 und 1967 vom marokkanischen Gesundheitsministerium und der Staatlichen Planungsbehörde durchgeführt worden ist. Diese Enquête hat die ›Ford Foundation‹ bezahlt – unter dem Haushaltstitel ›technische und finanzielle Unterstützung‹. Verschiedene demographische Studien und die Vorbereitungsarbeiten für eine Volkszählung sind unter amerikanischer Anleitung ausgeführt worden. Auch das ›Demographische Forschungszentrum‹ der Staatlichen Marokkanischen Planungsbehörde wird zum Teil aus der amerikanischen Entwicklungshilfe finanziert.

* Robert Castadot und Abdelkader Laraqui, Le Maroc, New York: Population Council, 1973, S. 6.

Darüber hinaus haben die internationalen Organisationen in äußerst großzügiger Weise Konferenzen und Seminare gefördert – Theologen aus der ganzen islamischen Welt wurden zusammengerufen, um über das Verhältnis des Islam zur Geburtenkontrolle zu diskutieren. Im Demzember 1971 fand zum Beispiel in Rabat ein Kongreß zum Thema ›Islam und Familienplanung‹ statt, den die I. P. P. F. finanzierte. Diese Organisation, die ihren Sitz in London hat, war auch maßgeblich an der Einrichtung einer marokkanischen ›Gesellschaft für Familienplanung‹ beteiligt.

Daß sich Politiker und Experten in Marokko dem Problem der Geburtenkontrolle zuwandten, bedeutet also nicht, daß man endlich die Nöte der weiblichen Bevölkerung zur Kenntnis genommen hatte – entscheidend waren eher die Sorgen, die man sich bei den verschiedenen internationalen Organisationen machte. Die Finanzierung bevölkerungspolitischer Programme in Ländern der Dritten Welt ist von strategischen Erwägungen geleitet. Man verfolgt mit Sorge die zunehmende Ungleichheit in der Entwicklung des Bevölkerungswachstums: im Zentrum der kapitalistischen Welt ist die Geburtenrate rückläufig, während in den Ländern der Peripherie eine ›Bevölkerungsexplosion‹ stattfindet.

Daß die bevölkerungspolitischen Strategien in den Ländern der Dritten Welt dem Einfluß der internationalen Geldgeber unterliegen, wirkt sich dort aber nicht nur auf der Ebene von Regierungspolitik und Administration aus, sondern bestimmt selbst noch die Haltung der fortschrittlichen Kräfte in dieser Frage.

Die marokkanische Linke hat die staatliche Familienplanung seit jeher abgelehnt – mit dem Argument, es handele sich um ein Programm, das von den Organisationen des Imperialismus finanziert werde und folglich imperialistischen Interessen diene. Diese politische Einschätzung stand so sehr im Vordergrund, daß niemand daran dachte, nach der Meinung und den Interessen der marokkanischen Frauen zu fragen. Die Frauen sind aber ganz entschieden daran interessiert, weniger Kinder zur Welt zu bringen – in ihrer Not greifen sie sogar auf die traditionellen Abtreibungsmethoden zurück. Bittere Ironie: das staatliche Programm der Familienplanung, nach Maßgabe der internationalen Geldgeber, wird rundweg als ›imperialistische Machenschaft‹ abgelehnt – von der Linken als ›konterrevolutionär‹, von der Rechten als ›Angriff auf den Islam‹.

Aber von den marokkanischen Frauen wird die Geburtenkontrolle tagtäglich praktiziert, zumeist in der Form scheußlicher Abtreibungspraktiken. Es wäre geschickter gewesen, sich von Anfang an auf die Interessen der Frauen zu beziehen. Verbunden mit einer kritischen Einschätzung der traditionellen männlichen Vorstellungen in dieser Frage hätten neue Techniken der Empfängnisverhütung vielleicht begeisterte Aufnahme bei den Frauen gefunden – so wie die Dinge liegen, ist die ganze Angelegenheit nur als verschärfter Import von Pillen und Spiralen aus Amerika begriffen worden.

Wissenschaftlichkeit und Subjektivität in der Interviewtechnik

Die nachstehenden Interviews erheben nicht den Anspruch, ›repräsentativ‹ zu sein, was nicht heißen soll, daß sie ›wissenschaftlich wertlos‹ sind – sofern man die Erfassung der Wirklichkeit als ein Kriterium von Wissenschaftlichkeit gelten läßt. Die komplexe Wirklichkeit in Statistiken ausdrücken zu wollen, bedeutet zwangsläufig Entstellung und Verzerrung. Bei der ›Erhebung über die Konsumgewohnheiten und Lebenshaltungskosten der marokkanischen Haushalte‹ zum Beispiel, die das marokkanische Amt für Statistik durchgeführt hat, handelt es sich um eine Repräsentativumfrage, um eine quantitative Erhebung mittels Fragebögen. Die Stichprobe ist so angelegt, daß ihre Ergebnisse als repräsentativ für die Gesamtbevölkerung gelten können. 2960 städtische und 3349 ländliche Haushalte wurden befragt: die Angaben aus diesen 6309 Haushalten ergeben ein repräsentatives Bild der Lebenshaltungskosten in der Gesamtgesellschaft. Allerdings ist aus den Tabellen nichts über die konkreten Lebensumstände der Befragten zu erfahren – diese Dimension der Realität sollten die verwendeten Kategorien ja auch gar nicht erfassen. So geht aus der Statistik über die »Lebenshaltungskoeffizienten in bezug auf Güter und Dienstleistungen im allgemeinen« zwar hervor, daß die Familien in den städtischen Ballungsräumen im Durchschnitt 44,7% ihres Einkommens für »Nahrungsmittel und Getränke« ausgeben. Eine durchaus interessante Information, die jedoch nicht erkennen läßt, wie die verschiedenen Familien tagtäglich wirtschaften. Das Interview, das ich mit Tahra Bent Mohammed geführt habe, bringt Informationen über die ›Lebenshaltungskosten‹, die aus einer Statistik niemals abzulesen wären.

Bei der standardisierten Befragung wird Tahra Bent Mohammed auf eine statistische Größe reduziert. Sie soll funktionieren wie ein Automat, der nichts weiter zu tun hat, als ein ›Ja‹ oder ›Nein‹ auszuspucken – wonach gefragt wird, bestimmen allein die Forscher, die den Fragebogen entworfen haben. Es geht nur noch darum, Antworten einzusammeln, die Probleme, die Tahra Bent Mohammed wichtig und vordringlich erscheinen, tauchen in den Fragen gar nicht auf. Sie bleibt Befragungsobjekt, ihre eigenen Vorstellungen kümmern den Interviewer wenig. Wenn er zum Beispiel wissen will, wie proteinreich ihre Ernährung ist, hat sie nichts weiter zu tun, als mit ›Ja‹ und ›Nein‹ zu antworten und den Verbrauch an Fleisch, Eiern und Milchprodukten anzugeben. Ihre Entbehrungen und Gelüste sind nicht gefragt.

Ich will mich hier nicht mit methodologischen Einwänden aufhalten. Doch der Leiter der Befragung – ein Beamter des Amts für Statistik, der sicherlich in einem der besseren Viertel der Hauptstadt wohnt – müßte sich eigentlich fragen, ob eine Frau wie Tahra überhaupt weiß, was ›fettreiche Nahrung‹ ist, und ob ihre Auskünfte überhaupt statistisch verwertbar sind. Aber der eher akademische Einwand, daß die Fragebogentechnik kaum geeignet ist, die Lebenswirklichkeit der Dritten Welt zu erfassen, soll nicht weiter betont werden. Ich beschränke mich darauf, einige grundsätzliche Schwierigkeiten zu benennen.

1. Das Mißtrauen der Befragten gegenüber dem Interviewer: Frauen wie Tahra Bent Mohammed betrachten den Angestellten des staatlichen Amts für Statistik, der die Befragung durchführt, vermutlich als eine feindliche Person und werden sich daher keinesfalls ehrlich und offen äußern.

2. Die Schwierigkeit, die Gesprächssituation während des Interviews korrekt zu übertragen: der Interviewer steht vor der Aufgabe, die mündlichen Mitteilungen in Daten zu verwandeln, die in das behördliche Schema von Kategorien, Indikatoren und Variablen passen.

3. Probleme der Umsetzung von Umfrageergebnissen in statistische Daten: wenn zum Beispiel in der Tabelle 1.3 der genannten

Studie die durchschnittlichen Lebenshaltungskosten mit der Bemerkung erläutert werden, »das heißt, 50% der Haushalte verfügen durchschnittlich über weniger als . . .«, so muß doch die Frage erlaubt sein, ob diese Art der quantitativen Erfassung wirklich dem Anspruch ›wissenschaftlicher Exaktheit‹ genügt.

Ob ein bestimmter Ansatz, eine Vorgehensweise, eine Forschungstechnik als ›wissenschaftlich valid‹ gelten kann, erweist sich nach meiner Ansicht daran, ob es gelingt, die Realität angemessen zu beschreiben. Allein darauf kommt es an, wenn wir den Versuch unternehmen, uns dem Leben mit den Mitteln der Wissenschaft zu nähern. Und die quantitative Methode der Repräsentativumfrage bietet durchaus keine Gewähr für solche Wirklichkeitstreue. Natürlich gilt es, die ganze Vielfalt der Ansätze und methodischen Möglichkeiten zu erproben, aber gerade wir, in einem Land der Dritten Welt, müssen auch die Tradition von *al-idschtihad* und *al-bidaa** aufgreifen, um das Potential der freien persönlichen Entscheidung und der Innovationsfähigkeit auszuschöpfen. Wir dürfen den jungen Forschern diesen Weg des *al-idschtihad* nicht verbauen – sie sollten sich nicht mit den spezifischen Lösungen zufriedengeben, die in den kapitalistischen Gesellschaften gefunden wurden, sondern den Mut haben, andere Vorgehensweisen zu erproben. Ich selbst bin immer dann mit meiner Arbeit zufrieden, wenn ich das Gefühl habe, daß meine Interviews der weiblichen Erfahrung in einem Maße gerecht werden, das durch statistische Erhebungen nie erreicht worden wäre.

Wie sind die Interviews zustande gekommen, nach welchen Regeln wurden sie geführt? Von Anfang an habe ich gegen die wichtigste Grundregel verstoßen, die man mir beim Studium der »empirischen Methoden« an der Sorbonne und an einer amerikanischen Universität beigebracht hatte: ich habe es am nötigen Abstand zu den Interviewten fehlen lassen, sie nicht als ›Objekte‹ der Befragung gesehen. Es war mir einfach unmöglich, die ungebildeten Frauen so ›objektiv‹ zu betrachten; es entstanden bestimmte gefühlsmäßige Bindungen zwischen uns, weil ich mich mit ihnen identifizierte. Ich

* *al-idschtihad* bedeutet – im theologischen Kontext – das persönliche Forschungsinteresse des Gelehrten, in Abweichung von der kodifizierten Mehrheitsmeinung *(al-idschmaa)*; *al-bidaa* ist – im gleichen Sinne – der Wille zur Erneuerung.

bin 1940 geboren, und nur sehr wenige Marokkanerinnen meiner Generation haben überhaupt lesen und schreiben gelernt – ganz zu schweigen von der Möglichkeit, eine weiterführende Schule zu besuchen. Es erscheint mir fast wie ein Wunder, daß ich nicht Analphabetin geblieben bin. Wenn ich also versuche, eine Frau ohne Schulbildung dazu zu bringen, daß sie ihre Meinung äußert, dann ist das für mich, als ob ich mir selbst das Wort erteile, jenem anderen möglichen Selbst, das im traditionellen Schweigen hätte verharren müssen. Mein Verhältnis zur Schriftsprache, zu den Möglichkeiten des Schreibens ist stark geprägt von diesen Umständen. Auf den zahlreichen Podiumsdiskussionen, Konferenzen und wissenschaftlichen Veranstaltungen, die ich besuche – und die überall fast ausschließlich Männerversammlungen sind –, fühle ich mich stets als eine Art ›Voyeuse‹. Ich kann das Gefühl nicht abschütteln, eigentlich in die Welt des Analphabetismus zu gehören, die mich bis zu meinem zwanzigsten Lebensjahr umgeben hat, bis zu dem Tag, als ich nach Rabat ins Studentenwohnheim zog. Damals bin ich in die Welt des ›Wissens‹, der Bücher und Prüfungen eingetreten, die eben noch immer eine männliche Domäne ist.

Was ich den Lesern hier vorlege, ist eine Auswahl aus den rund hundert Interviews, die ich seit 1970 gesammelt habe. Ich habe mich für jene Interviews mit Frauen und Mädchen entschieden, die zugleich Gespräche unter Freundinnen waren, wo es gelungen ist, Oberflächlichkeit und Mißtrauen zu überwinden und wirklich aufeinander einzugehen. Das Vertrauen eines anderen Menschen zu gewinnen, ist keine leichte Aufgabe. Wie soll man sich verhalten, wenn man ein Interview führt? Gibt es vernünftige Regeln, Patentrezepte? Ich selbst habe mir noch kein abschließendes Urteil gebildet, aber einige Grundlinien des richtigen Verhaltens deuten sich wohl an: an diesen Einsichten habe ich mich bei der Neuzusammenstellung von Interview-Ausschnitten orientiert. Eine diese Regeln besteht darin, daß sich der Interviewer soweit als möglich auf eine Beziehung einläßt, die auf Gleichberechtigung beruht – und mehr noch: daß er dem Interviewpartner erlaubt, seine Persönlichkeit zu entfalten. Auf die Kontrollmöglichkeiten, die in der sozialwissenschaftlichen Meßtechnik eine so wichtige Rolle spielen, muß man also verzichten. Meine Lehrmeister in Frankreich und Amerika haben mir eingeschärft, daß man das Austauschverhältnis stets im

Griff haben und alle Aspekte vorausberechnen muß – vor allem, was den Kommunikationsprozeß selbst angeht. Man hat mir eine Menge Tricks beigebracht, speziell für die sogenannten ›standardisierten‹ Interviews, die zweifellos zu den gängigsten Methoden der Meinungsforschung zählen. Ich für meinen Teil bin allerdings zu der Einsicht gelangt, daß die wichtigste Verhaltensregel darin besteht, die wissenschaftliche Distanz aufzugeben – man muß das Risiko eingehen, seine Zeit zu verschwenden und sich lächerlich zu machen. Nur so konnte ich begreifen, daß eine Frau, die nicht lesen und schreiben kann, ihre eigene Art hat, von sich zu erzählen, und daß man lernen muß, sich auf den Rhythmus der Erzählungen einzulassen, wenn man in Marokko solche Interviews führen will.
Vor allem das Interview mit Habiba, der Seherin, hat mich in dieser Einstellung bestärkt. Angesichts einer solchen Persönlichkeit bleibt der Interviewerin nur die Rolle der Empfangenden, der Bewahrenden: es kann nur noch darum gehen, Raum und Reflexionsfläche für Erfahrungen zu bieten, die ein eigenes, stabiles System, eine Weltsicht bilden – in diesem Fall waren es Haltungen, die sich aus der täglichen Auseinandersetzung mit den ›Anfällen‹, den *riah*, der Konfrontation mit den ›Geistern‹ erklärten.
Ich habe also auch bei der Bearbeitung versucht, die Erzählungen der Interviewten möglichst unverändert zu lassen. Natürlich mußte ich darauf achten, die Interviews lesbar zu machen. In der Regel (Habiba bildete hier eine Ausnahme) kann man gesprochene Äußerungen nicht einfach wortgetreu schriftlich wiedergeben – sie wirken dann zerfahren und weisen zu viele Wiederholungen auf. Die Texte sind also verschiedentlich im Interesse der Lesbarkeit redigiert. Andererseits habe ich mich bemüht, in der schriftlichen Fassung auch die Mißverständnisse noch deutlich werden zu lassen, die aus meinem persönlichen Übereifer in den Gesprächen entstanden sind. Es macht mir nichts aus, meine Ungeschicklichkeiten bei der Interviewführung zu dokumentieren – im Gegenteil: ich mußte solche Fehler erst einmal zugeben, um sie überwinden zu können. Und damit sind wir bei der zweiten wichtigen Regel für die Befragung: es ist wichtig, selbstkritisch zu denken, die eigene Rolle in der Gesprächsbeziehung immer im Auge zu behalten.
Die Interviews sind natürlich nicht als die einzig gültige Erfassung der Wirklichkeit, als ›exklusiver‹ Einblick in die Welt der marokka-

nischen Frauen zu verstehen. Das wäre nicht zu vereinbaren mit dem Anspruch, der für jede Sondierung der Realität zu gelten hat: prinzipielle Offenheit und getreuliche Abbildung des Vorgefundenen. Ich habe nichts weiter anzubieten als bescheidene Versuche, erste Annäherungen an die Vielfalt des wirklichen Lebens. Und ich wünsche mir nur, daß dieses Beispiel möglichst viele Forscher und Forscherinnen ermutigt, ihren eigenen Weg zu gehen und die Möglichkeiten des Verstehens zu erweitern. Es gibt sicherlich noch vieles zu erproben: neue Forschungsansätze, neue Methoden und neue Formen der Darstellung. Ich wäre mehr als zufrieden, wenn meine Arbeit im Zusammenhang mit diesen Interviews dazu beitragen könnte, eine neue Diskussion zu eröffnen – eine Auseinandersetzung mit der tradierten Rolle der Wissenschaftler als berufene Hüter der festgeschriebenen Erkenntnisse und ›wissenschaftlichen Wahrheiten‹. Ich glaube, daß die Ideologie nirgendwo eine solche Gewalt hat wie in unserer Welt, wo der Analphabetismus nicht bloß alltägliche Realität ist, sondern auch jede Zukunftshoffnung begrenzt.

Batoul Benjelloun und Meriem Talbia: Jugendjahre im Harem

Was ist ein Harem? Phantasiegebilde? Wirklichkeit? Ein Universum der Sinnlichkeit oder ein Gefängnis? Eine Welt der Frauen oder das Reich des Mannes? Gibt es ein glückliches Leben im Harem – und für wen? Für die Männer? Für die Frauen? Oder für die Kinder?

Batoul Benjelloun und Meriem Talbia, die im folgenden zu Wort kommen, haben in den dreißiger Jahren in einem der großen Harems von Fès gelebt. Sie schildern den Harem nicht als einen Ort der Sinnlichkeit und des Vergnügens, sondern vor allem als Machtstruktur: als ein System von Gewalt und Unterdrückung, das die Frauen in einer Art Gefängnisalltag einschließt – ein getreuliches Abbild der Zwangsverhältnisse, denen der Herr des Hauses in der Außenwelt, im kolonialen System unterworfen war.
Aber auch in diesem Gefängnis ist das Maß der Hoffnungslosigkeit noch bestimmt durch die soziale Rangordnung, die Zugehörigkeit zu verschiedenen Schichten. Die ›höheren Töchter‹ können standesgemäß teilhaben an den Strategien der Mütter, ihr Recht auf ein Leben in Luxus zu verteidigen.
Die Mädchen aus den dienenden Schichten sind anderen Machenschaften ausgesetzt – ihr Lebensweg nimmt andere Wendungen . . .

Batoul Benjelloun

ist zum Zeitpunkt des Interviews (1974) ungefähr 50 Jahre alt. Sie ist verheiratet, hat neun Kinder. Ihr Ehemann, ein Geschäftsmann, lebt in Fès mit seiner zweiten Frau, die er 1970 geheiratet hat – diese war damals 16 Jahre alt. Batoul wohnt in Khémisset; sie kümmert sich um den Haushalt und fertigt Stickereien an.

Sklavinnen und freie Frauen

Wir wollen von der Zeit deiner Kindheit reden – wie viele Frauen gab es damals bei euch zu Hause?
Soweit ich mich erinnere, hatte jeder meiner Brüder vier oder fünf gekaufte Frauen* – Hadsch Ahmed hatte fünf, Hadsch Mohammed vier und Abderrazzak nur eine ... Insgesamt werden es wohl so um die fünfzehn gewesen sein.
Wie hießen die Frauen?
Zwei hießen Al Yasmine, zwei hießen Marzouka, zwei andere Fatima und so weiter ...
Sie lebten im selben Haus und trugen den gleichen Namen?
Ja, die eine wurde eben zum Beispiel Al Yasmine, die Mutter von Aïcha, gerufen und die andere Al Yasmine, die Mutter von Khaddouj ... Und dann gab es ja auch noch die Sklavinnen meines Vaters. Manche hatten Kinder und andere nicht – Oud Al Ouard zum Beispiel, die wurde weiterverkauft, als ich schon geboren war.
Und weshalb? Hatte sie Kinder?
Nein, sie hatte keine Kinder ... Später kamen noch zwei andere Sklavinnen zu uns, Oum Al Khahir und M'barka – die waren von ihren früheren Herren verstoßen worden.
Jeder deiner Brüder hatte also vier oder fünf gekaufte Frauen – gab es auch freie Ehefrauen?**

* Diese Frauen, die von den Männern durch einen Kaufvertrag erworben werden, haben den Status von Sklavinnen – sie stammen meist aus den ärmsten Schichten.

** Diese Frauen »erwirbt« der Mann durch einen Ehevertrag. Sie stammen oft aus der Verwandtschaft oder jedenfalls aus der gleichen gesellschaftlichen Schicht, sind also in der Regel auch vermögend.

Ich erzähle es dir gleich, aber, wie gesagt, als ich zur Welt kam, da gab es bei uns nur Sklavinnen – die freien Frauen sind erst danach zu uns gekommen.
Nur mein Vater hatte außer den Sklavinnen auch eine Ehefrau; er hatte seine Cousine geheiratet. Meine älteren Brüder waren ihre Kinder. Als sie gestorben ist, hat mein Vater ihre Schwester geheiratet, sie hieß Lalla. Sie war schon bei uns, als ich geboren wurde. Anfangs hatte mein Vater gar keine Sklavinnen. Seine Mutter sagte immer: »Mein Sohn, solange ich lebe, will ich in unserem Haus keine Sklavinnen sehen ...« Aber nach ihrem Tod fing er an, Frauen zu kaufen.
Seine erste Frau hat ihm, wie gesagt, vier Söhne geschenkt, meine älteren Brüder ... Und mit der zweiten Ehefrau hatte er noch einmal zwölf Kinder. Aber keines von ihnen hat lange gelebt – sie sind alle gestorben. Die erste gekaufte Frau war dann Morzaka, danach kamen noch viele andere ... Die Familie ist seitdem immer größer geworden. Außerdem wohnten ja auch noch meine beiden Onkel in unserem Haus ...
Die drei Brüder lebten davon, Kühe auf dem Markt zu kaufen, sie zu mästen und wieder zu verkaufen. Einer meiner Onkel hatte gar keine Kinder, der andere, Abderrahman, hatte zwei Söhne – er war es auch, der uns wohlhabend gemacht hat ... Er und mein Vater haben zusammen den Bauernhof gekauft.
Einen Bauernhof?
Ja, mein Vater und mein Onkel haben einen Bauernhof gekauft. Damals, das war, bevor die Franzosen kamen, da ist man noch mit dem Maulesel unterwegs gewesen ... Und eines Tages, als er den Hof schon gekauft hatte, schlief mein Onkel dort in einem Zelt – und da wurde er erschossen: von den Leuten, die ihm den Hof verkauft hatten. Seitdem stand dann mein Vater an der Spitze eines großen Haushalts. Er selbst hatte viele Kinder: 20 Söhne und 8 Töchter – gar nicht zu reden von denen, die gestorben sind.

Glückliche Tage

Ich hatte eine glückliche Kindheit – immer gab es Spiele und etwas zu lachen ... Jeden Donnerstag haben wir ein Fest gemacht – die

Leute dachten immer, wir hätten etwas Besonderes zu feiern! Die Frauen saßen dann zusammen und eine *schecha*, eine Tänzerin, trat auf ...

Nur die Frauen?

Ja, nur die Frauen meines Vaters waren dabei, sie saßen in ihren besten Kleidern auf dem Sofa im großen ›Salon‹* und schauten der *schecha* zu. Alle trugen ihren Goldschmuck und die *chulchal*.** Meine Tante Zid Al Khir hatte immer ganz verführerische Kleider an und ganz viel Schmuck aus Gold. Sogar wir Kinder durften goldenen Schmuck tragen – obwohl wir noch nicht erwachsen waren.

Warst du aufsässig oder ein braves Kind? Was habt ihr gespielt? Gab es auch Streit unter den Kindern?

Ach, wir haben immer gelacht und gespielt ... Meine Schwester Rabéa und ich haben immer Mann und Frau gespielt ... Dann gab es noch Hafida und Zoubida, meine Nichten – wir haben das ganze Haus auf den Kopf gestellt. Vor allem Zoubida war ein richtiges kleines Teufelchen ...

Mußtet ihr denn nicht lesen und schreiben lernen?

Ja, es gab sogar eine Koranschule bei uns im Haus, weil wir so viele Kinder waren – ich hatte ja noch jüngere Geschwister und Neffen und Nichten ... Der Lehrer kam ins Haus. Du kannst dir nicht vorstellen, was wir da alles angestellt haben.

Hat dich dein Vater manchmal in den Arm genommen oder mit dir gespielt?

Er saß abends immer in seinem eigenen ›Salon‹*** und dort kamen dann alle zum Teetrinken zusammen – die Sklavinnen, die Töchter, das ganze Haus ...

Und hast du dann mit ihm geredet und gescherzt?

Aber nein, das kam gar nicht in Frage. Man durfte kein Wort sagen, nur Tee trinken – dann gingen alle wieder an ihr Geschäft.

Hat der dich manchmal verhauen?

* Genauer gesagt: unter der *qubba*, dem Kuppelgewölbe in der Decke des Salons – gewöhnlich ein großer, rechteckiger Raum im Erdgeschoß, mit Blick auf den Garten im Innenhof.

** Schmuckreifen, die um die Fußgelenke getragen werden.

*** der *manzah* – eine Art großes Wohnzimmer im 2. oder 3. Geschoß, mit Blick auf den Garten oder die umliegenden Hausdächer.

Ja. Es gab schon ab und zu eine Tracht Prügel.
Hat er auch die Sklavinnen geschlagen?
Eigentlich nie – nur Fatima und Saïda haben einmal was abbekommen.
Und warum?
Sie hatten sich gestritten – danach haben sie sich gleich wieder versöhnt. Ein anderes Mal gab es großen Streit zwischen Oud Al Ouard und Fath Ezhar, der Lieblingsfrau meines Vaters. Mama Al Anbar hat damals den ganzen Abend gewartet und aufgepaßt, damit sie als erste mit dem Vater reden konnte. Sie hat dann gesagt: »Hör dir an, was Fath Ezhar meiner Schwester angetan hat . . .« Und Fath Ezhar konnte sich gar nicht verteidigen, mein Vater hat sie einfach nicht angehört . . . Eigentlich waren die Sklavinnen wie Schwestern untereinander, mit Ausnahme von Fath Ezhar – die war nicht beliebt, weil sie eben die Lieblingsfrau meines Vater war.
Und ihr Töchter, wie habt ihr gelebt?
Wir haben den ganzen Tag gespielt und gelacht. Und nachts wenn die anderen geschlafen haben, sind wir oft aufgeblieben – wie die *dschnun** – wir hatten unseren Spaß, oft bis in den Morgen . . . Die Kleinsten, meine Stiefschwestern, waren auch dabei – wir waren Freundinnen, wie richtige Schwestern. Sie waren aus unserem Leben gar nicht mehr wegzudenken.
Und wer hat die Hausarbeit gemacht? Wer hat gekocht, das Brot gebacken und saubergemacht?
Die Sklavinnen – sie haben für alle gekocht. Wir haben immer gemeinsam gegessen. Aber als die Familie größer wurde und es auch ›freie Frauen‹ gab, ging das einfach nicht mehr. Die Sklavinnen nahmen die Mahlzeiten getrennt ein. Und die freien Frauen hatten ihren eigenen Hausrat: Möbel, Geschirr und so weiter . . .
Wieso kam es zu dieser Trennung?
Weil es Streitereien gab. Meinem Vater blieb gar nichts übrig, als die Sklavinnen und die freien Frauen in verschiedenen Häusern unterzubringen. Glücklicherweise hatten wir vier Häuser . . . Erst waren es nur drei, aber mein Vater hat dann noch ein Haus gekauft, als die freien Frauen zu uns kamen. So lebten dann die Männer, die freien Frauen und die Sklavinnen jeweils in einem eigenen Haus.

* *dschnun* – die ›Geister‹.

Und wer hat sich um den Haushalt gekümmert?
Die Sklavinnen – die freien Frauen haben gar nichts gemacht. Für die Küche, das Putzen, für alles waren nur die Sklavinnen zuständig. Jede Ehefrau hatte ihre eigene Sklavin – das war so üblich: zur Hochzeit bekam jede Frau eine Sklavin geschenkt, die ganz allein ihr zu dienen hatte. Wenn sie krank wurde oder starb, kaufte der Mann eben eine neue.
Und wie haben sich diese Sklavinnen die Hausarbeit aufgeteilt?
Immer abwechselnd! Allerdings durften nicht alle kochen – dafür waren nur meine Mutter, meine Tante Lyacoute und Mama Mabrouka zuständig. Jede von ihnen führte einen Monat lang die Küche und dabei gab es jeweils zehn Tage lang drei weitere Sklavinnen als Küchenhilfen. Die mußten alles saubermachen, die großen Töpfe reinigen und Feuer machen. Nach zehn Tagen kamen drei andere und dann noch mal drei – dann war der Monat vorbei und eine andere Frau übernahm das Regiment in der Küche. Das Kochen und Servieren besorgte immer die Frau, die die Küche führte.
Und wie wurde die übrige Hausarbeit erledigt?
Das war Aufgabe der Sklavinnen, die gerade nicht in der Küche zu tun hatten. Sie bedienten die Männer, brachten ihnen das Frühstück und so weiter ... Die Ehefrauen, die keine eigene Sklavin hatten, hielten sich ›Dienstmädchen‹, die ihnen den Haushalt besorgten.
Und ihr Mädchen, hattet ihr auch schon solche Pflichten?
Sowie wir im ›rechten Alter‹* waren, hat man uns gesagt: »Jetzt müßt ihr lernen, wie man einen Haushalt führt.« Es ging mit der Küche los: Die Sklavinnen haben Fleisch und Zwiebeln geschnitten, und wir mußten würzen – Pfeffer an dieses Gericht, Safran an jenes, die Kichererbsen werden so gewürzt und die Zwiebeln so ... Jedes Mädchen mußte unter der Aufsicht einer Sklavin einen Monat lang in der Küche arbeiten. Ich bin Mama Lyacoute zur Hand gegangen, meine Schwester Aïcha hat mit meiner Mutter zusammen gearbeitet – sie war ihre Lieblingstochter ... Das hat viel Spaß gemacht ...
Und hat man euch auch Handarbeiten beigebracht?
Das kam viel später. Die älteren Töchter wurden zu Hause unterrichtet. Für die jüngsten gab es später auch Unterricht bei der

* d. h. in der Pubertät.

*m'allma**. Wir haben bei der Stiefmutter sticken gelernt – ich habe nichts davon behalten, weil sie uns alles durch Prügel beibringen wollte!

Konntest du dich nicht wehren?

Wir durften uns nicht rühren ... kein Wort sagen.

Wie habt ihr gewohnt?

Die Ehefrauen wohnten im Erdgeschoß – jede hatte ihren eigenen Salon. Die Häuser waren zweistöckig, und im zweiten Stock wohnten dann die Sklavinnen, meist zu zweit in einem Zimmer.

Und wie hat dein Vater, der Herr des Hauses, die Beziehungen zu all diesen Frauen geregelt?

Mein Vater hatte sein eigenes Empfangszimmer. Eines der Häuser war den Männern vorbehalten – es gab ja auch ständig Gäste. Vater verbrachte oft die ganze Nacht beim Kartenspiel. Die Ehefrauen gingen allein zu Bett, und er ließ dann eine der Sklavinnen in seinen Salon rufen, die ihm gerade gefiel. Nachdem er mit ihr zusammengewesen war, verbrachte er den Rest der Nacht bei einer der Ehefrauen.

Ließ er die Sklavinnen nach einer bestimmten Reihenfolge kommen?

Nein, er holte sich immer die Frau, die ihm gefiel ...

Wer wohnte im Haus der Männer?

Das war ein sehr großes Haus. Mein Vater speiste nie allein, es gab immer Gäste ... Beim Abendessen wurde immer an zwei Tischen serviert. Die kleinen Jungen wohnten bei ihren Müttern, aber sobald sie erwachsen wurden, zogen sie in das Haus der Männer.

Sie waren dann nachts nicht mehr mit ihren Schwestern zusammen?

Nein, sie schliefen allein. Tagsüber durften sie in die Häuser der Frauen kommen – wir haben zusammen gespielt –, aber abends mußten sie zurück auf ihre Zimmer. Die Männer saßen bis ein Uhr oder zwei Uhr morgens beim Kartenspiel. Wenn die Gäste gegangen waren, schloß mein Vater die Jungen in ihren Zimmern ein. Morgens mußten sie zur Schule. Das war allerdings nicht wie heute –

* Eine Ausbilderin, die den kleinen Mädchen die traditionellen Handarbeiten (Sticken, Weben usw.) beibringt. ›Zur *m'allma* gehen‹ hat eine positive Bedeutung – es war ein Fortschritt, eine Lockerung der Schranken zwischen den Geschlechtern, daß die Mädchen regelmäßig außer Haus gehen durften, statt nur ein- bis zweimal im Jahr, an besonderen Festtagen.

es gab nur die *m'sid**. Erst viel später konnten sie dann in die Schule gehen.
Und wenn jemand krank war, wer hat ihn gepflegt?
Zu meiner Zeit gab es einen Arzt, der zu uns ins Haus kam. Er hieß Temsamani – ein alter Mann, nicht so einer, der in Frankreich studiert hat. Wenn eine Frau krank wurde, hat er sie untersucht und ihr Arzneien gegeben.
Was für Arzneien waren das? Kräuter?
Ich weiß es nicht mehr.

Verlobung und Heirat

Wie war das, als deine ältere Schwester geheiratet hat?
Männer, die sie gesehen hatten, haben dann um ihre Hand angehalten.
Aber wo konnten sie deine Schwester gesehen haben? Kam es denn vor, daß ihr das Haus verlassen habt?
Nein, niemals.
Seid ihr nie ins Dampfbad gegangen?
Doch – ins Bad durften wir gehen . . . Einmal im Monat, spät abends. Damals konnte man das Bad für sich allein haben, wenn man bezahlte. Aber später, als es so viele Stiefschwestern gab, sind wir dann wie alle anderen ins öffentliche Bad gegangen – dort konnten uns auch die Männer sehen. Sie wollten natürlich wissen, ob mein Vater Töchter hatte. Und dann hat einer um die Hand meiner Schwester Zineb angehalten. Sie war sieben Jahre lang verlobt.
Sieben Jahre lang?
Ja, sieben Jahre Verlobung!
Und die ganze Zeit über war alles schon abgemacht und der Heiratsvertrag unterschrieben?
Also, ob sie gleich den Vertrag geschlossen haben, weiß ich nicht. Aber ich kann mich erinnern, wie die Leute zu uns gekommen sind. Man hat sich geeinigt und die *fatiha*** gesprochen. Meine Schwester trug Perlen zu diesem Anlaß. Unsere Familie bestand darauf, ein

* *m'sid*: die Koranschule.

** Bei der Verlobungszeremonie wird die erste Koransure – die *fatiha* – gesprochen.

Fest zu Ehren der Brautleute zu geben, aber die Ehe wurde noch nicht vollzogen. Beim Hochzeitsfest meiner großen Schwester fand dann meine Verlobung statt.

Wie kam das?

Eine Frau, die ins Haus kam, um Polster und Kissen zu machen, hat mich gesehen ... Sie arbeitete auch im Haus meiner späteren Schwiegereltern – dort hat sie von den heiratsfähigen Töchtern meines Vaters erzählt. Diese Familie hat dann die Heirat vorgeschlagen, aber mein Vater wollte mich erst verheiraten, wenn auch meine Schwester Aïcha vergeben war. Man gab ihm zur Antwort: »Euer Wort ist uns genug – wir werden warten, bis eure älteste Tochter verheiratet ist.« Als meine Schwester Aïcha dann verlobt wurde, war ich an der Reihe und wurde sofort verheiratet.

Habt ihr eigentlich nie andere Familien besucht, zum Beispiel wenn eine Hochzeit gefeiert wurde?

Nein, wir sind nie zu anderen Leuten gegangen – nur meine älteste Schwester durften wir besuchen. Sie mußte uns dann auf ihrem Dachgarten einschließen und den Schlüssel meinem Vater überbringen lassen. Dort blieben wir dann zehn bis zwanzig Tage, zusammen mit den jungen Mädchen, die im Haus lebten oder eingeladen waren. Die Töchter meiner Schwester, meine Nichten, waren in meinem Alter; wir hatten viel Spaß, sie kamen auch zu uns auf Besuch ...

Aber ihr seid nirgendwo sonst hingegangen?

Doch, einmal im Jahr, zum *mulûd*-Fest* durften wir mit Lalla, unserer Stiefmutter, nach *Moulay Idriss* fahren. Wir waren noch kleine Mädchen, aber die Ehefrauen meiner Brüder lebten ja mit uns zusammen. Mein Vater ließ uns nur außer Haus, wenn seine Ehefrau die Verantwortung übernahm.

Wie wart ihr bei diesen Ausflügen angezogen? Habt ihr *haïks* getragen?

Meine älteren Schwestern trugen den *haïk*. Wir kleinen Mädchen durften *dschellabas* tragen – ich bekam die *dschellaba* meines Bruders Abderrahman und Aïcha die meines Bruders Mohammed**.

* Geburtstag des Propheten (Anm. d. Ü.).

** Die *dschellaba* ist eigentlich der Straßenanzug der Männer. In den vierziger Jahren begannen auch Frauen, anstelle des *haïk*, der traditionellen Frauenbekleidung in der Öffentlichkeit, die *dschellaba* zu tragen.

Später, als wir auch zu unserem Landgut fahren durften, hatten dann alle Frauen die *dschellaba* an. Aber wir waren immer verschleiert – mit ganz undurchsichtigen Schleiern.
Als du verlobt warst – hat dir dein Bräutigam Geschenke gemacht?
Für mich war das alles dasselbe – die Verlobung, die Mitgift und so weiter ... Ich bekam eine Perlenkette und eine goldene Halskette. Bei der Hochzeitsfeier meiner Schwester Zineb machte mir mein Verlobter auch ein Hochzeitsgeschenk*: die persönliche Sklavin meiner Schwester hatte ihr zur Hochzeit ein Geschenk gebracht, und mein Bräutigam sorgte dafür, daß diese Brosche mir verehrt wurde. Ich habe sie allerdings nicht angenommen – daraufhin wurde sie der Sklavin zurückgegeben. Sie hat sie dann aufgehoben bis zu meiner Hochzeit.
Wie war deine Hochzeit?
In den ersten sieben Tagen der Hochzeitsfeier bin ich immer nur im vollen Schmuck aufgetreten ...
Wer hat dich begleitet, als du ins Haus deines Mannes umgezogen bist?
Die *guellassa*** und Dada Messaouda. Dada ist dann noch eine Weile bei mir geblieben, bis ich mich eingewöhnt hatte. Am siebten Tag habe ich den Männern meine Aufwartung gemacht.
Welchen Männern?
Den Brüdern und Vettern meines Mannes ... Sie wohnten in seinem Haus. Es ist so Sitte ... Nur vor ihnen durfte ich mich zeigen. Ich machte also jedem einzelnen meine Aufwartung, und ich bekam von jedem ein Geschenk – einen Armreif oder etwas Ähnliches. Am nächsten Tag war die Zeremonie mit dem Fisch an der Reihe: man brachte einen Fisch und legte ihn an den Brunnen***. Die Braut muß sich den Fisch auf den rechten Fuß legen, dann wird er wieder weggebracht, und alle sehen zu, wie die Braut sich die Hände wäscht. In einem so großen Haus sind natürlich eine

* Solche Geschenke – *tifkira* genannt – verehrt der Bräutigam der Braut zu besonderen Anlässen – religiösen Feiertagen, Hochzeitsfeiern usw.

** Eine Frau, die für das Wohlergehen der jungen Ehefrau während der ersten Wochen im Haus des Mannes verantwortlich ist.

*** Springbrunnen oder Wasserbecken in der Mitte des Innenhofes, der das Zentrum der traditionellen Häuser bildet.

Menge Leute bei der Zeremonie anwesend ... Man preist den Namen des Propheten ... Auf einem Tablett werden Seife und eine Flasche Parfüm gebracht und die Braut wäscht sich damit die Hände, dann geht sie auf ihr Zimmer.

Und wie ging es weiter?

Na ja, ich habe mich mit den Schwestern meines Mannes angefreundet – wir waren bald unzertrennlich.

Hast du im Haushalt gearbeitet?

Nein, in den ersten acht Tagen habe ich gar nichts getan, außer essen und schlafen. Die Familie meiner Schwiegereltern war wirklich sehr groß: außer dem Vater lebten dort auch alle Brüder und Vettern meines Mannes, alle waren verheiratet, manche mit zwei Ehefrauen – und alle hatten drei, vier oder fünf Sklavinnen. Wir wohnten in drei Häusern. Um den Haushalt haben sich die Sklavinnen gekümmert. Ich wurde behandelt wie eine Königin – mein Schwiegervater mochte mich sehr. Jeden Morgen, nach dem Aufstehen, hat er nach mir gefragt.

Hast du mit ihm geredet?

Nein, er war sehr streng. Er hat immer die Türen abgeschlossen, die große Eingangstür und die Tür zur Dachterrasse ... Wir konnten nicht sehen, was draußen vorging. Er selbst wohnte im kleinsten der Häuser. Tagsüber empfing er seine Freunde zum Kartenspiel und die Abende verbrachte er mal bei dieser, mal bei jener Frau ... Es gab nie Meinungsverschiedenheiten oder Streit in der Familie. Wir Frauen haben uns die Zeit mit Kartenspielen vertrieben und viel gelacht ... Das war alles. Alle Männer fürchteten meinen Schwiegervater, in seiner Gegenwart wagte niemand, zu rauchen oder laut zu reden. Eines Tages kam mein Mann später nach Hause, er war länger im Geschäft geblieben, um die Abrechnung zu machen. Als er hereinkam, sagte sein Vater nur: »Hinaus!« Mein Mann begann, sich zu rechtfertigen – er komme aus dem Geschäft, er sei länger geblieben wegen der Abrechnung, das könne der und jener bezeugen ... Aber mein Schwiegervater blieb ganz ungerührt: »Ich will nichts hören – du hast pünktlich hier zu sein, sonst nichts.«

Dein Schwiegervater war Geschäftsmann?

Er führte ein großes Handelshaus, einen Großhandel mit Stoffen. Später kam er ins Gefängnis und mußte dann ins Exil gehen, weil er die Nationalisten unterstützt hatte.* Danach hat er sich aus der Politik herausgehalten und sich nur um das Geschäft gekümmert. Sein Bruder und er waren die Inhaber, und alle seine Söhne und Neffen arbeiteten in dem Geschäft. Mein Mann hat in Frankreich die Ware gekauft.

Wie lange hast du in dieser Familie gelebt?

Acht Jahre lang . . . Meine ersten drei Kinder sind dort zur Welt gekommen, dann sind wir weggezogen.

Warum?

Weil es Streit zwischen meinem Mann und der Familie gab.

Hast du ab und zu auch die Familie deiner Eltern besucht?

Wir sind zum Bauernhof meines Vater gefahren. Als meine Schwester Zineb und ich unter der Haube waren, hat mein Vater zusammen mit einem Franzosen ein landwirtschaftliches Anwesen gekauft. Die beiden hatten dann Unstimmigkeiten, und weil mein Vater alles tun wollte, um den Hof zu behalten, sind wir dort oft hingefahren. Die Lieblingssklavinnen mußten in Fès bleiben, sie durften aber im *Bab-Ftouh*-Garten spazierengehen. Wir fuhren immer im Frühjahr, mein Mann und mein Schwiegervater kamen mit. Für mich war das eine Gelegenheit, einmal im Jahr meine verheirateten Schwestern wiederzusehen – nur die verheirateten Frauen durften mitkommen . . .

* Gemeint ist die 1912 ins Leben gerufene nationale Bewegung gegen die Kolonialherrschaft. – Hier ist von den vierziger Jahren die Rede.

Meriem Talbia

ist zum Zeitpunkt des Interviews (1975) etwa 50 Jahre alt. Sie arbeitet – wie seit jeher – als Hausangestellte.

Ein Mädchen aus vornehmer Familie . . .

Ich stamme aus einer Familie von Scherifen*, aber wir waren arm, und meine Eltern konnten mir nicht viel bieten, sie hatten kein Geld. Also haben sie mich zu einer vermögenden Familie gegeben, mit der sie seit langem in Beziehung standen. Damals war ich fünf Jahre alt. Ich bin dort sieben Jahre lang geblieben – bis meine ›Herrin‹ gestorben ist. Sie hatte eine Tochter in meinem Alter, und wir beide sind gemeinsam aufgewachsen und ganz gleichberechtigt erzogen worden. Wir wurden gemeinsam zur *fqiha*** und dann zur *m'allma* geschickt. Meine Herrin hat mich wirklich behandelt wie ihre Tochter. Als meine Mutter im Wochenbett gestorben war, hat meine Herrin gesagt: »Jetzt bin ich deine Mutter, und du bist meine Tochter; ich werde für dich sorgen.« Aber als ich 12 Jahre alt war, ist sie gestorben. Ihr Ehemann wollte dann, daß ich mit ihm schlafe – daraufhin habe ich beschlossen fortzugehen. Aber wohin? Mein Vater hatte wieder geheiratet, dort war ich nicht willkommen. Also bin ich zu meiner Schwester gezogen. Das ging auch nicht gut, weil meine Schwester glaubte, ihr Mann sei hinter mir her. Wir redeten nicht mehr miteinander. Dann habe ich mit einer Nachbarin Freundschaft geschlossen. Sie hatte eine kleine Tochter namens Mama, und ich kümmerte mich um das Kind, wusch die Wäsche und machte mich auch sonst nützlich. Ich hielt mich dort auf, sooft es ging – einfach, um dem Mann meiner Schwester nicht zu begegnen und dem Streit mit ihr aus dem Wege zu gehen. Sie war die einzige aus meiner Familie, die ich gern hatte . . . Ich fange gleich

* Nachkommen des Propheten – *Talbia* ist die weibliche Form des Namens einer Scherifenfamilie. Der Familienname spielt eine wichtige Rolle im Selbstbewußtsein der einzelnen – aus diesen Namen ist nämlich recht genau zu ersehen, in welcher Region ein Mensch geboren ist, welcher Stammesgemeinschaft oder welcher sozialen Schicht er angehört.

** *fqih, fqiha* – Lehrer, Lehrerin einer Koranschule. Anhand des Korans lernen die Kinder lesen und schreiben.

an zu weinen ... Wenn ich mich an diese Zeit erinnere, muß ich immer weinen. *(Sie schweigt einen Moment, um die Fassung wiederzuerlangen.)*

Was glaubst du, weshalb waren die Männer so hinter dir her?

Ich war 17 Jahre alt, ich hatte schöne rote Haare, sie reichten mir bis zu den Knien. Und ich war groß und kräftig – aus der Sicht der Männer einfach junges Fleisch und leichte Beute. Schließlich war ich arm, und auf meine Familie mußte man keine Rücksicht nehmen. Sie konnten sich alles erlauben. Irgendwann habe ich dann Lalla Fatma, eine Freundin meiner Familie, gebeten, mir eine andere Stellung zu verschaffen – einen Dienst bei einer Familie, wo ich meine Arbeit machen konnte, ohne ständig belästigt und erniedrigt zu werden. Durch ihre Vermittlung bin ich ins Haus Benjelloun gekommen. Bevor ich wegging, suchte ich meinen jüngeren Bruder auf, um meinen Anteil am Familienerbe einzufordern. Aber er sagte einfach, ich sei nicht seine Schwester: er könne sich nicht erinnern, mich im Elternhaus gesehen zu haben, und er sei nur mit einer Schwester, nicht mit zweien aufgewachsen. Ich beharrte auf meinem Anspruch und wurde laut – daraufhin bedrohte er mich mit dem Messer. Das hat mich so erschreckt, daß ich auf meinen Anteil verzichtet habe. Mein Bruder und meine Schwester haben sich dann das Erbe geteilt – es war wirklich nicht viel – und ich bin zu den Benjellouns gezogen. Sie lebten damals gerade auf ihrem Bauernhof – 100 km außerhalb von Fès.

Eine heimliche Schwangerschaft

Mohammed*, der Mann, für den ich arbeitete, war damals sehr krank. Seine Schwestern hatten mich geholt, damit ich ihn pflegte. Ich habe ihn wochenlang bedient und bemuttert, die Wäsche

* Es handelt sich um dieselbe Familie Benjelloun, von der auch im vorstehenden Interview die Rede ist. Mohammed ist der jüngste Bruder von Batoul Benjelloun. In den dreißiger Jahren war es den Familien des Bürgertums bereits nicht mehr möglich, den Haushalt ausschließlich durch eigene Sklavinnen besorgen zu lassen. Man begann daher, ›Hausmädchen‹ zu beschäftigen, die – wie die Sklavinnen – aus den ärmsten Schichten kamen. Meriem ist auch ein Beispiel dafür, daß in den armen Familien – in der Stadt, wie auf dem Land – eine ›Proletarisierung‹ stattfand: früher hatten die jungen Mädchen einen ›Arbeitsplatz‹ im Rahmen der Großfamilie gefunden, nun mußten sie selbst für ihren Lebensunterhalt sorgen.

gewaschen, die Bidets ausgeleert, das Erbrochene weggeschüttet – er war wirklich sehr krank. Dann hat er sich erholt und wurde wieder ganz der alte: ein gutaussehender feiner Herr. Ich hatte bis dahin nur das Leben in Fès, in der Armut gekannt – auf diesem Bauernhof herrschte eine ganz andere Atmosphäre. Es war ein großes Gut . . . Ich erinnere mich an die Felder, die schöne Landschaft . . . Abends kamen oft alle zusammen, man lachte und vergnügte sich, es gab Wein zu trinken . . .

Auch ich begann, am Wein und den Vergnügungen Gefallen zu finden. So kam es, daß er mich entjungfert hat. Nach einigen Monaten wurde er dann ordinär und gewalttätig. Ich wollte nichts mehr mit ihm zu tun haben, aber er drohte mir mit der Polizei. Er sagte, einer seiner Freunde würde mir auf offener Straße eine Flasche Wein vor die Füße werfen und mich als seine ›Mätresse‹ bezeichnen, oder er könnte auch zur Polizei gehen und behaupten, ich hätte ihn bestohlen . . . Seine Familie gehörte zu denen, die ihre Macht den Franzosen verdankten – für die Mitglieder dieser Familien gab es in Fès keine Gesetze, sie konnten stehlen und morden und wurden immer von den Franzosen gedeckt . . .* Ich dagegen war arm und konnte von meiner Familie keine Hilfe erwarten. Er hätte mich einfach verschwinden lassen können – ohne Risiko. Also mußte ich mich immer wieder fügen.

Eines Tages – er war im Begriff, nach Frankreich zu reisen, um sich operieren zu lassen – sagte ich ihm, daß ich wohl schwanger sei. Meine Monatsblutung war ausgeblieben. Er meinte nur, ich solle mich um die Abtreibung kümmern, und dann fuhr er nach Frankreich. Auf dem Bauernhof waren mir einfach zu viele Leute – Mohammeds Brüder, ihre Frauen und deren Kinder, die Sklavinnen seines Vaters, seine unverheirateten und geschiedenen Schwestern . . . Ich wollte an einen ruhigeren Ort und hatte deshalb Mohammed noch gebeten, mich zu seinem älteren Bruder Si Ahmed nach Fès gehen zu lassen. Dort war die Familie nicht so groß, und es herrschte eine freundliche Atmosphäre.

* An die elementaren Regeln der Gesellschaft mußten sich natürlich auch diejenigen halten, die in der Gunst der Franzosen standen. Meriems Vorstellungen zeigen nur, wie die Masse der Bevölkerung, die keine Privilegien genoß, über die Kollaborateure dachte.

Abtreibungsversuche

Sobald ich in Fès war, habe ich mich nach Abtreibungsmethoden erkundigt und sie dann nacheinander ausprobiert. Der erste Versuch bestand darin, daß ich am Morgen ein Gebräu aus dem Saft von sechs Zitronen und einem Eßlöffel Gewürznelkenbrühe getrunken habe. Gegen sechs Uhr abends hatte ich das Gefühl, daß meine Eingeweide platzen ... Ich habe es überstanden und dann das nächste Rezept versucht: ich wickelte grüne Tabakblätter in junge Wolle und steckte mir diese Packung in die Vagina. Ein paar Stunden später mußte ich mich ganz furchtbar erbrechen. Ich kroch auf dem Boden; es war entsetzlich. Die übrigen Patentrezepte waren auch nicht besser – es endete immer mit Schmerzen und Erbrechen und brachte nicht die gewünschte Wirkung. Schließlich bin ich zu einem *fqih* gegangen um ein *tqaf* machen zu lassen.* Aber er wollte nicht; er sagte, dafür sei es schon zu spät, jetzt könne er mir nur noch ein Amulett geben, damit niemand die Schwangerschaft bemerke. Er hat das Amulett gemacht und ich habe es dann immer getragen.** Bei der Arbeit hatte ich das Kleid immer bis zu den Hüften hochgerafft, und mein Bauch war auch nicht allzu dick – es war ja meine erste Schwangerschaft. Tatsächlich hat niemand etwas gemerkt. Auffällig war nur, daß ich oft geschwollene Fußgelenke hatte.

Die ganze Zeit über hütete ich mein Geheimnis, aber eines Tages zog ich Lalla Malika, eine Freundin der Familie, ins Vertrauen. Sie war damals auch gerade schwanger – aber sie hatte einen Ehemann. Ich bat sie, mir zu helfen, das Kind loszuwerden, und ich war bereit, ihr alles zu geben, was ich besaß, und alles zu tun, was sie verlangte. Aber sie hat mir nicht geholfen, sondern überall ausposaunt, daß ich schwanger war. Nun wußten es alle – aber niemand hat es mir offen ins Gesicht gesagt.

Als der Frühling kam, war ich im sechsten Monat. Hadsch Ahmed, in dessen Haus ich lebte, wollte das Frühjahr mit seiner Familie auf dem Bauernhof verbringen und dort nach dem Rechten sehen. Mir

* Den Koranlehrern *(fqih)* wird die Fähigkeit zugesprochen, durch einen ›Zauberspruch‹ *(tqaf)* die Entwicklung des Fötus im Mutterleib ›stillzustellen‹.

** Amulett: siehe Fußnote S. 163 f.

blieb also nichts übrig, als in die feindliche Umgebung zurückzukehren, aus der ich einige Monate zuvor geflohen war. Die Schwester meines Herrn hatte Si Ahmed angerufen und ihm geraten, mich keinesfalls mitzunehmen – ich sei schwanger, und meine Behauptung, das Kind sei von ihrem Bruder, sei nichts als eine Lüge. Ich sei eine Hure, sagte sie, die sich auf der Straße herumtreibe und dort sei der Bastard auch gezeugt worden. Sie war unverheiratet und hatte wohl Angst um ihren Ruf, Angst vor dem Gerücht, im Hause Benjelloun lebe eine schwangere Hure. Aber ihr älterer Bruder war ein Mann von Welt – er wußte, daß ich eine *scherifa* bin. Außerdem kannte er wohl auch seinen Bruder gut genug. Kurz – er ließ sich nicht beschwatzen, sondern er sagte zu seiner Schwester: »Unser Bruder hat mir diese Frau anvertraut, und ich werde sie behüten, bis er zurückkommt. Ich würde es genauso halten, wenn er mir einen Esel oder eine Hündin übergeben hätte. Mit einem menschlichen Wesen werde ich also erst recht so verfahren.«
Einen Monat später kam mein Herr aus Frankreich zurück. Seine Schwester fuhr zum Flughafen, um ihn abzuholen, und sie nutzte die Gelegenheit, um ihr Gift zu verspritzen: mit dem Erfolg, daß er kein Wort mit mir redete. Er behandelte mich ganz feindselig.
Meine Fußgelenke waren ständig geschwollen. Die Leute redeten: die einen sagten, ich hätte schon abgetrieben, die anderen, ich sei immer noch schwanger. Hinter meinem Rücken wurde getuschelt, aber niemand war so ehrlich, hatte den Mut oder das Mitgefühl, mich offen zu fragen. Die Schwester meines Herrn verfolgte mich mit ihrem Haß: sie weihte ihre ältere Schwester ein, und beide gemeinsam sorgten dann dafür, daß ich keine Gelegenheit hatte, mit ihrem Bruder unter vier Augen zu reden. Sie waren hinter mir her wie die Furien.
Schließlich hat sich sogar eine Sklavin ihres Vaters eingemischt – eine sehr gütige und fromme Frau. Sie sagte zu den Schwestern: so dürft ihr sie nicht behandeln. Das ist unmenschlich, auch wenn sie etwas Schlechtes getan hat. Aber sie wurde abgewiesen. Ich habe daraufhin beschlossen, bis zur Niederkunft kein Wort mehr über die Sache zu verlieren. Wohin, an wen hätte ich mich denn noch wenden können? Ich hätte jederzeit in den Autobus steigen können – aber mit welchem Ziel? Statt dessen habe ich mich in die Arbeit gestürzt, ich habe den anderen die Wäsche gewaschen, die Böden gewischt und

bin ihnen zu Diensten gewesen. Am Abend war ich so erschöpft, daß ich eingeschlafen bin, sobald ich den Kopf auf das Kissen gelegt hatte.

Eine Totgeburt

Eines Tages ging es mir schon am frühen Morgen sehr schlecht. Ich habe mich blindwütig in die Arbeit gestürzt, aber den ganzen Tag über war mir nicht gut. Abends hatte ich dann schlimme Schmerzen im Rücken – sie kamen in regelmäßigen Abständen. Das Haus war voller Leute: die Erwachsenen, die Kinder, die Alten, die Brüder und Schwestern meines Herrn, die Sklavinnen des verstorbenen Vaters – es wimmelte nur so von Menschen. Ich flüchtete mich zu Selma, einer jungen, netten Sklavin, deren Zimmer etwas abseits lag. Die Tür war verschlossen, Selma wollte sich ausruhen und sagte, ich solle später wiederkommen. Ich hämmerte verzweifelt an die Tür; als Selma endlich aufmachte, rief ich: »Gott schütze dich! Ich beschwöre dich – verrate mich nicht! Ich bin eine *scherifa*, meine Familie stammt vom Propheten ab – bitte bewahre mein Geheimnis!« Sie war sprachlos. Ich flehte sie an: »Du wirst mich nicht verraten!« – »Nein«, murmelte sie, aber sie stand wie festgewurzelt. »Was hast du, willst du mich abweisen?« – »Nein, es ist nur, weil ich alles, was jetzt geschieht, gerade eben geträumt habe. Ich hatte mich hingelegt, um von der Arbeit auszuruhen. Und ich träumte, daß du zur Tür hereinkommst und sagst: ›Bewahre mein Geheimnis, und meine Vorfahren werden dich schützen, wenn du in Not bist.‹«
Die Schmerzen wurden immer schlimmer. Das Kind kam mit den Füßen voran zur Welt. Erst der eine Fuß – ich raufte mir die Haare und kratzte mir die Finger an der Wand blutig – dann der zweite Fuß. Aber ich habe nicht geschrien – obwohl ich furchtbare Angst hatte. Selma saß vor mir, wie festgenagelt. Sie war außerstande, mir zu helfen; sie sah nur voller Entsetzen zu. Stück für Stück zog ich das Kind aus meinem Leib. Als es fast ganz draußen war, bewegte es sich noch. Aber der Kopf war noch drin. Schließlich kam auch der Kopf heraus, der Mutterkuchen hinterher, aber es war zu spät: das Kind war tot. Ein großes weißes Baby – tot. Selma löste sich aus ihrer Erstarrung: sie begann das Blut vom Boden aufzuwischen. Ich nahm

das Kind, packte es in ein Handtuch und lief hinunter zum Fluß. Dort habe ich es ins Wasser geworfen – was blieb mir übrig?
Bis zum Morgen schlief ich bei Selma, dann habe ich wieder den Fußboden geschrubbt, die Wäsche gewaschen und bedient. Am Abend dieses Tages erfuhren wir, daß unser Herr einen Autounfall gehabt hatte . . .

Rabéa – ein Weg aus dem Harem

Rabéa ist 1940 geboren. Als Kind einer gutbürgerlichen Familie der Stadt Safi war ihr Lebensweg eigentlich vorgezeichnet: genau wie ihre Mutter, so wie alle ›Mädchen aus gutem Hause‹ im Marokko der Kolonialzeit, hätte sie ihr Leben in einem Harem verbringen sollen.

Aber die Väter dieser Generation kämpften für die nationale Befreiung, und im Verlauf dieser Auseinandersetzungen geriet auch eine Sphäre in Umbruch, die man sich stets als zeitlos und unveränderlich vorgestellt hatte: die Privatsphäre, das häusliche Leben, jener intime Bereich, in dem die Mütter und Töchter ihren angestammten Platz hatten. Den Männern aus den besten Familien, die für die nationale Unabhängigkeit Marokkos eintraten, ging es um die Veränderung der politischen Machtverhältnisse – an eine Veränderung der innerfamiliären Beziehungen war nicht gedacht.

Man träumte von einem neuen Marokko, von Industrialisierung, Demokratisierung und besserem Bildungswesen, aber man verordnete den Töchtern nach wie vor den Schleier und schickte sie auf die ›Islamische Mädchenschule‹ . . . Die Mädchen sollten auch weiterhin ihr Leben in der Abgeschiedenheit verbringen und dem Gang der Geschichte durch kunstvoll vergitterte Fenster zusehen.

Rabéa hatte einen anderen Traum – sie wünschte sich Selbstverwirklichung, Bildung, das Recht, selbständig zu denken und die eigene Meinung zu vertreten. Rebéa träumte davon, zu leben . . .

Rabéa

ist zum Zeitpunkt des Interviews (1973) 33 Jahre alt, Lehrerin, geschieden. Sie lebt mit ihren Kindern in der Stadt. Ihr früherer Mann, ein Arzt, hat wieder geheiratet.

Was ist dein Beruf?
Ich bin Lehrerin an einem Gymnasium – Angestellte des Erziehungsministeriums. Und ich komme aus einer Familie mit 15 Kindern *(sie lacht)*.
Alle fünfzehn von derselben Mutter?
Nein, Gott sei Dank nicht!
Also, erzähl' doch ein bißchen genauer . . .
Mein Vater hatte mehrere Frauen. Wie jeder Marokkaner, der auf sich hält, war er ein Frauenheld – und er wußte ganz gut, wie man den Frauen den Kopf verdreht! Er war Musiker, ein Künstler. Er hat praktisch jeden Monat geheiratet. Immer wieder fand er eine Frau in irgendeinem Viertel von Safi. Auf diese Weise bekam er eine ganze Menge Ehefrauen. Ich glaube seine erste Frau schenkte ihm vier Kinder, die zweite nur eines, ein Mädchen, und die dritte dann drei. Allein meine Mutter brachte sechs Kinder zur Welt – sechs, die überlebt haben; natürlich gab es noch weitere, die bei der Geburt gestorben sind, oder kurz danach. Wenn man alle mitzählt, die früh gestorben sind, kommt man auf 45. Ohne diese natürliche Auslese wären wir wirklich 45 Geschwister! Meine Mutter war die letzte seiner Frauen – und seine Favoritin. Er hat sie sehr geliebt. Seine früheren Frauen waren allesamt ungebildet – nichts Besonderes. Aber meine Mutter war die einzige Tochter der Familie gewesen, und ihr Vater hatte es sich leisten können, sie von einer *fqiha* unterrichten zu lassen. Sie war eine sehr empfindsame und kultivierte Frau, und ich glaube, das hat meinen Vater besonders fasziniert. Das war ihm wichtiger als die sexuelle Befriedigung. In dieser Hinsicht hat er ja von seinen anderen Frauen alles bekommen. Sie hat ihm etwas anderes gegeben, etwas anderes mit ihm geteilt – deshalb hatte sie diese Vorzugsstellung.
War sie jünger als er?
Natürlich, sie war viel jünger als er. Aber weißt du, an meinen Vater erinnere ich mich nicht so genau . . . Ich bin bei meiner Mutter in Safi aufgewachsen, und er lebte damals in Rabat . . .

Weshalb wohnten deine Eltern nicht zusammen?
Mein Vater war Künstler – und du weißt doch, wie das ist! Er spielte eine ganze Reihe von Instrumenten, die wichtigsten waren Laute und *kanun*. Und er gab Unterricht: für Leute, die sich so einen Zeitvertreib eben leisten konnten. Er lebte in einer ganz eigenen Welt, wo nicht allzuviel Platz war für ein normales Familienleben. In dieser Welt war er ganz gefangen. Er lebte nur für seine Musik. Die Familie wohnte in Safi, und wir bekamen ihn kaum zu sehen.
Hast du nur mit deiner Mutter und den Geschwistern zusammengewohnt, oder lebten auch die Onkel und Tanten im selben Haus?
Anfangs lebten wir alle zusammen: die anderen Ehefrauen meines Vaters, ihre Kinder, die Onkel usw. . . . Es war ein sehr großes Haus, so groß, daß es heute als Schule dient! Als ich geboren wurde, hatte meine Mutter gerade den Entschluß gefaßt, sich von den anderen zu trennen und mit ihren Kindern eine eigene Wohnung zu beziehen. Dort war es dann ziemlich eng für sie und die sechs Kinder – drei Jungen und drei Mädchen. Es gab große Altersunterschiede zwischen uns Geschwistern: Jawad, mein ältester Bruder, ist 25 Jahre älter als ich! Meine Mutter hat sechzehn Kinder zur Welt gebracht – zehn sind aber schon bei der Geburt oder kurz danach gestorben. Bei der Geburt von drei oder vier Kindern habe ich geholfen. Sie sind aber alle an einer Fieberkrankheit gestorben. Meine Mutter spricht heute noch von ihnen, für sie war es ein schlimmer Verlust. Weißt du, wir Kinder und die Mutter, wir waren eine sehr enge Gemeinschaft. Mein Vater war ja fast nie da – ich habe ihn vielleicht ein- oder zweimal gesehen. Er starb, als ich vier oder fünf Jahre alt war. Ich kenne ihn eigentlich nur von Photos.

Der Bruder als Vormund

Wer war denn nach dem Tod deines Vaters für dich verantwortlich?
Mein Bruder Jawad, der hatte sowieso schon das Sagen in der Familie. Er hat alle herumkommandiert, nicht nur seine eigenen Brüder und Schwestern, sondern alle Mitglieder der Großfamilie. Noch heute geht er allen auf die Nerven. Wenn ich ihn treffe, bin ich immer noch irgendwie befangen – obwohl ich längst erwachsen und

unabhängig bin. Ich würde mir in seiner Gegenwart nie erlauben, zu scherzen oder Witze zu machen ... Ich erinnere mich nur zu gut an seine Gewalttätigkeit.
Hat er euch geschlagen?
Aber ja! Meine Mutter dagegen hat uns niemals geschlagen. Sie war sehr zärtlich.
Und dein Bruder hat euch geschlagen, wie es ihm gerade einfiel?
Nein, nicht grundlos – er fand schon immer einen passenden Anlaß. Vor allem mein Bruder Hamid war sein Opfer. Ihn verprügelte er mit genau kalkulierter Brutalität und Regelmäßigkeit – Hamid war nämlich der ›Intellektuelle‹ in unserer Familie und dafür haßte ihn Jawad ganz besonders. Man muß allerdings zugeben, daß Hamid sehr aufsässig war und alles mögliche anstellte. Dafür bekam er Prügel und wurde natürlich um so aufsässiger.
Damals war das Kino eine große Sache. Mein ältester Bruder hatte in einem Zimmer alle Wände mit Filmplakaten dekoriert – es waren vor allem Stars aus Amerika, glaube ich. Und Hamid ist dann in dieses Zimmer gegangen und hat all den Filmschönheiten mit einer Nadel die Augen ausgekratzt, ihnen Schnurrbärte aufgemalt und so weiter. Dafür bekam er dann eben den Stock zu spüren.
Hat sich dein ältester Bruder auch um eure Ausbildung gekümmert?
Ja, er hat das sogar sehr streng gehandhabt.
Ging es dabei hauptsächlich um die Jungen oder auch um die Mädchen?
Ich sollte vielleicht vorher erzählen, wie sich die Zusammensetzung der Familie im Laufe der Zeit verändert hat. Malika, meine älteste Schwester war zwanzig Jahre älter als ich, sie ist jetzt fünfzig. Sie hatte sehr jung geheiratet, ich war damals noch ein kleines Mädchen. Wir sind also nicht zusammen aufgewachsen. In der Zeit meiner Kindheit, an die ich mich bewußt erinnere, war sie bereits aus dem Haus. Mit Saadia, ihrer jüngeren Schwester, war ich als Kind oft zusammen, an sie kann ich mich gut erinnern ... Auch Saadia ging nicht zur Schule, sondern, wie Malika, in die *dar m'allma**. Die beiden sollten eben nur lernen, gut zu kochen, zu sticken und Spitzen zu klöppeln. Nach Beendigung dieser Ausbildung konnten sie immer noch nicht lesen und schreiben. Vor allem meine älteste

* wörtlich: ›Haus der Lehrerin‹ – Handarbeitsschule für Mädchen (Anm. d. Ü.).

Schwester empfand das als schlimme Benachteiligung und hat sich später sehr hartnäckig bemüht, das Versäumte nachzuholen.
Weißt du wie? Sie war nach der Heirat zu ihrem Mann nach Meknès, gezogen – in den neuen Teil der Stadt. Das war noch zur Kolonialzeit, und daher wohnten dort auch viele Franzosen. Malika freundete sich mit den französischen Nachbarinnen an, besuchte sie und lernte eine Menge aus den Unterhaltungen. Und weißt du, was sie noch gemacht hat? Sie fing wieder an, richtig zu lernen – ganz aus eigenem Entschluß. Ihre Kinder gingen damals in die Grundschule, und sie machte mit ihnen die Hausaufgaben und ließ sich von ihnen beibringen, was sie gerade gelernt hatten. Aus dem Haus gehen durfte sie natürlich nicht ... Aber inzwischen kann sie recht gut lesen und schreiben.
Hat ihr Mann sie dabei unterstützt?
Höchstens unfreiwillig, indem er Nachhilfelehrer für die Kinder engagierte. An dem Unterricht zu Hause nahm meine Schwester teil, sie schrieb Aufsätze usw. ...
Und welches der Mädchen bei euch zu Hause durfte nun als erste zur Schule gehen?
Die Drittälteste war es, die nicht mehr in die Handarbeitsschule geschickt wurde – und das war ich! Ich hatte damals Glück. Mein Bruder Jawad legte tatsächlich Wert darauf, daß ich in die Schule kam, weil einige der besten Familien der Stadt, zu denen wir Gott sei Dank gehörten, gerade anfingen, auch die Töchter zur Schule zu schicken. Ein weiterer Umstand hat mir sehr geholfen: ich hatte einen sieben Jahre älteren Bruder, Hamid, der ein paar Klassen über mir war. Für ihn engagierte Jawad einen Hauslehrer, der dafür sorgen sollte, daß Hamid in der Klasse immer gut mitkam. Und Hamid und sein junger Nachhilfelehrer haben sich auch um mich ein bißchen gekümmert. Während Hamid seine Hausarbeiten schrieb, ließ mich der Lehrer ein wenig lesen oder rechnen. So hatte ich während der Schulzeit auch zu Hause immer Unterstützung und günstige Voraussetzungen, um weiterzukommen. Ich mochte meinen Bruder Hamid sehr gern, und er hat diese Zuneigung erwidert. Wir haben vieles gemeinsam gemacht – und das war ein großes Glück für mich.
Stell' dir vor, wir hatten sogar eigene Arbeitszimmer, jeder einen kleinen Raum mit einem Schreibtisch – und das in einer traditionel-

len Großfamilie! Geschlafen haben wir natürlich trotzdem in einem Raum. Das Haus war groß und hatte viele Zimmer, aber wir fanden es schöner und praktischer, wenn alle zum Schlafen in einem Raum zusammenkamen.
Hat auch eure Mutter in diesem Zimmer geschlafen?
Natürlich – alle, außer meinem großen Bruder, der bereits ausgezogen war.
War er verheiratet?
Nein, er hat nicht geheiratet . . . Aber hat mit verschiedenen europäischen Frauen zusammengelebt . . .

Familienleben: Dienstmädchen, fröhliche Spiele und Prügel . . .

Wer hat denn nun damals in eurem Haus gewohnt?
Meine Mutter, meine Schwester Saadia, mein Bruder Hamid und ich – mein großer Bruder lebte schon allein, mein jüngster Bruder Halim war in Meknès in der Lehre und meine älteste Schwester Malika hatte ja schon früh geheiratet . . .
Aber ihr hattet doch ›Dienstmädchen‹*?
Natürlich!
Haben sie sich auch um deine Erziehung gekümmert, oder hat das deine Mutter besorgt?
Sowohl als auch – für mich war mein ›Kindermädchen‹ eine zweite Mutter. Wir waren ja jeden Tag zusammen und wir haben uns bis heute nicht aus den Augen verloren. Sie besucht mich oft. Weißt du, sie ist als ganz junges Mädchen zu uns gekommen; ihre Schwester hat sie immer zum Betteln losgeschickt, und so stand sie eines Tages vor unserer Tür. Meine Mutter, die damals mit mir schwanger war, hat die Schwester dann überredet, sie zu uns in den Haushalt zu

* Die beiden geläufigen Bezeichnungen für die Hausangestellten – *mt'allma* und *haddam* haben einen abschätzigen Beiklang. Daß es keine ›neutralen‹ Begriffe für die Hausarbeit gibt, mag auch dazu beitragen, daß sie, von den Herren, wie von den Bediensteten, als minderwertig betrachtet wird. Die Frauen aus den ärmsten Bevölkerungsschichten ziehen die Fabrikarbeit vor, falls sie überhaupt die Wahl haben – obwohl sie in der Fabrik länger und härter arbeiten müssen und schlechter bezahlt werden.

geben. Als ich geboren wurde, war sie selbst noch ein Kind. Für mich ist sie mehr eine Schwester als ein ›Kindermädchen‹ gewesen – der Altersunterschied zwischen uns war nicht so groß. Ich war oft krank, hatte das Trachom*, und dann hat sie mich auf den Rücken genommen und im Garten herumgetragen ... Meine Füße schleiften über den Boden ... Sie kann nicht älter als acht oder zehn Jahre gewesen sein, als sie zu uns kam.
Hast du bei der Hausarbeit helfen müssen, wenn du aus der Schule gekommen bist?
Vergiß nicht, daß ich die jüngste Tochter war – ein verwöhntes Nesthäkchen. Ich hatte gar keine Pflichten im Haushalt, ganz im Unterschied zu meiner Schwester Saadia, die auf traditionelle Art in die Hausarbeit eingespannt war und alle möglichen Pflichten mit den Dienstmädchen teilen mußte.** Sie behandelte mich natürlich ziemlich unfreundlich und wollte mich immer dazu bringen, auch irgendeine Arbeit zu übernehmen. Der Altersunterschied zwischen uns war beträchtlich.
Was habt ihr gespielt? Hat dein großer Bruder manchmal mitgespielt?
Wo denkst du hin? Wenn er kam, hörten wir sofort auf. Wir erfuhren immer rechtzeitig, daß er auf dem Heimweg war. Sobald er im *darb**** auftauchte, sagte man uns Bescheid, und wir liefen auseinander. Alle verdrückten sich dann irgendwohin, meine Mutter, die Brüder, die Schwestern ... Die einen gingen hinauf auf die Dachterrasse, die anderen zogen sich in eines der Zimmer zurück – Jawad war wirklich der Schrecken der ganzen Familie. Er hatte wahrscheinlich die Idee, daß er unseren verstorbenen Vater nicht

* Die ›ägyptische Augenkrankheit‹ – eine Bindehautentzündung, die in Nordafrika sehr verbreitet ist und zur Erblindung führen kann (Anm. d. Ü.).

** In der traditionellen Großfamilie wurde die Hausarbeit in einer Art ›Rotationssystem‹ organisiert, so daß die Frauen immer eine Zeitlang hart arbeiten mußten, dann aber wieder eine Ruhezeit genießen konnten. Ausgenommen von dieser Regelung waren nur die Lieblingsfrauen des Hausherrn und die alten Frauen. Die jungen Töchter des Hauses wurden in dieses System eingebunden wie Sklavinnen oder Hausangestellte – sie sollten auf diese Weise alle Kenntnisse erwerben, um später einen eigenen Haushalt führen zu können.

*** *darb* heißt eigentlich nur ›Straße‹. Der Begriff kann aber auch für ›Nachbarschaft‹ stehen, für die engen Beziehungen zwischen den Bewohnern eines Straßenzugs oder Viertels.

nur ersetzen, sondern übertreffen müsse – er nahm seine Erzieherrolle einfach viel zu ernst. Wenn er uns zu sich rufen ließ, wußten wir schon, daß es Ohrfeigen setzen würde.
Hat er euch mit der Hand geschlagen? Oder mit einem Stock?
Mit der Hand – er hat uns kräftig den Hintern versohlt!
Hat sich deine Mutter nie eingemischt? Hatte sie gar keinen Einfluß auf ihn?
Doch, doch. Meine Mutter war eine sehr vernünftige Frau. Alle Mitglieder der Familie holten sich Rat bei ihr. Sie war voller Lebensweisheit – eine schlichte und vor allem sehr fromme Frau. Wenn ein Kind in der Familie geboren wurde, kam man zu ihr: sie sollte den Namen des Kindes bestimmen und die *subuaa** ausrichten. Sie war allgemein beliebt – aber trotzdem schaffte sie es nicht immer, meinen Bruder zu besänftigen. Manchmal war er wie von Sinnen . . .

Jugendzeit: Verbote und Träume vom Glück . . .

Durftest du als junges Mädchen manchmal ausgehen?
Das kam überhaupt nicht in Frage. Deswegen bin ich übrigens von zu Hause weggegangen. Ich bin zu meiner Schwester Malika gezogen, sie lebte mit ihrem Mann in Meknès – dort habe ich dann drei oder vier Jahre gewohnt, so genau weiß ich das nicht mehr. Ich mußte einfach weg, weil ich die Bevormundung durch meinen Bruder nicht mehr ertragen konnte.
Wie alt warst du, als du weggegangen bist?
Ich war zwölf oder dreizehn. Bei meiner Schwester hatte ich viel mehr Freiheiten – sie lebte ja in der Neustadt, im europäischen Viertel. Dort konnte ich auch aus dem Haus gehen wie die Europäerinnen.
Und bis dahin hast du immer die *dschellaba* getragen?**

* Ein rituelles Fest, das sieben Tage nach der Geburt stattfindet. Die Kinder erhalten zu diesem Zeitpunkt den Vornamen. In anderen Regionen wird statt dessen die *tasmia* vollzogen, eine Zeremonie, die der Taufe im Christentum entspricht.

** Die *dschellaba* ist eine Art Mantel aus dichtem Stoff, den die Frauen über den Kleidern trugen, wenn sie aus dem Haus gingen. Früher diente der *haik* der Verhüllung – auch zur *dschellaba* sollte jedoch der Gesichtsschleier getragen werden.

Klar, ich mußte immer die *dschellaba* tragen – mein Bruder hat darauf bestanden. Ich weiß noch, wie meine Mutter mir einmal einen schönen marineblauen Stoff gekauft hat, um mir eine neue *dschellaba* zu nähen. Mein Bruder hat sich furchtbar aufgeregt: »Du willst deiner Tochter also eine marineblaue *dschellaba* machen, damit ihre schönen blauen Augen und ihre blasse Haut noch besser zur Wirkung kommen? Möchtest du eine Prostituierte aus ihr machen?« Er war außer sich. Dabei gab er sich sonst immer ganz kühl, zeigte nie seine Gefühle ...

Und du bist drei oder vier Jahre in Meknès geblieben?

Ich bin ausgezogen, weil es Streit gab. Das war 1956, kurz nach der Unabhängigkeit. Ich ging noch aufs Gymnasium, und wir Schüler hatten damals beschlossen, unsere Lehrer zu einem kleinen Fest einzuladen. Wir wollten ihnen deutlich machen, daß sich durch die Unabhängigkeit im Schulalltag nicht viel ändern würde, daß wir ins Gymnasium gehen würden, wie bisher. Deshalb also das Fest: man mußte einen kleinen Eintrittsbeitrag bezahlen, und wir hatten uns ausgedacht, daß alle in traditioneller Kleidung erscheinen sollten. Ich habe meiner Schwester davon erzählt – aber sie war dagegen und wollte mir nicht erlauben, hinzugehen.

Weshalb?

Sie erklärte, solche Feste endeten immer als Orgie ... »Schreib' an deinen Bruder in Safi. Wenn du solche Sachen machen willst, soll er dir das erlauben.« Ich versuchte ihr klarzumachen, daß es sich nicht um ein Gelage, sondern um ein Schulfest handelte, auf dem jeder willkommen war, der den Eintritt bezahlte, daß sie selbst hingehen könne ... Meinem Bruder zu schreiben, wäre ohnehin sinnlos gewesen – seine Antwort hätte mich nicht rechtzeitig erreicht. Für mich ging es um die Ehre: ich erklärte meiner Schwester, wenn sie mir verbiete, mit meinen Mitschülern zu feiern, dann könne ich nicht länger bei ihr wohnen, ich müsse dann eben aus Meknès fortgehen und zu meiner Familie zurückkehren. Schließlich sei ich immer pünktlich und ordentlich gewesen, und mein Wunsch, an diesem Fest teilzunehmen, sei auch nichts Unanständiges.

Hat sie dir denn auch Vorschriften gemacht?

Natürlich! Sie überwachte jeden meiner Schritte und nahm es mit der Pünktlichkeit sehr genau: wenn ich um Punkt fünf Uhr nicht mein Fahrrad in der Garage abgestellt hatte, war die Hölle los! Manchmal standen sie beide vor der Tür und warteten auf meine Ankunft. Dabei hatten die Mädchen in anderen Städten, zum Beispiel in Fès, damals schon wesentlich mehr Freiheiten. Die Unabhängigkeit brachte uns ja neue Möglichkeiten, die Frauen konnten sich in der Öffentlichkeit freier bewegen.

Warst du denn nie verliebt, während du das Gymnasium besucht hast?

Nein, überhaupt nicht.

Nicht die geringste Liebelei? Du hast doch bestimmt ein paar Liebesbriefe bekommen?!

Doch, als ich gerade nach Safi zurückgekehrt war. Es gab einen großen Skandal wegen dieses Briefes – zwei Jahre lang mußte ich mir die Vorhaltungen anhören. Ich hatte meine Schwester verlassen und war nach Safi zurückgegangen. Dort traf ich die Freunde und Freundinnen wieder, mit denen ich in die sechste Klasse gegangen war. Zu ihnen gehörte auch ein Algerier, der mich gut leiden konnte – er war schon in der letzten Klasse, also viel älter als ich. Er half mir ein wenig bei den Mathematikaufgaben. Mathematik war seine Stärke – und ich hatte keine Ahnung davon! Das war 1956, damals spitzte sich die Lage in Algerien zu, und die algerischen Schüler verließen die Schule und fuhren nach Hause. Er konnte an der Abschlußprüfung im Juni nicht mehr teilnehmen. Aber er war noch eine Weile in Rabat und fand in der Zeitung meinen Namen in der Liste der Schüler, die die Mittlere Reife bestanden hatten. Daraufhin schickte er mir ein Kärtchen – so ein Leporello, ein Schmuckblatt zum Auffalten, das war damals in Mode ... Und der Briefträger mußte dieses Kärtchen ausgerechnet in Anwesenheit meines Bruders abliefern! Natürlich gab es sofort einen Skandal! Ich bekam Ohrfeigen, und mein Bruder machte eine große Sache daraus ... Dabei war ich gerade sechzehn ...

Und was stand in dem Briefchen?

Ach, ein paar nette Worte: »Ich habe in der Zeitung gelesen, daß Du bestanden hast ... das wundert mich nicht, Du hast es verdient ...« – so in der Art ... Aber man hat sich zwei Jahre lang darüber aufgeregt. Mit siebzehn wurde ich dann verheiratet.

Ab wann hast du denn selbst ans Heiraten gedacht?

Ich hatte gar keine Zeit, mir darüber Gedanken zu machen. Andere haben für mich gedacht – irgendwann hatte ich plötzlich einen Ehemann . . .

Und was hast du dir erträumt? Was war deine Vorstellung von Glück?

Ich wollte vor allem lernen – ich hoffte, durch Schule und Ausbildung einen Weg aus der engen Welt der Familie zu finden. Auch die Heirat war für mich eine Art von Befreiung . . . Ich habe dir ja erzählt, daß ich nicht aus dem Haus gehen durfte, nicht mal ins Kino, ich durfte keine Briefe bekommen . . . Das war wirklich deprimierend und als es dann hieß, ich solle meinen Cousin heiraten, da bedeutete das für mich vor allem den Aufbruch nach Frankreich, in ein neues Leben, die Hoffnung, endlich meine eigenen Vorstellungen zu verwirklichen. Aber leider bin ich nicht allzu lange in Frankreich gewesen . . .

Als du ein junges Mädchen warst – wie sah der Mann deiner Träume aus?

Wie die Helden in den Büchern, in den Geschichten, die ich gelesen habe. Aber meine Familie ließ mich ja nicht lange träumen, sie verpaßte mir bald einen wirklichen Mann, meinen Bräutigam. Ich war damals allerdings auch ziemlich romantisch und sentimental, das muß man schon sagen. Mein jüngster Bruder hat mich sehr beeinflußt. Er hatte auch ganz romantische Vorstellungen, las sehr viel und gab mir immer Bücher zu lesen, Romane und Gedichte – ich lernte damals auch Gedichte auswendig. Wir beide hatten ein sehr enges Verhältnis, durch ihn bekam ich Zugang zur Literatur. Mit 14 Jahren las ich ›Die Nächte‹ von Musset . . . Überhaupt habe ich in dieser Zeit, zwischen dem 15. und dem 18. Lebensjahr mehr gelesen als sonst in meinem ganzen Leben. Ich kann erst heute ermessen, wie wichtig das für mich war. Mein Bruder hat mir viel erklärt, er erzählte mir auch von Europa . . . Damals, als ich ein junges Mädchen war, verkörperte er für mich das Ideal des Mannes. Er war eine Art Messias, dem ich nacheifern mußte. Aber das ist vorbei.

Die Zeit der Verlobung

Wie kam es denn zu der Verlobung?
Mein Verlobter war mein Cousin, der Sohn meiner Tante. Ich hatte ihn noch nie gesehen, obwohl er im selben Viertel wohnte. Er war allerdings auch 12 Jahre älter als ich. Aber stell' dir vor: ich war vorher sogar schon an seinen Bruder vergeben worden, in der Zeit, als ich in Meknès lebte. Damals verbrachte ich einen Sommer in Safi, um meine Mutter wiederzusehen. Bei dieser Gelegenheit bekam er mich zu Gesicht, und er teilte dann meiner Familie mit, daß er mich heiraten wolle. Er setzte alle Hebel in Bewegung, und ich ich wurde praktisch in Abwesenheit verheiratet – inzwischen war ich nach Meknès zurückgekehrt, und man hatte mir von der Sache nichts gesagt.
Sie haben dir nichts gesagt? Mußten sie nicht befürchten, daß du dich weigern würdest?
Wo denkst du hin! Was konnte ich schon machen – ich hatte eine Heidenangst vor meinem Bruder . . .
Und wie ging es weiter, nachdem die Heirat beschlossene Sache war? Hat dir der Bräutigam seine Aufwartung gemacht?
Er kam und wollte mich ausführen, aber ich habe mich strikt geweigert. Ich habe auch seine Briefe nicht beantwortet und seine Geschenke nicht angenommen. Dabei war er eigentlich ganz nett, ich fand ihn sympathisch – aber mehr auch nicht.
Hast du ihm gesagt, daß du ihn nicht liebst?
Nein, ich habe gar nichts gesagt, sondern nur die Distanz gewahrt.
Aber weshalb mußte die Verlobung dann unbedingt stattfinden?
Weil es so Sitte war – ich sollte eben unter die Haube gebracht werden. Mein Bräutigam hat auch versucht, sich vor der Heirat mit mir ins Benehmen zu setzen: er wollte zum Beispiel wissen, ob ich kochen und den Haushalt führen könne. Er hat nicht lockergelassen, aber ich wollte ihn einfach nur loswerden und habe immer wieder erklärt, ich hätte nicht die geringste Ahnung von solchen Sachen. Ich war noch sehr jung damals, aber es war eine gute Zeit; in den Jahren von 1950 bis 1954 herrschte eine Art Aufbruchstimmung. Meine Freunde und Freundinnen und ich – wir hatten unsere eigenen Hoffnungen und Vorstellungen vom Leben. Und dann kommt einer daher und fragt dich, ob du kochen und nähen kannst!

So einen will man doch nicht heiraten! Damals hatte sich schon einiges verändert: in Fès hätte kaum ein junger Mann zwischen 20 und 30 solche Anforderungen gestellt. Als er gemerkt hat, daß ich auf seine Annäherungsversuche nicht eingehe, war er überzeugt, daß ich einen anderen habe, daß ich einen anderen Mann liebe. Natürlich gab es nichts dergleichen! Es war von Anfang an ausgemacht gewesen, daß die Heirat erst nach meinem Abitur stattfinden sollte – solange mußte er also noch warten. Und er hatte nichts Besseres zu tun, als sich eine ständige Geliebte zuzulegen, die er dann in einem der Häuser untergebracht hat. Sein Argument war, in seiner Stellung als *amin** könne er es sich nicht leisten, den Mädchen nachzulaufen, da brauche er schon ein festes Verhältnis. Er hatte nämlich nach dem Tode seines Vaters dessen Nachfolge als Vertrauensmann der Zitrusbauern angetreten – ein bedeutendes öffentliches Amt. Als Mätresse hatte er sich eine bekannte Prostituierte ausgesucht. Er bezahlte ihren Unterhalt und lebte ganz offen mit ihr zusammen. Und gleichzeitig dachte er, ich würde meine Meinung über ihn schon noch ändern . . .
Aber da täuschte er sich gewaltig: als ich von der Sache erfuhr, hatte ich endlich einen handfesten Grund für meine Verweigerung. Ich wollte von den Heiratsplänen nichts mehr hören – allerdings hätte ich das mit meinem ältesten Bruder, meinem Vormund, ausmachen müssen. Der wußte natürlich genau Bescheid, aber für ihn war das offenbar kein Problem. Also mußte ich warten, bis mein jüngerer Bruder Hamid zurückkam. Er studierte damals in Paris. Als er nach Hause kam, erzählte ich ihm alles: er wisse ja, daß ich von Anfang an gegen diese Heirat gewesen sei, und nun sei ich entschlossen, mir das Leben zu nehmen, falls es ihm nicht gelinge, mir diesen Bräutigam vom Hals zu schaffen! Hamid war mit ihm ganz gut bekannt, und er bemühte sich den ganzen Sommer lang, ihm klarzumachen, daß es besser sei, die Sache zu vergessen: nach so einem schlechten Beginn könne die Ehe doch kaum noch glücklich verlaufen, er solle sich lieber gleich nach einer anderen Ehefrau umsehen. Mit List und Geduld schaffte es Hamid schließlich, ihn zu überzeugen. Der Heiratsvertrag wurde annulliert – ich hatte meine Freiheit wieder. Mein Bräutigam heiratete kurze Zeit später – natürlich nicht seine

* Der Vorsteher einer berufsständischen Organisation oder ›Zunft‹.

Geliebte, sondern eine Frau, die er noch nie zu Gesicht bekommen hatte. Seine Mutter und seine Schwester hatten die Wahl getroffen.
War er eigentlich ein gebildeter Mann?
Na ja, er hatte so etwa den Bildungsstand der fünften Klasse im Gymnasium. Aber stell' dir vor – geheiratet habe ich dann schließlich seinen Bruder!

Die Heirat

Wie kam das?
Das paßte eigentlich wie die Faust aufs Auge! Er war viel älter als sein Bruder, und wenn er auftauchte, war ich gar nicht erfreut. Wir hatten einfach nichts gemeinsam. Aber sein Familiensinn brachte ihn dazu, meine Mutter zu besuchen und ihr Ratschläge zu geben, wie sie mich erziehen solle.
Ich wußte, daß er in eine meiner Cousinen verliebt war. Man sprach sogar schon von Heirat. Und dann bekam ich eines Tages einen Brief von ihm. Auch an meine Mutter und meinen Bruder hatte er geschrieben – er ließ eine wahre Flut von Briefen los, in denen er um meine Hand anhielt. Er wollte mich so bald wie möglich heiraten. Dabei haben wir uns dauernd gestritten! Nun hatte ich es gerade erst geschafft, einen Bräutigam abzulehnen. Noch einmal konnte mir das kaum gelingen. Der neue Bewerber hatte natürlich erklärt, daß nun Schluß sein müsse mit meinen Launen, daß sich die Familie so etwas nicht länger bieten lassen dürfe. Also habe ich mich gefügt und bin nach Frankreich gefahren.
Hat er dich mitgenommen?
Nein, nein. Als die Heirat besiegelt wurde, war er gar nicht da. Seine Pflichten als Vertreter der marokkanischen Regierung in Frankreich machten ihn unabkömmlich. Er schickte zwei Flugtickets – eins für meine Schwester und eins für mich. Einen Monat nach dem Abschluß des Heiratsvertrags sind wir dann geflogen. Wir kamen um vier Uhr morgens an – da stand ich dann plötzlich meinem Ehemann gegenüber. Achtzehn Jahre war ich damals.
Wie ist es dir ergangen, in diesen ersten Tagen?
Ich fühlte mich ganz leer . . . Ich kannte ihn ja praktisch nicht, hatte mir nur unter völlig anderen Umständen ein Bild von ihm

gemacht. Das war eine ganz neue Situation. Meine Schwester flog drei Wochen später zurück.
Sie war doch wohl mitgekommen, um die Unterwäsche mit zurück zu nehmen?*
Nicht doch! Darum ging es gar nicht! Diesen Beweis meiner Entjungferung hätte sie sowieso nicht heimbringen können: Ich hatte solche Angst, daß ich die Sache zunächst von einem Arzt ausführen lassen wollte. Letztlich ging es dann ohne ärztliche Hilfe – aber um welchen Preis! Versetze dich für einen Moment in meine Lage: es war meine erste Reise – in die Fremde, ins Unbekannte – und mit dem Ziel, einem Mann zu begegnen, dem ich jahrelang wenig Begeisterung entgegenbringen konnte und der nun plötzlich mein Ehemann sein sollte. Sicher, meine Schwester war bei mir, aber seit unserem Streit über das Schulfest hatten wir ein sehr frostiges Verhältnis – ich konnte einfach nicht mehr offen mit ihr reden. Ich hätte ihr nicht sagen können, daß ich diesen Mann nicht liebte und daß mir die Zukunft ganz düster erschien. Sie hätte sowieso nur geantwortet, daß alle Frauen in dieser Situation Angst hätten und daß sich die Zuneigung schon noch einstellen würde – alles eine Frage der Gewöhnung. Verstehst du, wie mir zumute war?
Hast du deinem Mann gesagt, was du von ihm hältst?
Nein, ich habe nichts gesagt, aber er wußte genau, was los war. Er hielt das für ›Kindereien‹. »Du bist ja noch ein Kind«, hat er gesagt – dabei war ich gerade mit dem Flugzeug in einem fremden Land angekommen. Ich war noch ganz benommen vom Flug, und er fing sofort an, in Worten zu schwelgen: ich sei seine Göttin, der Sinn seines Lebens ... Mir sagte das alles nichts, verstehst du, ich hatte einfach nur Angst, ich fühlte mich furchtbar unsicher ...
Wie lange habt ihr in Frankreich gelebt?
Etwa ein Jahr. Anfangs hatte ich große Angst vor dem Alleinsein. Mein Mann arbeitete in einem katholischen Studentenheim und kam meist sehr spät nach Hause. Wir wohnten in Paris, aber ich kannte mich in der Stadt überhaupt nicht aus. Ich war einfach noch sehr jung und ganz unselbständig – also ging ich auch nicht spazieren,

* Ein blutbeflecktes Wäschestück gilt als der Beweis, daß die junge Ehefrau erst in der Hochzeitsnacht entjungfert wurde.

sondern lebte ganz zurückgezogen. Man hatte mir Schauergeschichten erzählt, von Mädchenhändlern . . .
Hattest du keine Freundinnen?
Nein, damals kannte ich wirklich keinen Menschen. Mein Mann hatte vor meiner Ankunft bereits sieben Jahre in Bordeaux gelebt, deshalb war er mit einigen Familien bekannt. Wir haben sie manchmal besucht, aber ich fühlte mich dort nicht wohl. Nur mit den Kindern konnte ich mich anfreunden, obwohl sie viel jünger waren als ich.
Und deine Ausbildung? War es damit vorbei?
Nein, nein – ich habe mich gleich im Oktober eingeschrieben und das ganze Jahr über die Kurse besucht, bis wir nach Marokko zurückgingen. So habe ich mir die Zeit vertrieben. Ich war auf einer Art Handelsschule – die Anforderungen waren sehr hoch. Dabei interessierte ich mich doch viel mehr für die Literatur. Du siehst, wie es mir ergangen ist: von einem Tag auf den anderen mußte ich mein Leben ändern, in ein anderes Land gehen, mich neuen Umständen anpassen und andere Sachen lernen . . .
Hättest du nicht an deine bisherige Ausbildung anknüpfen können? Weshalb die Handelsschule?
Mein Mann wollte es so. In dem Ministerium, für das er tätig war, mangelte es damals an guten Stenotypistinnen. Und er wollte Karriere machen in diesem Ministerium – im Ausland natürlich, im diplomatischen Dienst gewissermaßen. Also war er der Meinung, die Handelsschule sei genau das Richtige für mich. Aber, Ironie des Schicksals: nach einem Jahr wurde er in den Innendienst zurückbeordert, und mit seinen hochfliegenden Plänen war es aus.
Ihr seid also nach Marokko zurückgekehrt?
Ja, und seitdem ging es bergab. Weißt du, in Frankreich mußte er sich nicht groß anstrengen: einmal im Monat ein Geschäftsessen und dann noch die Verpflichtungen anläßlich der nationalen Feiertage . . . Das war alles. Unsere Bekannten in Frankreich waren vor allem Studenten, katholische Familien und Geistliche – dieses Milieu eben . . . Man wurde eingeladen, erwiderte die Einladung, führte die marokkanische Küche vor usw. . . . Aber als wir wieder in Marokko waren, sah alles ganz anders aus. Die ›gesellschaftlichen Anlässe‹ waren äußerst zahlreich. Ich mußte meinen Mann immer begleiten, und wir luden alle Welt zu uns ein. So ging das zwei oder

drei Jahre. Dann wechselte er in ein anderes Ministerium, und es wurde immer schlimmer: er begann zu trinken und zu den *schechata*-Veranstaltungen zu gehen.* Seitdem standen wir auf Kriegsfuß. Da mein Mann einen einflußreichen Posten hatte, kamen natürlich ständig Leute, die etwas von ihm wollten. Manche waren wirklich unerträglich – sie tauchten zu jeder Tages- und Nachtzeit auf. Ich war nicht sehr beliebt bei ihnen, weil ich diesem Zirkus ein Ende machen wollte: es gefiel mir nicht, daß mein Mann sich betrank und bei uns ständig alkoholische Getränke serviert wurden. Diese Abendgesellschaften bedeuteten für mich ja auch eine Menge Arbeit. Du kannst dir denken, wie es zugeht, wenn man dauernd Gäste hat. Außerdem hatte ich inzwischen meine Tochter Kenza zur Welt gebracht.

Eheliche Beziehungen

Ein Jahr lang habe ich mich um meine kleine Tochter gekümmert, dann widmete ich mich wieder meiner Ausbildung: ich wollte als Lehrerin arbeiten und mußte daher das Lehrerseminar besuchen. Damals dauerte dieses Aufbaustudium ein Jahr – ich bestand die Abschlußprüfung und bekam eine Stelle als Lehrerin. Mein Mann war der Meinung, ich solle nicht arbeiten, sondern weiter studieren. Aber zu dieser Zeit mußte er, ihm Rahmen seiner medizinischen Ausbildung, im Krankenhaus famulieren – diese Tätigkeit war sehr schlecht bezahlt. Außerdem waren jeden Monat die Raten für das Haus fällig, das wir gekauft hatten. Ohne mein Einkommen wären wir gar nicht zurechtgekommen – trotzdem wäre es meinem Mann lieber gewesen, wenn ich nicht gearbeitet, sondern weiter studiert hätte.
Ich hatte mich auch an der juristischen Fakultät eingeschrieben, um mich weiterzubilden und dort einen akademischen Grad zu erlangen

* ›Damenorchester‹, deren Tanz- und Gesangsdarbietungen im bürgerlichen Marokko immer beliebter wurden. Die Mädchen stammten meist aus armen ländlichen Familien – ihre Auftritte waren nicht teuer, so daß sich die reichen Bürger diesen Luxus häufig leisteten. Weil es dabei stets sehr freizügig zuging, wurde *schechata* schließlich gleichbedeutend mit ›Prostituierte‹.

– aber nach einem Jahr wurde es mir zuviel. Ich hatte ja ständig Hefte zu korrigieren und Unterrichtsvorbereitungen zu machen. Das war in den ersten Jahren nach der Unabhängigkeit, 1958 und 1959. Damals gab es viel zu viele Schüler in den Klassen . . .

Und als dein Mann die Praktikantenzeit beendet hatte – hast du weiterhin gearbeitet?

Ja.

Weshalb?

Ich hatte meinen Stolz. Für mich war es sehr wichtig, daß ich finanziell nicht von meinem Mann abhängig war. Diese Unabhängigkeit wollte ich nicht aufgeben. Mein Mann hat sich oft beklagt: »Du nimmst dir zu viele Freiheiten! Das kommt nur davon, daß du berufstätig bist und ein Auto hast . . . Ich kann das nicht mehr dulden.« Aber ich wußte, wie ich ihn behandeln mußte: ich sagte dann, wenn er mir den bisherigen Lebensstandard garantieren könne, dann sei ich bereit, sofort zu kündigen. Manchmal schrieb ich sogar die Kündigung und bat ihn, sie abzugeben. Im Grunde wollte er das aber gar nicht – die Situation war ja auch für ihn ganz bequem.

Wofür hast du dein Gehalt ausgegeben?

Na ja, wir haben die Haushaltungskosten nie genau durchgerechnet. Ich wußte gar nicht, wieviel mein Mann verdiente und was er so ausgab. Er machte sich da keine Gedanken, und finanzielle Planung gab es nicht. Unser Lebensstil war recht aufwendig, weil wir ständig Gäste hatten. Mir wird das erst jetzt bewußt, nachdem ich geschieden bin und mit einem geringen Gehalt auskommen muß. Aber damals war mir das gar nicht klar. Die Einkäufe erledigten wir gemeinsam, wir kauften immer für den ganzen Monat ein. Um Einrichtungs- und Haushaltsgegenstände kümmerte sich mein Mann überhaupt nicht. Manchmal kaufte er Sachen, die er besonders schön fand, Besteck zum Beispiel, aber es hätte ihn Überwindung gekostet, zum Beispiel Vorhänge oder Beistelltische zu erwerben – darum kümmerte ich mich eben. Für die Einrichtung, meine Kleidung und die Kleider der Kinder habe ich mein Gehalt ausgegeben.

Hast du nie den Wunsch gehabt, die Berufstätigkeit aufzugeben?

Nein, ich brauchte diese Aufgabe. Die Hausarbeit fand ich langweilig, diese Beschäftigung hätte mich nicht ausgefüllt. In der Schule

hatte ich Gelegenheit, etwas Sinnvolles zu tun – den Kindern etwas beizubringen. Und wenn ich nach Hause kam, fiel es mir nicht schwer, noch dies und das im Haushalt zu besorgen. Das meiste erledigte ja sowieso unsere Haushälterin.
Hat dir die Arbeit in der Schule Spaß gemacht?
Ich war nicht gerade begeistert – lieber hätte ich in den höheren Klassen unterrichtet, aber leider fand ich nicht die Gelegenheit, die nötige Qualifikation zu erwerben. Die Abendkurse zu besuchen, war einfach zu anstrengend, das paßte nicht in meinen Lebensrhythmus . . .

Empfängnisverhütung und Schwangerschaft

Wie war das mit den Kindern? Gab es Familienplanung, oder bist du einfach schwanger geworden?
Das erste Kind kam ganz unerwartet. Wir wußten ja beide nicht Bescheid – meinem Mann war natürlich klar, daß ich in diesen Dingen keine Ahnung hatte, aber das hat ihn nicht weiter gekümmert. Er mußte sich damals auf seine Prüfungen vorbereiten, und ich ging zur Handelsschule. Wir waren also beide sehr beschäftigt und wollten eigentlich zu diesem Zeitpunkt keine Kinder. Aber dann ›passierte es‹, und als ich im dritten Monat war, sind wir von einem Arzt zum anderen gepilgert, um ›es loszuwerden‹. Ich bekam Spritzen, ich rannte die Treppen auf und ab, ich ließ mich aufs Bett fallen und was nicht alles. Weil ich wußte, daß sich schwangere Frauen immer besonders ›schonten‹, damit sie das Kind nicht verloren, hatte ich die Idee, ich müsse nur einfach das Gegenteil tun, um eine Fehlgeburt zu haben. Aber es war alles umsonst. Kenza kam zur Welt, und sie war so ein schönes Kind, daß wir unsere Bedenken vergaßen. Ich habe sie 10 Monate lang gestillt – ein Prachtkind!
Und wann hast du das zweite Kind bekommen?
Sechs Jahre danach.
War das Zufall oder hast du empfängnisverhütende Mittel benutzt?
Nein, eigentlich nicht; ich habe natürlich aufgepaßt, die Ogino-Methode angewendet. Aber als ich damit aufhörte, weil ich ein zweites Kind wollte, habe ich gemerkt, daß ich aus einem anderen Grund nicht schwanger werden konnte: ich war wegen einer

Gebärmutterentzündung in Behandlung gewesen und durch die Elektrotherapie hatte sich der Gebärmutterhals verhärtet und war undurchlässig geworden. Nach einer weiteren Behandlung, einer Weitung des Gebärmutterhalses wurde ich dann schwanger. Wir hatten uns ein zweites Kind gewünscht, weil Kenza so launisch und eigensinnig geworden war – sie war einfach zu verwöhnt . . .

Hatte sie eine *dada**?

Ja, eine Frau, die selbst noch keine Kinder hatte und sich unbedingt um Kenza kümmern wollte. Ich habe immer nur Bücher über Säuglingspflege und Hygiene gelesen, und anfangs wollte ich alles genau nach Anweisung machen. Ich ließ niemanden an das Kind heran. Wenn wir eine Abendgesellschaft hatten, und die Kleine begann zu weinen, gab ich Anweisung, sie schreien zu lassen . . .

Hat sie bei dir geschlafen?

Nein, mein Mann hatte einen sehr leichten Schlaf und fühlte sich gestört – die Kleine schlief also in einem anderen Zimmer. Seit dem zweiten Lebensjahr schlief sie dann bei der *dada* – zunächst nur im selben Raum, später im selben Bett. Das hatte allerdings katastrophale Folgen, denn das Kind gewöhnte sich an die körperliche Nähe von Fatna. Diese *schun*** blieb bis zur Pubertät bestehen. Sie konnte ohne die *dada* nicht einschlafen. Wenn das Kindermädchen ins Dorf fuhr, um seine Familie zu besuchen, gab es regelmäßig ein Drama: die Kleine schlief nicht, sondern weinte die ganze Nacht, und Fatna mußte dann so rasch wie möglich zurückkommen. Natürlich hat Fatna das ausgenutzt: Wenn sie mehr Geld wollte, ging sie einfach fort – vorzugsweise am Abend. Das Kind schrie dann die ganze Nacht, und ich konnte nichts tun. Kenza war einfach so sehr abhängig von ihrer *dada*, daß sie nur einschlief, wenn Fatna ihre Hand hielt . . . Ich fand das allmählich sehr bedenklich.

Wie konnte es denn soweit kommen?

Es fing damit an, daß ich wieder arbeiten ging. Nach der Geburt war ich einen Monat lang zu Hause geblieben, dann besuchte ich das Lehrerseminar – ab diesem Zeitpunkt spielte Fatna die wichtigste

* Eigentlich die traditionelle Bezeichnung für eine Sklavin. Hier ist ein Kindermädchen gemeint, das bei der Familie wohnt.

** *schun* (ein Wort aus der Berbersprache) ist die Bindung an Wärme, Zärtlichkeit und Zuneigung eines Menschen – eine gefühlsmäßige Abhängigkeit.

Rolle im Leben des Kindes. Ich war ja nicht da, und sie kümmerte sich um alles. In Fragen der Ernährung und Hygiene hielt sie sich an meine Anweisungen, aber sie nahm das Kind auch ganz und gar in Beschlag. Sie hatte ja selbst keine Kinder und mußte zusehen, wie ich drei Kinder zur Welt brachte. Und sie schaffte es immer, die Kleinen völlig an sich zu binden. Mit Aziza, die 1963 zur Welt kam, sechs Jahre nach Kenza, war es genauso. Ich fühlte, wie meine Kinder mir fremd wurden, wie sich diese Frau zwischen uns drängte . . . Wie oft wollte ich sie einfach fortschicken! Aber um der Kinder willen habe ich es nicht getan. Ich machte Konzessionen und behielt Fatna im Auge. Mit Aziza hat sie es auch probiert – sie nahm sie heimlich mit in ihr Bett. Manchmal schlief sie mit beiden Kindern zusammen.

Ein Kind kommt ums Leben; die Ehe geht auseinander

Aziza ist nur zwei Jahre alt geworden; sie ist ertrunken. Wir hatten Gäste und dachten, sie schliefe. Ihr Vater hatte sie geweckt, wir sahen sie spielen, und irgendwann war sie verschwunden. Später fanden wir sie tot im Wasserbecken im Innenhof. Es war so schrecklich – ich will gar nicht mehr daran denken. Sie war dem kleinen Mädchen entwischt, das auf sie aufpassen sollte, in das Becken gefallen und mit dem Kopf aufgeschlagen. Mit ihren 19 Monaten war sie schon eine richtige kleine Persönlichkeit gewesen, sehr aufgeweckt . . . Sie sprach schon Arabisch und Französisch. Seit diesem Unglück ging es mit unserer Ehe bergab. Mein Mann hatte schon zuvor gern getrunken, aber der Tod unserer kleinen Tochter war für ihn der Anlaß, völlig dem Alkohol zu verfallen.

Hat er für sich allein getrunken?

Gott sei Dank nicht – er hatte immer Gesellschaft. Aber als ich mich dagegen wehrte, daß immer bei uns zu Hause gesoffen wurde, fing er an, in die Bars zu gehen und bei Freunden zu bechern. Er kam meist spät – aber immerhin: er kam nach Hause. Er hatte ein schlechtes Gewissen, und deswegen wollte er auch noch ein weiteres Kind haben, um Aziza zu ersetzen . . . Angesichts unserer Lebensumstände war ich dagegen. Ich hatte Angst vor dieser Last. Aber er kam immer wieder darauf zurück, und schließlich dachte ich mir: vielleicht hilft ihm ein Kind, sich zu fangen; vielleicht ist das die letzte Rettung für ihn. Also habe ich eingewilligt, und so wurde unser drittes Kind geboren – es war wirklich die reine Nächstenliebe.

Weißt du, eigentlich machte sich mein Mann gar nicht so viel aus Kindern. Nur in diesem Fall war es ihm sehr wichtig: das tote Kind war ihm sehr ähnlich gewesen, und er wollte einfach die Lücke ausfüllen, die der Tod gerissen hatte. Daß unser drittes Kind von Geburt an krank war, hat ihn schwer getroffen. Er hatte solche Hoffnungen darauf gesetzt – und überdies war es ein Sohn!

Das Kind war zu früh zur Welt gekommen, es war sehr schwach und hat sich nicht erholt. Leider hatte der Arzt, der bei der Geburt dabei war, keine Ahnung – eine gute *qabla** hätte es bestimmt besser gemacht, er unternahm einfach gar nichts. Das Kind litt an Ödemen, was auf eine Niereninsuffizienz hindeutete. Es war im achten Monat zur Welt gekommen – eigentlich ein Fall für den Brutkasten. Ich habe es dann in eine Klinik in Paris bringen lassen. Die französische Ärztin, die sich dort um die Frühgeburten kümmerte, hat mich darauf aufmerksam gemacht, daß mein Kind in der Fötus-Position blieb: mit angewinkelten Armen und Beinen. Es kam dann schließlich in den Brutkasten und blieb dort zwanzig Tage lang. Man stellte fest, daß der Kleine auch noch eine Gelbsucht hatte. Die Ärzte sagten mir ganz offen, daß man vom Zustand des Kindes auf Alkoholsucht des Vaters schließen könne. Na ja, das brachte das Faß zum Überlaufen.

Hast du das deinem Mann erzählt?

Wenn ich sehr wütend war, nachts, wenn er mich gerade wieder bedrängt hatte, dann sagte ich: »Reicht dir ein krankes Kind noch nicht? Willst du noch mehr?« Er wußte genau, daß ich ihm die Schuld gab.

Aber mir war klar, daß er nicht daran dachte, sich scheiden zu lassen. Ich mußte mich damit abfinden und ich versuchte, mich für den Rest meines Lebens möglichst geschickt in der Situation zu arrangieren. Ich organisierte meinen Tagesablauf im Hinblick auf meine Arbeit, meine Kinder und meinen Göttergatten so, als seien wir geschiedene Leute. Morgens, wenn ich zur Arbeit ging, schlief

* *qabla* – die traditionelle Hebamme.

er noch. Oft lag er noch im Bett oder stand gerade auf, wenn ich zur Mittagszeit zurückkam. Ich aß dann zusammen mit meiner Tochter und brachte sie zur Schule. Er begab sich um drei oder vier Uhr zu Tisch – mit einem ganzen Troß von Leuten. Du siehst: wir gingen uns aus dem Weg. Von gemeinsamem Familienleben konnte nicht mehr die Rede sein, es waren ja auch immer zu viele fremde Leute da.
Brachte er seine Bekannten mit, ohne vorher Bescheid zu sagen?
Natürlich – bei uns gab es immer was zu essen.
Wer hat sich um die Küche gekümmert?
Zu Beginn unserer Ehe habe ich das erledigt, aber als ich schwanger war, konnte ich die Einkäufe und den Haushalt nicht mehr besorgen. Später hatten wir dann eine Haushälterin – sie machte ihre Sache sehr gut, sie konnte auch gut kochen. Gott sei Dank! Mir wurde das alles nämlich immer gleichgültiger.
Hat dein Mann auch Ehepaare eingeladen oder immer nur Männer?
Anfangs kamen auch viele Ehepaare zu Besuch. Aber als sein Zustand schlimmer wurde, ist er nur noch allein ausgegangen. Ich weigerte mich, ihn zu begleiten, weil die Abende regelmäßig damit endeten, daß er völlig betrunken war. Das konnte ich nicht ertragen, es traf mich in meiner Selbstachtung, in aller Öffentlichkeit zusehen zu müssen, wie er sich betrank.
Hat er dich aufgeweckt, wenn er nach Hause kam?
Natürlich hat er mich geweckt! Ich habe daraufhin in einem eigenen Zimmer geschlafen.
Und damit hat er sich abgefunden?
Er wollte dann unbedingt mit mir zusammensein. Das war ihm sehr wichtig – er hatte Schuldgefühle und Gewissensbisse und war ganz zerrissen. Er wußte ganz genau, daß er mich verletzte, und wenn er heimging, sagte er oft: »Ich habe diese Frau nicht verdient; sie ist eine Heilige. Ich will nicht nach Hause gehen.«
Zu wem sagte er das?
Zu seinen Freunden. Es war schon schlimm. Als der Junge zur Welt kam und es sich zeigte, daß er nie ganz gesund werden würde – das hat meinem Mann den Rest gegeben.
Hast du nie daran gedacht, dich scheiden zu lassen?
Ich hielt es für aussichtslos. Mein Mann war mit einigen Rechtsanwälten befreundet. Das hat mich völlig entmutigt – ich dachte, den Prozeß würde ich niemals gewinnen.

Lange Zeit habe ich mich noch um ihn bemüht. Ich sah die Katastrophe kommen, und ich wollte ihm helfen, aber im Grunde meines Herzens wußte ich, daß es aussichtslos war. Ihm fehlte einfach die Willensstärke. Er hätte eine Entziehungskur machen müssen. Ich vereinbarte Termine mit verschiedenen Ärzten, aber er ging nicht hin, weil er sich schämte – er wollte nicht zugeben, daß er ein Säufer war. Daraufhin habe ich mich hinter die Ärzte gesteckt, um ihn zu überlisten. Sie sollten ihn zur Entziehungskur überreden – ich wollte mich nicht einmischen. Er sollte das Gefühl haben, es sei seine persönliche Entscheidung. Als er mir dann sagte, er müsse eine Reise antreten, wußte ich natürlich gleich Bescheid. Ich packte ihm ohne weiteren Kommentar den Koffer – ich habe sogar mehr als nötig eingepackt, um zu zeigen, daß ich an die Geschichte mit der Reise glaubte. Außerdem sagte ich ihm, ich würde in seiner Abwesenheit das Haus streichen und mein Zimmer tapezieren lassen ... Das habe ich dann auch gemacht. Die Klinik, in die er sich begab, lag in der Stadt, aber er ›reiste ab‹ und ließ sogar das Auto verschwinden. Ich dachte, er sei endlich soweit, sich seinen Zustand einzugestehen – aber nach zwei Tagen war er wieder da! Offenbar hatte man ihn nicht zartfühlend genug behandelt. Er war eben ein Mensch voller Minderwertigkeitskomplexe. In seiner Jugend hat er nicht viel Liebe erfahren. Seine Mutter starb, als er noch ein Kind war, und sein Vater heiratete dann die Schwester seiner ersten Frau, die auch im Haus lebte. Es muß ein harter Schlag für ihn gewesen sein, plötzlich die Mutter zu verlieren und mitansehen zu müssen, wie seine Tante das Regiment übernahm.
Wie alt war er damals?
Höchstens vierzehn. Diese Zeit hat ihn sehr geprägt – er konnte einfach nicht glücklich werden. Dabei war er nicht dumm und hatte wirklich eine Menge Möglichkeiten: zum Beispiel nach Frankreich zu gehen. Das konnten sich damals nur wenige Marokkaner leisten.

Liebe und Sexualität

Hat er in den ersten Jahren eurer Ehe seine Zuneigung gezeigt?
Er war sehr empfindsam, aber zugleich sehr ungehobelt. Seine Art zu lieben war für mich ein Schock. Ich habe dir ja erzählt, daß ich vor

der Heirat nie eine Liebschaft hatte. Als meine erste Tochter geboren war, überschüttete er sie mit Liebesbeweisen – aber so, daß die Kleine Angst bekam. Seine Zuneigung war immer auch gewaltsam. Er konnte seine Gefühle nie richtig ausdrücken, sie waren übermächtig. Er liebte seine Kinder, aber er fand keinen Weg, es ihnen zu zeigen, und das machte ihn unglücklich. Ich dachte mir, na gut, du hast diese Entscheidung getroffen, und er ist immerhin ein Mensch mit Gefühl. Ohne es zu wissen, haben wir uns ganz gut ergänzt. Ich war eigensinnig, und er war großzügig. Dann begann er, den Frauen nachzulaufen, in aller Öffentlichkeit – heute machte er der einen den Hof, morgen einer anderen. Wenn er wenigstens so taktvoll gewesen wäre, mich nichts merken zu lassen . . . Aber es kam so weit, daß ich ihn auf der Straße mit einer anderen sah . . .

Hast du mit ihm darüber gesprochen?

Er stritt alles ab, bis ich ihm klarmachte, daß ich ihn selbst gesehen hatte und daß es keinen Zweck hatte zu lügen. Mir wäre es lieber gewesen, er hätte seinen Fehler eingesehen und gesagt: »Na gut, es ist passiert – tut mir leid.« Da wäre mir wenigstens das Gefühl geblieben, es mit einem ehrlichen Menschen zu tun zu haben. Aber so: nicht genug, daß er trank und unausstehlich war, nun lief er auch noch den Weibern nach – Sekretärinnen und Salondämchen – und kam dann am frühen Morgen zu mir, um mir etwas vorzulügen. Das fand ich wirklich abscheulich.

Wie waren die sexuellen Beziehungen am Beginn der Ehe? Habt ihr euch verstanden?

Weißt du, den ersten Orgasmus habe ich nach der Geburt meiner Tochter gehabt. Ich war ja völlig unaufgeklärt in die Ehe gegangen, niemand hatte je mit mir über sexuelle Fragen gesprochen. Gott sei Dank gab es eine nette Schwägerin, die mir dann erklärt hat, was zwischen Mann und Frau passiert. Die Heirat war zuerst eine große Enttäuschung: ich betrachtete meinen Ehemann einfach als einen Cousin, für den ich nichts empfand und der sich obendrein sehr ungeschickt anstellte. Er hatte ja schon lange in Frankreich gelebt, ich dagegen war völlig naiv. Ich dachte, so muß das wohl sein: er nimmt dich in Besitz, wie eine Sache, und du wirst nicht gefragt.

Hast du ihm denn nicht gesagt, was deine Gefühle waren?

Nein – er war sehr schamhaft. Wir schliefen nur im Dunkeln miteinander, und er sagte dabei kein Wort. In diesen Angelegenheiten hatte er ganz reaktionäre Vorstellungen. Ich war verschüchtert und wagte nicht, mit ihm zu reden. Seine Jugend hat ihn wohl sehr geprägt. Vermutlich spielte die Heimlichkeit eine große Rolle bei seinen ersten Liebesabenteuern, und davon kam er nicht mehr los. Dabei war er sieben Jahre in Frankreich!

Hattet ihr auch noch sexuelle Beziehungen, als er anfing, zu trinken?

Nein, mit dem Sexualleben war es seitdem vorbei. Wenn er viel getrunken hatte, war er zu müde. Er mußte die Erfahrung machen, daß er nicht mehr konnte, wie er wollte ... Das passierte ihm zweimal hintereinander. Seitdem war die Angelegenheit erledigt.

Konnte er nicht mehr, oder wollte er nicht mehr?

Er konnte nicht mehr, und das hat den Graben zwischen uns noch weiter vertieft.

Und wie war das beim erstenmal? Kam das überraschend für ihn? Hat er versucht, die Sache zu übergehen?

Natürlich wollte er davon ablenken – vielleicht sechs, sieben oder acht Monate lang.

Wie alt warst du damals?

Das war kurz nach der Geburt unseres zweiten Kindes. Ich erinnere mich noch genau. Damals war ich 24, und er war 35. Meine Schwangerschaft kam ihm ganz gelegen. Ich hatte dann Probleme mit dem Stillen, und er war ständig mit irgendwelchen Leuten zum Abendessen verabredet – das gab ihm Gelegenheit, sich zu verdrükken, unter dem Vorwand, er müsse seine Bekannten begleiten. Monatelang war er jede Nacht außer Haus und kam erst am frühen Morgen heim. Als er zum zweiten Mal versagte, versuchte ich, vernünftig mit ihm zu reden: »Das kommt vom Trinken, verstehst du? Deine Nerven sind angegriffen. Wenn du es schaffst, damit aufzuhören, wirst du ganz der alte sein.« Aber er sagte: »Nein, ich bin einfach nur müde.« Danach ging er noch häufiger aus – er konnte meinen Anblick nicht ertragen.

Ist ihm nie der Gedanke gekommen, daß du ihn verlassen könntest?

Nein, anfangs hat sogar er mit der Scheidung gedroht: »Wenn du keine Ruhe gibst, werde ich dich verstoßen!« Und das hat mich wirklich erschreckt! Idiotisch – aber ich war noch sehr jung und die Verstoßung erschien mir als Schande, als Weltuntergang ... Mit diesem Trick hat er mich immer wieder herumgekriegt – immer war ich es, die zurückgesteckt hat.

Bei welchen Gelegenheiten hat er gedroht, dich zu verstoßen?
Wenn ich ihm irgendwelche Vorwürfe machte – ganz alltägliche Angelegenheiten, es ging dabei gar nicht um unser Intimleben. Er wußte genau, daß ich furchtbare Angst vor der Verstoßung hatte, und das hat er weidlich ausgenutzt. Er fing davon an, sobald er merkte, daß ich mir etwas überlegt hatte und es durchsetzen wollte. Aber er hat den Bogen überspannt: ich gewöhnte mich an seine Drohungen. Als es dann endlich dazu kam, hatte ich mich innerlich schon längst mit der Scheidung abgefunden. Eines Tages faßte ich den Entschluß, mein Schicksal in die Hand zu nehmen und ihn um die Scheidung zu bitten. So konnte es einfach nicht weitergehen. Ich mußte der Situation ein Ende machen – sonst hätte ich mich umgebracht! Er war mir einfach unerträglich geworden. Seine Art zu essen, zu trinken, zu gehen, zu lachen und zu scherzen – ich hatte alles satt. An einem Freitag habe ich den Entschluß gefaßt, ich weiß es noch genau. Bis zum Dienstag wollte ich warten, dann mußte die Entscheidung fallen – so oder so . . .
War er überrascht, als du die Scheidung verlangt hast?
Ich sagte: »Sprich die Worte«*, und ich habe ihm klargemacht, was ich von ihm hielt – daß er kein Mann sei, daß ich mich in ihm getäuscht hätte . . . Es war die Wahrheit, ich konnte ihm endlich sagen, was ich wirklich dachte und fühlte.

Die Selbständigkeit der Frau führt zur Ehekrise

Es war ganz merkwürdig. Als wir geheiratet haben, war ich achtzehn. Ich blickte zu ihm auf und hielt ihn für unfehlbar. Und dann, von einem Tag auf den anderen, fing ich an, mir meine eigenen Gedanken zu machen. Ich begann, selbständig zu denken und meine Meinung zu äußern – und manchmal hatte ich gar nicht so unrecht. Seitdem gab es Schwierigkeiten. Er erklärte: »Von einer kleinen Neunmalklugen lasse ich mir gar nichts sagen!« Aber er fühlte sich plötzlich nicht mehr unangreifbar, er wurde argwöhnisch.
Wie äußerte sich das?

* Nach dem geltenden Personenstandsgesetz *(mudauana)*, das 1957, nach der Unabhängigkeitserklärung, beschlossen wurde, hat der Ehemann das Recht, die Ehe einseitig aufzulösen, indem er die Worte ›Ich verstoße dich‹ ausspricht.

Ach, ganz allgemein. Vielleicht sind die marokkanischen Frauen ja einfach aufgeweckter als die Männer. Weißt du, am Anfang, als ich gerade erst in Paris angekommen war, hat er mich immer gewarnt und belehrt. Wenn wir einen Besuch machten, sagte er zum Beispiel: »Der Mann wird deine Hand küssen, aber das mußt du dir gefallen lassen.« Als er sah, daß ich ganz gut zurechtkam und seine Ratschläge nicht mehr brauchte, war er nicht sonderlich erfreut. Oft beharrte er auf irgendwelchen Kleinigkeiten: »Du mußt dann den Bus der Linie 8 nehmen, und zwar in diese Richtung, nicht in die andere . . .« Er tat so, als könnte ich mich allein überhaupt nicht zurechtfinden. Wenn ich in die Kaufhäuser ging, zu Lafayette oder Monoprix, verspätete ich mich manchmal. Ich wanderte stundenlang von einer Etage in die andere. Abends kam ich nach Hause und fand ihn völlig außer sich: er hatte bereits drei- oder viermal jemanden mit dem Auto losgeschickt, um mich zu suchen. Dann erzählte er mir immer Schauergeschichten von Mädchenhändlern und dergleichen – er wollte mir nur Angst machen, aber es ist ihm nicht gelungen.
Ich sagte: »Wenn ich mit der Linie 8 in die falsche Richtung fahre, werde ich das schon merken, und dann fahre ich eben zurück. Warum mußt du mir dauernd Anweisungen geben?« Es ging ihm ja bloß darum, mich unter der Fuchtel zu haben – ich sollte einfach ängstlich bleiben. Aber nach und nach habe ich gelernt, mich frei zu bewegen und selbständig zu handeln. Einerseits war ihm das ganz recht – andererseits auch wieder nicht. Dieser Punkt ist für die meisten marokkanischen Ehemänner sehr heikel. Sie finden es angenehm, wenn ihre Frauen allen Aufgaben gewachsen sind, aber es gefällt ihnen überhaupt nicht, wenn jemand zu ihnen sagt: »Ihre Frau ist ja sehr selbständig. Ich habe sie beim Einkaufen getroffen – sie macht das wirklich gut.« Oder: »Sie hat das Haus aber sehr schön eingerichtet.« Mein Mann dachte sich wohl: »Na gut, sie tritt selbstbewußt auf und läßt sich bewundern« – also mußte er auch akzeptieren, daß die Männer mit Komplimenten nicht sparten. Es hatte ja auch Vorteile für ihn: er war beliebt, und unsere Abendgesellschaften waren immer ein Erfolg – das war nicht zuletzt mein Verdienst. Aber wenn ich ihn fragte, was ich anziehen sollte, riet er immer zu den Kleidern, die mir nicht so gut standen. Er hatte da irgendwelche Ängste . . .

Wenn wir auf einer Abendgesellschaft waren und er bemerkte, daß ich oft tanzte und mich wohl fühlte, rief er mich zu sich und ermahnte mich: »Gib' dich nicht weiter mit diesen Leuten ab – du hast dich jetzt genug vergnügt. Wir fahren nach Hause.« Und wenn ich dann sagte: »Gut, gehen wir«, erwiderte er: »Bitte, dann bleiben wir eben.« Er war wirklich sehr schwierig.
Habt ihr euch deswegen gestritten?
Nein, ich folgte immer seinen Wünschen. Er war eifersüchtig, ohne sich dessen bewußt zu sein. Wenn er merkte, daß ich mich mit irgendeinem Mann oder einem Ehepaar angefreundet hatte, wollte er das nicht wahrhaben. Es gab zwei befreundete Ehepaare, die uns oft besuchten. In bezug auf diese Bekanntschaft verhielt er sich ganz merkwürdig: er regelte die Einladungen, ich durfte mich da nicht einmischen, und als sich zeigte, daß ich ganz freundschaftlich mit diesen Leuten verkehrte, wurde seine Stimmung immer finsterer.
Hast du ihn nie betrogen?
Nein, niemals.
Und er? Hat er dich damals schon betrogen?
Ja, aber heimlich. Weißt du, seine Freunde haben ihn dazu gebracht. Es galt als schick, nicht am heimischen Herd zu versauern. Sie machten sich lustig über ihn. Wenn er eine Party vorzeitig verlassen wollte, um nach Hause zu fahren, hieß es: »Der traut sich nicht!«
Was hältst du für schlimmer: daß ein Mann seine Frau betrügt, oder umgekehrt?
Weißt du, anfangs hatte ich sehr strenge Moralvorstellungen. Ich dachte: Wenn mein Mann mich betrügt, muß ich mich umbringen. Inzwischen halte ich solche Vorkommnisse fast für normal. Aber ich bin trotzdem nicht der Meinung, daß es die Frauen ebenso machen sollten. Daß ich keine Affären hatte, lag sicher nur an meiner Selbstverliebtheit. Ich war einfach nicht bereit, mich so gedankenlos hinzugeben.

Zauberer und Hellseher

Hast du schon einmal eine *schauaffa*, eine Seherin, konsultiert?
Ja, schon öfter.

Wirklich? Du mußt mir unbedingt die Adresse geben! Bist du oft hingegangen? Nur wenn es dir schlecht ging, oder einfach, um dich zu amüsieren?
Ich kannte einen ganz erstaunlichen Hellseher – alles, was er mir vorausgesagt hat, ist eingetroffen! Er kannte die Vergangenheit, die Gegenwart und die Zukunft – als wäre es sein Leben!
Glaubst du an Zauberei?
Nein, aber als ich mich mit meinen Eheproblemen herumschlug, wollte man mir einreden, es gebe vielleicht eine Frau, die durch dunkle Mächte mein Unglück bewirke. Und ich war damals so durcheinander, daß ich es einfach glauben wollte. Ich habe irrsinnig viel Geld ausgegeben, nur weil ich meinen Mann von seinem Laster befreien wollte. Außerdem geschahen ganz seltsame Dinge mit mir: wenn ich von der Arbeit nach Hause kam, fing ich an zu zittern, ich bekam Angstzustände und Schweißausbrüche. Und daraufhin hat man mir weisgemacht, das sei die Wirkung von Zauberei.
Und wie erklärst du dir diese Zustände?
Damals konnte ich mir das nicht erklären. Ich hatte einfach Angst vor der Nacht, Angst vor meinem Mann. Ich wußte genau, er würde spät nach Hause kommen, in furchtbarem Zustand. Also begann ich schon vorher zu leiden, in der Vorahnung der ganzen endlosen, schlaflosen Nacht und der schrecklichen Szenen, die ich zu erwarten hatte. Er versuchte immer, die Tür zu meinem Zimmer aufzubrechen – mit dem Hammer, mit einem Schraubenzieher ... Dann ging er in den Hof und hämmerte auf die Jalousien an meinen Fenstern, er drückte auf sämtliche Klingeln und machte überhaupt einen furchtbaren Lärm im Haus ... Die Kinder wachten auf. Um zwei Uhr früh wollte er etwas zu essen haben! Er schaltete den Fernsehapparat ein, obwohl es nur noch Flimmern und Rauschen gab ... Diesen Szenen sah ich mit Schrecken entgegen. Damals begann ich ihn zu hassen – vor ihm selbst hatte ich keine Angst mehr. Ich wußte, daß ich längst in der Lage war, mein Leben selbst in die Hand zu nehmen und auch für die Kinder zu sorgen. Ich war bereit, alle Schuld auf mich zu nehmen und jedes Opfer zu bringen – wenn er mich nur freigegeben hätte! Nur die Kinder wollte ich nicht verlieren. Das Maß war voll, ich mußte einfach den *qadi* bemühen – und das Wunder geschah: mein Mann entschloß sich zur Scheidung. Vermutlich hat er gedacht, er könne mir damit eine Lektion erteilen.

Nach einem Jahr hat er wieder geheiratet. Ab und zu besuchte er die Kinder, aber zwischen uns war es endgültig aus.
Wir hatten von der Zauberei gesprochen. Glaubst du denn an die Existenz der *dschnun*, der ›Geister‹?
Ja, es muß sie wohl geben. Ich kenne ganz vernünftige Leute, die mir von ihren Begegnungen mit Geistern erzählt haben.
Weißt du, bei der Entscheidung, meinen Mann zu verlassen, haben die Hellseher schon eine Rolle gespielt. Einige Jahre zuvor, als ich etwa 25 Jahre alt war und noch große Angst vor der Scheidung hatte, bin ich zu einer Seherin gegangen. Damals habe ich das nicht so klar gesehen, daß ich eigentlich auch allein zurechtkommen konnte. Diese Frau sagte mir: »Dein Mann trinkt, und ihr werdet euch trennen. Was du auch unternimmst – früher oder später wird es zur Scheidung kommen.« Das jagte mir einen großen Schrecken ein. Noch heute habe ich Angst, wenn ich zu einer *schauaffa* gehe. Für mich war das immer eine Offenbarung, auch wenn sie meistens ziemlich daneben lagen. Ich wollte Trost finden, aber anschließend war ich stets niedergeschlagen. Nach der Scheidung hat sich das geändert: es ging ja um meine neue Zukunft, es gab wieder Hoffnung, und es gefiel mir, wenn man mir gute Zukunftsaussichten prophezeit hat. Die meisten Seherinnen wußten nur Gutes vorauszusagen – und manche Prophezeiungen sind eingetroffen. Heute ist es doch mehr ein Zeitvertreib, wenn ich zu einer Hellseherin gehe. Ich habe ja auch keine schlimmen Sorgen.

Männerrollen, Frauenrollen; die Zukunft der Tochter

Was meinst du, sind Männer und Frauen sehr verschieden?
Das muß einfach so sein! Eine Frau ist eben eine Frau – in allem, was sie sagt oder denkt oder tut . . .
Du meinst, es gibt ganz verschiedene Denkweisen?
Manche Dinge kann ein Mann gar nicht begreifen – aber eine Frau fühlt sie um so stärker. Frauen haben einfach mehr Einfühlungsvermögen. Auch im Haushalt kann der Mann nicht dieselben Aufgaben übernehmen wie die Frau – nicht, daß er es nicht schaffen würde, aber es wäre irgendwie nicht richtig. Die Frauen können ja auch nicht einfach die typischen Männerarbeiten übernehmen. Natürlich

gibt es Männer, die dem Baby die Windeln wechseln – aber das ist doch die Ausnahme. Frauen besitzen viel mehr Fähigkeiten und mehr Würde als die Männer . . .

Du meinst, Männer und Frauen könnten nicht die gleiche Arbeit verrichten?

Also ich kann mir nicht vorstellen, daß eine Frau auf der Baustelle eine Planierraupe fährt, und ich kann mir auch keinen Mann mit Fingerhut beim Plissieren vorstellen.

Aber es gibt doch berühmte Modeschöpfer und Köche!

Ja, die berühmten Ausnahmen – im normalen Leben findest du aber kaum einen Mann, der Stickereien anfertigt oder rauschende Röcke näht . . .

Wie stellst du dir die Zukunft deiner Tochter vor? Soll sie heiraten? Studieren?

Ich möchte natürlich, daß sie studiert, und ich versuche, ihr das behutsam nahezubringen. Kenza ist nicht dumm, aber sie verläßt sich zu sehr auf ihre Intelligenz – manchmal geht das auch schief. Außerdem hat sie bittere Erfahrungen zu verarbeiten: den Tod ihrer Schwester, die Krankheit ihres Bruders, die Scheidung . . . Ich würde sie gern überzeugen, daß Fremdsprachen sehr wichtig sind – ich habe mir immer gewünscht, Sprachkenntnisse zu erwerben. Wenn sie mehrere Sprachen beherrscht, könnte sie zum Beispiel für internationale Organisationen arbeiten, in der Welt herumkommen und den engen Gesichtskreis verlassen, in dem wir heute befangen sind.

Wirst du ihr erlauben, mit Männern auszugehen, wenn sie älter ist?

Sicher, wenn sie weiß, mit wem sie geht . . . Im Augenblick versuche ich, sie zu bremsen. Manchmal bin ich richtig streng – sie ist ja erst dreizehn, und ich möchte verhindern, daß sie unter schlechten Einfluß gerät.

Was meinst du damit?

Die anderen Kinder – manche sind in schlimmen Verhältnissen aufgewachsen, vernachlässigt oder schlecht erzogen worden. Mit denen soll sie sich nicht abgeben. Aber wenn sie älter und reifer geworden ist, werde ich mit ihr über alles reden, was sie verstehen muß, um ihr Leben zu meistern. Ich versuche es schon ab und zu . . .

Hat sie schon ihre Periode?

Ja, das ist schon ganz früh passiert – damals war sie noch in der Grundschule. Eines Tages kam ich ins Bad und fand eine Hose von ihr, voller Flecken. Erst dachte ich, sie hat sich irgendwo in den Dreck gesetzt, aber dann sah ich, daß es Blutflecken waren. Ich ging zu ihr und sagte: »Na gut, jetzt hast du deine Periode. Das ist nicht schlimm und tut nicht sehr weh. Du mußt eben aufpassen, daß das Blut nicht herausläuft, dafür gibt es Watte . . . Du brauchst keine Angst zu haben, das ist völlig normal. Ich habe auch meine Regel, und es macht mir nichts aus. Ab jetzt kannst du auch Kinder bekommen, wie eine erwachsene Frau.« Erst hatte sie ein bißchen Angst, aber dann verlor sie die Scheu und redete mit mir über Monatsbinden und Menstruationsbeschwerden genauso wie über ihre Frisur oder das Tennisspielen . . .

Weißt du noch, wie es war, als du deine erste Periode hattest?

Ja, ich muß so ungefähr dreizehn gewesen sein. Niemand hatte mich aufgeklärt. Ich ahnte nur, worum es ging, weil wir Kinder natürlich mitbekamen, wie die Mütter ihre Binden auswuschen . . . Als es mir dann passierte, haben mir die Dienstmädchen alles Nötige erklärt. Von ihnen erfuhr ich aber auch, daß man etwas Menstruationsblut auf die drei Stützen des *kanun** schmieren muß, damit die Periode nie länger als drei Tage dauert. Ich bekam außerdem den Rat, die erste Monatsbinde nicht anzuschauen, sondern sofort wegzuwerfen. Lauter Aberglauben! Das mit den drei Stützen des *kanun* habe ich ordentlich ausgeführt – und meine Periode dauerte trotzdem stets acht Tage. Aber in der guten alten Zeit glaubte ich eben an solche Dinge . . .

Ich frage mich auch manchmal, was uns die modernen Zeiten eigentlich gebracht haben . . .?

Ich denke, wir haben mehr verloren als gewonnen. Früher mußten die Frauen viel weniger Verantwortung übernehmen. Sie wurden versorgt und lebten so vor sich hin. Heute wollen die marokkanischen Frauen ihr Leben selbst bestimmen. Damals wurden sie umsorgt und brauchten gar nichts zu tun – wer weiß, ob es ihnen nicht besser gegangen ist als uns.

* Ein Kohlebecken aus gebranntem Ton, auf dessen drei Stützen der Kochkessel oder eine Speiseplatte gestellt wird.

Gibt es nicht doch auch Vorteile? Mehr Freiheiten?

Sicher, wir sind heute so weit, daß wir dem Mann die Meinung sagen können – für meine Mutter war das noch undenkbar. Daß wir hingehen können und die Scheidung einreichen – auch wenn das bedeutet, eine Menge Nachteile in Kauf zu nehmen und Beleidigungen zu ertragen –, daß es diese Möglichkeit gibt, ist sehr wichtig. Davon haben die Frauen früher vielleicht geträumt, aber sie konnten das einfach nicht machen. Wir haben ihnen da sicher einiges voraus.

Jeder klagt über sein Schicksal. – Wenn du wählen könntest: Wo möchtest du geboren sein?

Darüber mache ich mir eigentlich keine Gedanken. Ich fühle mich ganz wohl in meiner Haut. Wir leben in einem Land, das sich mit Problemen der ›Unterentwicklung‹ herumschlagen muß. Das größte Problem ist aber vermutlich die geistige Unterentwicklung. Und da sehe ich doch einige Möglichkeiten für die Zukunft.

Zoubida Zennati und ihre Tochter Nezha

Zoubida Zennati ist in Al Jadida geboren; ihre Familie stammt aus dem Sousse*; sie lebte in bescheidenen Verhältnissen, die Frauen webten Teppiche. Aber Zoubida wollte unbedingt lernen, Bildung erwerben ... Das blieb ihr zunächst versagt – sie wurde schon in jungen Jahren verheiratet.

Aber sie bewahrte sich ihren Traum vom Ausbruch aus dem engen Gesichtskreis des Stickens und Teppichwebens – ihre Töchter sollten ihn wahr machen. Nezha sollte Rechtsanwältin werden ... Der Preis, den die Familie für diesen Aufstieg zu zahlen hatte, war allerdings sehr hoch.

Nezhas Vater, Schiffskoch von Beruf, war in einem Polizeigefängnis zu Tode gefoltert worden – zwei Jahre vor der Unabhängigkeit ...

* Sousse – die ländliche Region um Agadir im Süden Marokkos (Anm. d. Ü.).

Zoubida Zennati

geboren 1931, Witwe und Mutter von vier Kindern

War deine Mutter die erste Frau deines Vaters?
Nein, er war bereits verheiratet gewesen – aber mit dieser Frau hat er nur vier Jahre lang zusammengelebt, weil sie ihm keine Kinder schenkte. Er trennte sich von ihr und heiratete meine Mutter – sie brachte elf Kinder zur Welt ... Sieben sind in den ersten beiden Lebensjahren gestorben. Nur vier haben überlebt – mein Bruder, meine beiden Schwestern und ich. Ich war schon verheiratet und hatte meine erste Tochter geboren, da brachte meine Mutter noch immer Kinder zur Welt. Eine meiner Schwestern war jünger als meine Tochter, sie ist allerdings auch gestorben ...
Hattet ihr ein eigenes Heim?
Nein, wir lebten bei meinem Onkel; er wohnte im Erdgeschoß und wir im ersten Stock. Meine Schwester und ich sind erst ausgezogen, als wir geheiratet haben.

Schule, Verlobung und Ehe

Wie alt warst du, als du geheiratet hast?
Ich war dreizehn. Als ich zum ersten Mal meine Periode bekam, war ich schon sechs Monate verheiratet ... Sie wollten mich unbedingt verheiraten, ich durfte dann auch nicht mehr zur Schule gehen.
Du bist zur Schule gegangen?
Ja, meine Schwester und ich wurden zu einer *Nasrania** geschickt, die uns Nähen und Stopfen, Stricken und Spitzenklöppeln beibrachte. Dann gingen wir zu einer moslemischen Frau, einer Marokkanerin aus Rabat, bei ihr lernten wir Teppichknüpfen und am Nachmittag gab es auch noch anderthalb Stunden Schulunterricht. Die Männer in unserer Familie sind alle zur Schule gegangen, ebenso mein Schwager ... Er arbeitete im Ministerium für Jugend und Sport. Als er meine Schwester geheiratet hat, war er dreißig, sie war sechzehn! Also wir gingen auch in die Schule, meine Schwester und

* ›Nazarenerin‹ – eine Christin, Europäerin.

ich, aber weil meine Mutter so viele Kinder hatte, mußte meine Schwester dann zu Hause bleiben, um ihr zu helfen. Ich durfte weiter in die Schule und stand kurz vor dem Abschlußzeugnis, als ich plötzlich auch zu Hause bleiben mußte. Weißt du weshalb? Weil damals in unserer Klasse auch Lehrer unterrichteten! Damit war mein Vater überhaupt nicht einverstanden: »Solange du etwas Nützliches lernst, macht es nichts, wenn deine Lehrerin Französin ist – aber wenn jetzt schon Männer in den Mädchenklassen Unterricht geben, dann ist Schluß!« Dieser Meinung war nicht nur mein Vater, sondern zum Beispiel auch mein Onkel mütterlicherseits, er war *fqih*, Koranlehrer, und er sagte: »Ob Moslems oder Nazarenerinnen, das ist nicht so wichtig, aber bevor das Mädchen von Männern unterrichtet wird, bleibt sie besser zu Hause.«

Wie warst du bekleidet, wenn du aus dem Haus gegangen bist?

Bis zu meinem zehnten Lebensjahr trug ich die *dschellaba* . . . Danach auch noch den Schleier.

Als ich die Schule verlassen mußte, war ich elf. Die Direktorin und meine Lehrerin haben versucht, meinen Vater umzustimmen: »Lassen Sie Ihre Tochter weiter zur Schule gehen, sie ist intelligent . . .« – aber mein Vater blieb bei seinem ›Nein‹. So mußte ich zwei Jahre zu Hause sitzen, bis ich dann mit dreizehn verheiratet wurde.

Wie verlief die Verlobungszeit?

Der Mann, der um meine Hand angehalten hat, wohnte in unserer Straße . . . Er war Witwer und hatte bereits zwei Kinder. Anfangs habe ich mich gesträubt, aber nur ein und ein halbes Jahr – dann mußte ich zustimmen.

Weshalb so rasch? Hast du ihn vor der Heirat kennengelernt?

Nein, aber er kannte mich. Es ging alles so schnell – die Verlobung, die Heirat und alles . . . Als ich ihn dann zu Gesicht bekam, gefiel er mir überhaupt nicht. Ich wollte ihn nicht, ich war unglücklich und weinte immerzu. Dann bin ich sehr bald schwanger geworden. Ich ging wieder zu meiner Familie zurück und blieb dort bis zur Niederkunft. Nach der Geburt wollte ich nicht mehr zu ihm zurück. Ich habe ihn verlassen – ein für allemal.

Aber wieso hast du ihn dann überhaupt geheiratet?

Um meine Eltern nicht zu enttäuschen. Sechs Monate lang habe ich ihn ertragen, voller Widerwillen. Aber als ich merkte, daß ich schwanger war, hielt ich es nicht mehr aus. Ich weinte den ganzen

Tag. Schließlich hat mein Vater eingegriffen: »Es wird das beste sein, wenn du sie bei uns wohnen läßt«, hat er zu meinem Mann gesagt, »wahrscheinlich ist nur die Schwangerschaft schuld an ihrem Zustand. Nach der Geburt wird es ihr besser gehen.« Mein Mann wartete also bis zu meiner Niederkunft, er kam dann zur *subuaa**. Danach sagte er zu meinen Eltern: »Sie muß jetzt mit mir kommen.« Ich habe mich strikt geweigert: »Nimm deine Tochter Farida mit, wenn du willst – aber ich gehe nicht mit dir! Ich will nicht mit dir zusammenleben.« Mein Vater hat sich wieder eingemischt: »Du kannst sie nicht zwingen, du wirst dich wohl von ihr trennen müssen.« Aber mein Mann wollte das nicht hören und eines Abends ließ er mich von den *marhsen***-Bütteln abholen. Er tauchte erst am nächstenTag auf, beim Mittagessen. Direkt danach nahm ich meine Tochter und machte mich davon. Diesmal ging ich aber nicht zu meiner Familie zurück, sondern ich flüchtete zu meinem Onkel väterlicherseits, der auch in unserer Stadt wohnte. Ich war völlig aufgelöst, als ich dort ankam: »Ich kann mit ihm nicht zusammenleben!« Man beruhigte mich: »Du bleibst jetzt erst einmal bei uns, dann werden wir weiter sehen.« Mein Mann schaltete wieder die Staatsgewalt ein, erklärte, seine Frau ›sei weggelaufen‹, und er suchte meinen Vater auf! Der sagte nur: »Ich weiß nicht, wo sie ist.« Aber sie fanden natürlich heraus, wo ich mich aufhielt, und wollten mich mit Gewalt zurückbringen. Trotzdem mußte ich nur noch eine Nacht bei meinem Mann verbringen. Meinen Vater hat es eine Menge Geld und Mühe gekostet, die Scheidung zu arrangieren. Mir war alles recht – wenn ich nur meine Tochter Farida behalten konnte. Nur falls ich wieder heiraten wollte, mußte ich sie zu meinen Eltern geben.

Und wie ging es weiter?

Na ja, ich blieb neun Monate lang bei meinen Eltern, und dann habe ich wieder geheiratet.

Wie hast du deinen zweiten Mann kennengelernt?

Er hat bei meinem Onkel um meine Hand angehalten.

Du kanntest ihn gar nicht?

Irgendwann habe ich ihn dann zu Gesicht bekommen . . .

* Das Fest der Namensgebung.

** Der marokkanische ›Staat‹, ein abschätziger Begriff für die Zentralgewalt . . .

Hat er dir gefallen?
Ja, ich fand ihn nett, und wir haben geheiratet. Er ist der Vater meiner Kinder Nezha, Abderrahman und Salima. Wir hatten noch eine Tochter, Malika, aber sie ist im Alter von acht Monaten gestorben. Acht Jahre haben wir zusammengelebt ... Er hat sich in die Politik eingemischt, als Ben Jussef* ins Exil gehen mußte ... Und dann ist er im Polizeigefängnis umgebracht worden – zwei Monate bevor Ben Jussef zurückkam ...

Tod eines Widerstandskämpfers

Ich war vierundzwanzig, als mein Mann ums Leben kam. Er starb im zweiunddreißigsten Lebensjahr. Damals hatte ich vier Kinder zu versorgen: Farida, aus meiner ersten Ehe, muß so um die neun Jahre gewesen sein, Nezha war sechs, Abderrahman war vier und Salima anderthalb Jahre alt. Mein Vater war vier Jahre zuvor gestorben, und mein Bruder Jawad ging noch zur Schule ... Als mein Vater starb, hatte Jawad gerade die Abschlußprüfung gemacht – er bezog ein Stipendium und lebte in Marrakesch im Internat. – Also mein Mann ist auf dem Polizeikommissariat ums Leben gekommen. Man hat mich benachrichtigt: »Du sollst zu deinem Mann kommen!«
War er mißhandelt worden?
Ja. Im Hafen von Al Jadida hatte es Unruhen gegeben, und er stand unter Verdacht ... Nachmittags um halb drei brachten sie ihn ins Kommissariat, und abends um sieben kamen sie zu mir – zwei Polizisten, ein Franzose und ein Marokkaner ... Der Franzose sagte: »Du kannst deinen Mann jetzt besuchen. Er ist schwer verletzt und liegt im Krankenhaus.« Ich zögerte einen Moment und sagte dann: »Ich komme nicht mit, im Augenblick kann ich nicht weg ...« Der Franzose antwortete: »Ich bin doch mit einem Marokkaner hier. Wenn du mir nicht traust, kannst du ja mit ihm gehen ...« Aber ich weigerte mich trotzdem. Ich nahm meinen kleinen Sohn bei der Hand und ging zu meinen Eltern. Sie waren sehr überrascht, daß ich um diese Zeit vorbeikam. Ich fragte: »Ist mein Bruder Jawad da?« – »Er legt sich gerade schlafen«, sagte meine

* König Mohammed V.

Mutter – es muß so um acht Uhr abends gewesen sein. Ich ging also hinauf in sein Zimmer und erzählte ihm alles. »Du darfst nicht hingehen«, sagte er, »sie wollen dich bestimmt verhören, wegen der politischen Aktivitäten deines Mannes. Wahrscheinlich ist er dort ... Wann hast du ihn zuletzt gesehen?« – »Heute morgen, als er aus dem Haus ging«, sagte ich. »Es muß sich um eine politische Sache handeln. Sie werden dich verhören und dich mißhandeln, um herauszubekommen, wer seine Freunde sind ... Ich werde hingehen.«

Als er zurückkam, war er in Tränen aufgelöst. »Schwester, du kannst jetzt hingehen und nach deinem Mann sehen.« – »Was ist passiert? Hat er einen Unfall gehabt? Sag' mir die Wahrheit – ist er tot?« Er antwortete: »Ja, sie haben ihn umgebracht.« Es war entsetzlich. Wir gingen aufs Kommissariat, aber sie wollten uns die Leiche nicht sehen lassen. Er lag im Krankenhaus, das Zimmer wurde bewacht. Anfangs hieß es nur, wir könnten ihn erst morgen sehen – sie wollten einfach verhindern, daß sich die Nachricht von seinem Tod verbreitete. Jemand fragte, wann er beerdigt werden sollte. Wir blieben bis Mitternacht. Inzwischen wußte die ganze Familie Bescheid. Morgens um sechs sind wir wieder hingegangen und haben gewartet bis um zehn – dann hat uns die Polizei weggeschickt. Sie hatten ihn schon verscharrt, und wir haben nie erfahren, wo er begraben liegt.

Wir sind alle zu Hause geblieben, und am Abend haben wir die *sadaqa** abgehalten. Meine Mutter ging nach oben, um meinen Bruder zu holen, aber er war nicht in seinem Zimmer. Sie fand einen Brief auf dem Nachttisch, der besagte, daß er nicht zulassen könne, daß seine Schwester sich abquälen müsse, um ihre vier Kinder zu ernähren. Deswegen habe er beschlossen, seine Ausbildung abzubrechen und sich eine Arbeit zu suchen. Er war nach Rabat gefahren ... Drei Tage lang hat er sich umgehört, dann fand er Leute, die ihm behilflich waren, und am vierten Tag bekam er seine Arbeitspapiere und konnte bei der Post anfangen. Er hatte die Auswahl zwischen Al Jadida, Agadir und Tiznit, aber er zog es vor, in Al Jadida zu bleiben. Er mietete ein Haus, und seitdem lebten wir alle bei ihm.

* ›Almosen‹, ›milde Gabe‹ – hier ist eine Totenfeier gemeint.

Alle? Wen meinst du damit?
Meinen Bruder, meine Mutter, meine vier Kinder und mich. Also meine Mutter wohnte eigentlich nicht bei uns, aber sie kam oft vorbei, um mir zu helfen. Sie half mir beim Wäschewaschen, sie paßte auf die Kinder auf, wenn ich weggehen wollte . . .

Die Erziehung der Kinder

Und die Schulangelegenheiten?
Ich habe aufgepaßt, daß sie ihre Schularbeiten machten . . . Als sie noch klein waren, habe ich ihnen auch geholfen – mit meinen paar Brocken Französisch, meist abends, wenn ich sonst nichts mehr zu tun hatte. In einem Zimmer gab es Tisch und Stühle, da saßen wir dann zusammen, und ich half ihnen, bis ich müde wurde und schlafen gehen wollte. Sie konnten ins andere Zimmer gehen und dort das Licht an lassen. Meist lernten sie noch bis spät in die Nacht . . .
Hast du auch mit den Lehrern gesprochen?
Ich habe genau verfolgt, was in der Schule passierte.
Als dein Mann noch lebte, wer hat sich da um die Schulangelegenheiten gekümmert – du oder er?
Das war meine Sache; ich war auch befreundet mit den Lehrerinnen meiner Kinder – ich ging zu ihnen, und sie kamen zum Tee, wenn sie Zeit hatten. Meine Töchter besuchten ja dieselbe Schule, in die ich gegangen bin . . . Die Direktorin ist immer noch dieselbe. Sie hat erlaubt, daß Farida und Nezha schon mit vier Jahren eingeschult wurden. Als ich Nezha anmelden wollte, war kein Platz mehr frei, und Nezha fing an zu weinen. Die Direktorin war voller Bedauern: »Sie ist ja auch noch zu klein.« Aber Nezha heulte: »Ich will in die Schule, und jetzt darf ich nicht!« Sie war kaum zu verstehen und ich mußte der Direktorin erklären, was die Kleine gesagt hatte – daß sie aus der Schule nicht mehr weg wollte. Mit einem leicht geänderten Geburtsdatum bekam sie dann doch noch einen Platz in der Klasse. Ich habe die Direktorin oft besucht.
Vor wem hatten die Kinder mehr Respekt – vor dir oder vor ihrem Vater?

Vor mir. Ihr Vater erlaubte ihnen alles, er hat sie auch nie geschlagen. Aber mir sind sie auf die Nerven gegangen, und von mir haben sie auch oft eine Tracht Prügel bezogen.

Hast du sie mit der Hand geschlagen? Oder mit einem Riemen?

Nur mit der Hand – ich habe nie einen Stock benutzt.

Hatten sie große Angst vor dir?

Ein bißchen schon . . .

Weshalb war dir die Schulbildung deiner Töchter so wichtig?

Weil ich selbst von der Schule abgehen mußte. Ich wollte unbedingt etwas lernen und weiterkommen. Wenn es nach mir gegangen wäre, hätte ich nicht mit elf Jahren die Schule verlassen. Ich hätte weiter gelernt und im Leben vielleicht mehr erreicht. Aber meine Eltern waren dagegen. Als meine älteste Tochter die Grundschule erfolgreich beendet hatte, sorgte mein Bruder dafür, daß sie ein Stipendium bekam und nach Rabat ins Mädcheninternat gehen konnte. Er hatte die richtigen Beziehungen in Rabat . . . Als meine andere Tochter, Nezha, soweit war, bekam sie auch ein Stipendium und ging ins selbe Internat.

Deine Töchter waren also in Rabat im Internat, und du hast weiterhin in Al Jadida gelebt?

Nein, mein Bruder hat nach dem Tod meines Mannes nur ein Jahr lang in Al Jadida gearbeitet – dann ist er für ein Jahr nach Beni Mellal versetzt worden, und wir sind ihm nachgefolgt. Danach hat er gekündigt und sich beim militärischen Hilfsdienst* verpflichtet. Er mußte zunächst eine Ausbildung machen, in Casablanca. In dieser Zeit wohnten wir wieder in Al Jadida. Dann wurde er nach Marrakesch abkommandiert. Dort lebten wir zwei Jahre, danach ging es für weitere drei Jahre nach Meknès. Zu diesem Zeitpunkt machte meine älteste Tochter die Reifeprüfung – aber sie ist durchgefallen. Seitdem hatte sie die Nase voll von der Schule – sie wollte nicht mehr lernen . . . In den Sommerferien fuhren wir nach Al Jadida, zu einem Bruder meines Mannes. Er war gut bekannt mit einem Abteilungsleiter im Ministerium für Jugend und Sport und hat dafür gesorgt, daß meine beiden Töchter dort angestellt wurden. Nezha war nur für eine Woche als Schreibkraft beschäftigt, aber Farida arbeitete drei Monate lang für einen be-

* Forces Auxiliaires – eine Miliztruppe mit Polizeiaufgaben (Anm. d. Ü.).

stimmten Ausschuß. Die Arbeit gefiel ihr, und sie wäre gerne in Al Jadida geblieben. Dorthin kehrte ich dann auch zurück: ich gab die Wohnung in Meknès auf und lebte mit Farida und Salima in Al Jadida – zunächst beim Bruder meines Mannes. Nach sieben Monaten fanden wir dann eine eigene Wohnung. Nezha war immer noch im Internat in Rabat, und mein Sohn war bei meinem Bruder Nador in Meknès geblieben. Er hatte das Gymnasium nach dem zweiten Schuljahr verlassen. Nezha kam jedes Jahr in den Sommerferien nach Hause. Nach einem Jahr in Al Jadida bekam meine älteste Tochter einen Heiratsantrag.

Farida heiratet, Salima findet Arbeit, und Abderrahman geht nach Frankreich

Er arbeitet auch im Ministerium für Jugend und Sport. Die beiden waren etwa ein Jahr lang verlobt, und in dieser Zeit besuchte er uns oft. Wir hatten eine Dienstwohnung, und als Farida dann zu ihrem Mann zog, konnten wir weiter dort wohnen. Aber nach der Geburt ihrer ersten Tochter zogen Salima und ich zu ihr. Sie bekam noch eine zweite Tochter – ich habe beide großgezogen. Wir wohnten dort, bis Salima mit der Schule fertig war. Sie fand dann für drei Monate eine sehr schlecht bezahlte Arbeit. Aber eines Tages rief ein Bekannter ihrer Schwester Farida an und machte das Angebot, ihr eine Stellung zu verschaffen. Der Direktor einer Landwirtschaftsbehörde suchte eine junge Frau mit guten Umgangsformen und Englischkenntnissen. Salima mußte sich also zwischen Studium und Beruf entscheiden. Sie sagte: »Ich nehme das Angebot an, wenn die Bezahlung gut ist.« Nach dem Vorstellungsgespräch sagte man ihr, sie solle am nächsten Montag wiederkommen – dann konnte sie sofort anfangen. Das Gehalt war sehr gut. Sie wohnte zunächst sechs Monate bei meiner Schwester, dann zog sie um – in ein Haus, das der Direktor der Behörde für sie gemietet hatte. Er war nämlich nebenher auch Geschäftsmann – Versicherungsvertreter und Häusermakler. Ich bin dann zu ihr gezogen. Mein Sohn war inzwischen nach Frankreich gegangen. Er wollte weg aus Marokko und in Frankreich Arbeit finden.

Und wie ist es ihm ergangen?

Er hat in einer Fabrik bei Paris gearbeitet. Anfangs habe ich es gar nicht ernst genommen, wenn er davon anfing, daß er nach Frankreich gehen würde ... Er sagte: »Weißt du, wenn ich weggehe, werde ich erst nach zwei oder drei Jahren zurückkommen ...« Und ich gab zur Antwort: »Ach was, du mußt jedes Jahr nach Hause kommen!« Na ja, er ist abgereist. Am Anfang hat er jede Woche geschrieben, dann einmal im Monat und dann überhaupt nicht mehr. Vier Monate lang hörte ich nichts von ihm. Nezha merkte, daß ich mir große Sorgen machte und ständig weinte. Sie hatte seine Adresse und ist dann nach Frankreich gefahren. Am Werkstor hat sie ihn abgepaßt. Sie lagen sich in den Armen und weinten. Dann sind sie zusammen zum Betriebsarzt gegangen, und der war so nett, meinen Sohn ein paar Tage krank zu schreiben ... So konnten sie herumfahren, er zeigte ihr die Sehenswürdigkeiten ... Nezha hatte eine Freundin in Paris, eine Rechtsanwältin – dort konnte sie eine Woche lang wohnen. Sie hatte sogar die Wohnungsschlüssel ... Sie hat ihrem Bruder dann noch ins Gewissen geredet und ihn ermahnt, öfter zu schreiben oder anzurufen, und hat ihm die Telefonnummer von Faridas Wohnungsnachbarin gegeben. Seitdem rief er jeden Samstag an. Ich war glücklich – ich konnte mit ihm sprechen, das war fast so, als ob er bei mir wäre ... Aber dann sind Faridas Nachbarn nach Tiznit umgezogen, und er hat wohl ein paarmal vergeblich angerufen. Seit vier oder fünf Monaten habe ich nichts von ihm gehört. Vielleicht kommt er ja bald, wenn er Urlaub hat. Letztes Jahr hat er eine Urlaubsreise gemacht und uns eine Menge Postkarten geschickt.
Wie alt ist er jetzt?
Er muß einundzwanzig sein.
So jung?!
Nezha hat ja gesehen, wie er in Frankreich lebt, und sie hat mich beruhigt: er verdient gut, hat ein Zimmer im Wohnheim und ißt im Restaurant. Er zieht sich gut an, und an den Wochenenden geht er aus, zum Tanzen ... Während ich mir Sorgen um ihn gemacht habe, ist es ihm ausgezeichnet gegangen. Aber so war er schon immer, auch als er noch hier lebte.

Das Verhältnis zu den Töchtern

Erlaubst du deinen Töchtern, abends auszugehen?
Ja, sie gehen aus . . .
Und wie alt waren sie, als sie zum ersten Mal über Nacht bei einer Freundin geblieben sind?
Das erlaube ich ihnen bis heute nicht!
Ach ja?
Ihre Freundinnen übernachten bei uns. Aber solange sie mit mir zusammenleben, habe ich meinen Töchtern nicht erlaubt, die Nacht außer Haus zu verbringen.
Auch nicht bei Freundinnen?
Na ja, seit Salima arbeiten geht, ist sie oft bei ihren Freundinnen, am Samstagabend gehen sie manchmal zusammen aus. Salima ist sogar schon verreist.
Wie alt ist sie jetzt?
Neunzehn. Sie geht auch ins Kino, aber nur am Samstag.
Begleitest du sie dann?
Nein, ich besuche meine Familie – am anderen Ende der Stadt. Aber ich lasse nicht zu, daß Salima die Nacht bei irgendwem verbringt. Ich sperre sie nicht ein, aber sie kann nicht einfach machen, was sie will.
Ist dein erster Mann manchmal mit dir ausgegangen?
Nein, ich habe das Haus nur verlassen, um ins Dampfbad zu gehen . . . Ich war immer zu Hause, ein ganzes Jahr lang, bis ich dann schließlich nach Marrakesch gefahren bin. Ich war schwanger, und mein Mann wollte auch diese Reise verhindern. Nicht einmal auf meinen Vater hat er gehört . . . Er selbst konnte uns ja nie begleiten, er war durch seinen Beruf verhindert.
Du durftest also nie aus dem Haus? Hat er dich eingeschlossen, oder was?
Also, wenn mich meine Mutter nicht ab und zu besucht hätte . . .
Er ging nie mit dir weg?
Nirgendwohin – außer zum Dampfbad, und das nur in der Nacht, wenn kein Mensch mehr auf der Straße war. Wenn ich aus dem Bad kam, war es Mitternacht.
Du warst dreizehn oder vierzehn und die ganze Zeit allein zu Hause – wie hast du dir die Zeit vertrieben?

Die Nachbarinnen kamen zu Besuch und meine früheren Schulfreundinnen ... Sie leisteten mir Gesellschaft. Manchmal kam meine Mutter mit einer Freundin vorbei und blieb dann den ganzen Nachmittag ...
Und wie war das bei deinem zweiten Mann?
Er hat mir nie verboten, aus dem Haus zu gehen.
Ist er mit dir ins Kino gegangen?
Wir haben gemeinsam seine Familie besucht, und er kam mit zu meiner Familie ... Wir haben uns gut verstanden.
Und, was meinst du, sollen sich deine Töchter ihre Ehemänner selbst aussuchen?
Aber ja! Ich weiß doch, wie es ist, wenn eine Frau einen Mann heiratet, den sie nicht wollte. Wenn eine meiner Töchter heiraten will, darf ich mich nicht querstellen. Als meine Älteste zu mir gekommen ist und mir gesagt hat, daß sie jemanden kennengelernt hat und er um ihre Hand anhalten wird, da habe ich geantwortet: »Das ist deine Entscheidung.« So war es auch mit meinem Bruder. Damals wohnte ich noch bei ihm ... Er hatte gerade Urlaub und war nach Al Jadida vorausgefahren – in seinem neuen Auto. Nach drei oder vier Tagen sah er am Strand ein Mädchen, das ihm sehr gefiel ... Er rief mich von einem Geschäft aus an und sagte, ich solle herkommen ... Erst später habe ich begriffen, was er wollte: ich sollte für ihn um die Hand dieses Mädchens anhalten. Sie war kaum vierzehn Jahre alt. Ich habe zu meinem Bruder gesagt: »Wenn du dich entschieden hast, dann kann ich ja nur zustimmen.« Wir haben dann alles geregelt, und sie ist zu uns gezogen und hat bei uns zwei Jahre lang gewohnt – bis sie die Schule beendet hatte.
Sie hat bei euch gelebt?
Ja, der Heiratsvertrag war schon geschlossen. Sie ging zur Schule und kam zum Essen nach Hause. Ihre Freundinnen besuchten sie und am Wochenende ging sie mit ihrem Bräutigam ins Kino. Ich blieb zu Hause und kümmerte mich um den Haushalt, die Einkäufe und so weiter ... So ging das zwei Jahre lang, dann haben wir die Hochzeit gefeiert.
Wie alt war dein Bruder damals?
Er war so um die Zwanzig ... Sie haben in Al Jadida geheiratet. Seine Frau wohnte dann auch weiterhin bei uns. Als die beiden ihren eigenen Hausstand gründeten, hatten sie schon zwei Kinder.

Und die ganze Zeit hat sie bei euch gelebt ...
Ja, ich habe sie behandelt wie eine Tochter. Sie war ja noch sehr jung, als sie zu uns kam. Ich helfe ihr auch jetzt noch – wenn sie verreisen will, kümmere ich mich um die Kinder. Sie kommen auch oft zu Besuch. Weißt du, die Familienbeziehungen sind uns sehr wichtig. Ich habe einen Bruder und eine Schwester in der Stadt; sie wohnen nahe beieinander. Auch meine Tochter wohnt ganz in der Nähe.
Und deine unverheiratete Tochter – redest du oft mir ihr? Erzählt sie dir, was sie macht, mit wem sie befreundet ist?
Nezha? Aber ja! Oft reden wir bis spät in die Nacht ... Sie erzählt mir alles ... Sie hat viele Verehrer – einer hat sie dauernd angerufen und wollte sie unbedingt heiraten. Aber ich habe sie gewarnt: »Das ist nichts für dich – du bist noch zu jung.« Sie wollte auch gar nicht heiraten; sie war sehr jung ...
Haben deine Töchter dich vor der Heirat um Rat gefragt?
Ja sicher; ich hätte mir ewig Vorwürfe gemacht, wenn sie den Falschen geheiratet hätten.
Aber woher willst du wissen, welcher Mann ›der Richtige‹ für deine Tochter ist? Wovor willst du sie denn bewahren?
Vor einem Mann aus einer schlechten Familie, einem Mann, der säuft oder sich nicht anständig beträgt ...
Kannst du das denn vorher wissen?
Man erkundigt sich natürlich bei Bekannten, welchen Ruf der Bräutigam hat. Ich würde meine Tochter nie an einen Mann verheiraten, nur weil er vermögend ist. Er muß schon aus einer guten Familie kommen und Bildung und Anstand haben. Kannst du dir vorstellen, daß deine Tochter einen ungebildeten Burschen heiratet? Eigentlich sollte der Mann sogar besser gebildet sein als seine Frau.
Hast du deinen Töchtern erlaubt, sich zu schminken, als sie noch nicht verheiratet waren?
Also, mit achtzehn Jahren können die Mädchen schon selbst entscheiden. Sie haben sich natürlich Schminksachen gekauft und sie benutzt – bei bestimmten Gelegenheiten, wenn sie ausgehen wollten, wenn sie zu einer Party eingeladen waren ...
Durften sie rauchen?
Nein, das habe ich nicht erlaubt!
Und dein Sohn?

In meiner Gegenwart hat er noch nie geraucht. Früher hat er wohl manchmal geraucht, wenn man ihm eine Zigarette anbot. Wie das jetzt ist, weiß ich nicht.
Hat dein zweiter Mann geraucht?
Geraucht und getrunken!
Und dein erster Mann?
Der hat nur geraucht.
Du selbst hast noch nie geraucht?
In meiner Familie rauchen die Frauen nicht!

Nezha Zennati

Zoubidas Tochter ist 1947 in Al Jadida geboren.

Drei Generationen am Webstuhl

Welche Erinnerungen an deine Kindheit hast du?
Meine frühesten Erinnerungen stammen aus der Zeit, als wir bei Nachbarn wohnten, in einer Erdgeschoßwohnung. Manchmal ging ich mit meiner großen Schwester zur Großmutter, die allein lebte. Meine Schwester war häufiger bei ihr als bei unserer Mutter. Dort ist sie eigentlich aufgewachsen. Meine Mutter war noch viel zu jung, als sie ihr erstes Kind bekam – sie wollte sich gar nicht um ihre Tochter kümmern, man mußte sie immer daran erinnern, dem Kind die Brust zu geben ... Als ich zur Welt kam, hatte sie schon mehr Erfahrung. Um mich hat sie sich besser gekümmert.
Wer besorgte den Haushalt, die Küche?
Meine Mutter natürlich. Aber die Großmutter half ihr und auch meine große Schwester – sie unterstützte die Mutter und die Großmutter beim Wollkämmen und -spinnen. Ich habe auch manchmal geholfen, als ich klein war. An das Auskämmen der Wolle kann ich mich noch gut erinnern ...
Deine Großmutter hat also auch Wolle gesponnen?
Aber ja, sie mußte immer etwas zu tun haben. Ihren Mann hatte sie früh verloren, und ihr Sohn war im Internat – sie arbeitete, weil sie eine Beschäftigung brauchte. Außerdem half sie meiner Mutter, die Kinder großzuziehen.
Und deine Mutter? Was hat sie gemacht, außer der Hausarbeit?
Wolle spinnen, Teppiche weben – sie arbeitete mit meiner Großmutter zusammen. Für die beiden war das ein Zeitvertreib, und außerdem verdienten sie noch ein bißchen Geld.
Hatten sie einen Webstuhl oder mehrere?
Nur einen. Man kann auch zu mehreren an einem Webstuhl arbeiten – und die Kinder sitzen dann hinter dem Webstuhl und machen die Knoten, verstehst du? Die Kinder haben mitgearbeitet – meine Schwester war sehr geschickt, sie ging auch mit zum Strand, wenn die Wolle gewaschen wurde. Nach dem Kämmen und Spinnen

haben sie die Wolle zum *suq al rhazl** in der Stadt gebracht, um sie zu verkaufen. Auf diesem *suq* wurde dann auch neue, unbearbeitete Wolle eingekauft. Manche Frauen schafften es, jeden Tag zwei, drei Kilo gesponnene Wolle zu verkaufen. Der Preis richtete sich nach der Qualität, und die verschiedenen Qualitäten hatten ihre besonderen Bezeichnungen: die fein gesponnene Wolle hieß *as-sda*, die Ziegenwolle nannte man *as-sa'ra* und die lockere, grob gesponnene *al-berual*. Man konnte die Wolle kurz oder lang ausspinnen, weißt du, und welche Qualität man bekam, hing auch davon ab, ob man mit *al-qursa* oder mit *al-mest* arbeitete.
Und welchen Beruf hatte dein Vater?
Er arbeitete als Koch bei einer Schiffahrtslinie und war oft drei oder vier Monate lang auf See. Meine Mutter nutzte diese Zeit für ihre Arbeiten. Später hatte er einen kleinen Posten beim Ministerium für Jugend und Sport.
Du hast ihn also kaum gesehen?
Nur sehr selten. Er hatte immer viel zu tun. Wenn er nicht auf See war, arbeitete er im Hafen, in den Restaurants, die der Schiffahrtsgesellschaft gehörten. Er kam spät nach Hause, und wir bekamen ihn kaum zu sehen.
Was sind deine Erinnerungen an ihn?
Er mochte mich sehr gern und nahm mich manchmal mit ins Restaurant, wo er arbeitete ... Seine Vorgesetzten waren auch sehr nett. Damals sah ich ganz europäisch aus, ich war so gekleidet, hatte kurze Haare und sprach Französisch. Ein bißchen Bildung hatten wir schließlich auch. Mein Vater war nicht auf den Kopf gefallen, er konnte mehrere Sprachen – Französisch, Englisch und Spanisch.
Wo hatte er das gelernt?
Einfach so, durch seine Arbeit. Dabei stammte er aus der tiefsten Provinz ...
Und wie war es, als du in die Schule gegangen bist?
Ich bin schon mit vier Jahren in die Schule gekommen – da habe ich noch in die Hosen gemacht. Aber die Direktorin hat mich in die erste Klasse aufgenommen, weil meine Mutter Französisch sprach und früher auch in diese Schule gegangen war. Ich wurde nur

* der Wollmarkt.

›provisorisch‹ eingeschult, und eigentlich war alles wie im Kindergarten: ich bekam Puppen und Spielzeug und spielte mit den Kindern der Lehrerinnen – eine merkwürdige Geschichte ... Um die Schulangelegenheiten hat sich vor allem meine Mutter gekümmert, aber auch meine Großmutter spielte eine wichtige Rolle – vor ihr hatte ich großen Respekt. Meine Mutter hat uns nicht geschlagen – oder höchst selten. Sie redete uns ins Gewissen, wenn wir irgend etwas angestellt hatten, mehr nicht.

An welche Episoden aus deiner Kindheit erinnerst du dich besonders genau?

Mein Vater hatte viele Freunde unter den Franzosen, mit denen er oft einen ganzen Tag zum Fischen fuhr ... Ich durfte oft mitkommen, und ich kann mich sehr gut erinnern, daß es da einen jungen Franzosen gab – er hieß Toto. Wenn er mich zu Hause abholte, war ich ganz begeistert und rief ständig *Toto diali*, ›mein Toto‹. Nicht daß ich ihn besonders gemocht hätte – aber ich war ganz verrückt nach den Bonbons, die er mir gekauft hat. Er hat mich auch ins Kino, in Bars und Cafés mitgenommen. Weil er immer Rotwein trank, wollte ich auch etwas Rotes – ich bekam dann einen *grenadine*.

Der Tod des Vaters

Weißt du noch, wie es wahr, als dein Vater starb?

Ja, meine Mutter wollte an diesem Abend das Essen nicht auftragen. Ich weiß nicht mehr, was sie gekocht hatte, aber sie sagte: »Wir warten, bis euer Vater kommt.« Wir haben im Haus gespielt, uns die Zeit vertrieben. Dann klopfte jemand an die Tür – ein Polizist ... Meine Mutter hat dir die ganze Geschichte bestimmt erzählt ... Ich erinnere mich an bestimmte Einzelheiten – mich hat es besonders erschüttert, daß mein kleiner Bruder und ich den Toten nicht sehen durften. Wir kamen in eine kleine Gasse, dort war das Krankenhaus ... Dann warfen wir einen Blick auf sein Leichentuch. Einer der Polizeiinspektoren wollte mich trösten, indem er mir Geld gab, ein paar Münzen ... Bis spät in der Nacht sind wir dort geblieben. Ich erinnere mich auch an die Totenfeier; meine Mutter war ganz in Weiß. Sie ging dann nicht mehr aus dem Haus.

Wie kam sie denn nun zurecht?

Mein Vater hat ihr nichts hinterlassen. So war es nun mal: was er verdiente, gab er gleich mit vollen Händen wieder aus. Wir wurden verwöhnt – schöne Kleider, gutes Essen ... Aber er hat nie etwas auf die hohe Kante gelegt ... Wenn er von einer Fahrt zurückkam, brachte er immer eine Menge Geschenke mit, alle möglichen Sachen, zum Beispiel Kleidungsstücke, die man bei uns nicht kannte: Krawatten oder elastische Hosenträger, die es damals hier kaum zu kaufen gab ...

Seid ihr dann umgezogen?

Das Haus, in dem wir lebten, gehörte uns nicht, wir wohnten bei unseren Nachbarn. Dort sind wir zunächst auch geblieben, weil meine Mutter sich keine andere Wohnung leisten konnte. Aber mit den Leuten haben wir uns gut verstanden. Es gab nie Streit. Meine Mutter war eine sehr freundliche und umgängliche Frau. Aber nachdem mein Onkel seine Ausbildung abgebrochen hatte, um arbeiten zu gehen, sind wir dann weggezogen. Das war sechs oder sieben Monate nach dem Tod meines Vaters.

War das für dich eine große Umstellung?

Ja, sicher. Es war dort viel stiller, weil wir alleine wohnten, nur mit meinem Bruder und meiner Großmutter zusammen. Und wir fühlten uns doch ein bißchen wie Waisenkinder. Daran waren auch die Leute schuld, weißt du; ständig hieß es: »Ach, die armen Kinder, die ärmsten ...« Dabei führten wir eigentlich ein ganz geregeltes Leben, aber trotzdem ... Es gab ja keine besonderen Probleme. Die Familie war vereint, wir waren alle zusammen. Weil es an Geld fehlte, mußte meine Mutter Teppiche weben. Damals war natürlich alle Welt voller Mitgefühl. Manche Verwandten ließen uns etwas zukommen ...

Und die Schule?

Wir sind weiter in die Schule gegangen. Auch nach dem Tod meines Vaters gab es keine Unterbrechung. Zu dritt gingen wir morgens hin und kamen erst am Abend wieder nach Hause. Mittags gab es Essen in der Schule. Auf meinen kleinen Bruder mußten wir immer scharf aufpassen – er verdrückte sich manchmal. Wir versuchten, ihn aufzustöbern, wenn er sich versteckt hatte. Aber sonst gab es keine Probleme mit der Schule. Wir sind gern hingegangen.

Was habt ihr in der freien Zeit gemacht, wenn ihr nicht in der Schule wart?

In der Freizeit? Wir haben die Abende bei Verwandten verbracht und sie dann eingeladen, uns zu besuchen. Ich hatte auch viele Freundinnen in meinem Alter: Nachbarskinder, Cousinen, Klassenkameradinnen ... Tagsüber durfte ich sie immer besuchen, oder sie konnten zu uns kommen. Aber selbst bei den Verwandten durfte ich nur übernachten, wenn es keine Jungen im Haus gab.

Schule, Universität, Ferienarbeit

Hast du dich denn auch mit Jungen aus der Verwandtschaft getroffen oder mit Klassenkameraden?
Weißt du, ich war ja dann im Internat, in Rabat. Ich hatte einen Brieffreund, so eine geistige Beziehung. Er hat mich natürlich nicht am Wochenende ausgeführt – ich habe ihn nie zu Gesicht bekommen. Die anderen Internatsschülerinnen gingen am Wochenende aus, und ich blieb da.
Du bist am Samstag oder Sonntag nie weggegangen?
Nein, aber das hat mir nichts ausgemacht. Freitags gab es immer Ausflüge, von der Schule organisiert, aber ich bin auch an diesen Tagen lieber im Internat geblieben und in den ›Theater-Klub‹ oder den ›Foto-Klub‹ gegangen. Außerdem habe ich Sport getrieben. Es gab eigentlich eine Menge Zeitvertreib im Internat – wir konnten Platten hören, das hat auch viel Spaß gemacht. Und obendrein war ich sehr fleißig.
Du hattest ja ein Stipendium – bist du damit ausgekommen?
Anfangs konnten wir immer auf meinen Onkel rechnen. Aber im dritten Jahr wurde es schwierig. Es gab da irgendwelche Geschichten, und er war dann nicht mehr in der Lage, uns wie gewohnt zu unterstützen. Irgendwann merkte ich, er schafft das nicht mehr. Meine Schwester und ich haben uns daraufhin Arbeit gesucht.
Wie alt wart ihr damals?
Ich war nicht mal fünfzehn. Im ersten Jahr habe ich als Schreibkraft gearbeitet.
Wie und wo hast du denn gelernt, mit der Schreibmaschine umzugehen?
Mein Onkel arbeitete im Ministerium für Jugend und Sport und er verschaffte mir eine Anstellung in einer Inspektionsabteilung, wo es

eine unbenutzte Schreibmaschine gab. Dort bin ich drei oder vier Tage angelernt worden, und später hat er mich in einem anderen Ministerium untergebracht. Ich war zweieinhalb Monate als Schreibkraft beschäftigt, dann ging ich wieder in die Schule. Meine Schwester dagegen fand Gefallen an der Arbeit: sie hat die Schule aufgegeben und arbeitet seitdem in diesem Ministerium. Weil das so gut geklappt hatte, habe ich dann immer in den Schulferien gearbeitet, die ganzen drei Monate lang. Was ich in dieser Zeit verdiente, konnte ich das Jahr über ausgeben – für Kleider, Reisen, Bücher zum Schmökern und so weiter . . .

Wieviel hast du denn verdient?

Beim ersten Mal bekam ich 10 Dirham* am Tag. Im zweiten Jahr habe ich tageweise gearbeitet und wurde entsprechend ausbezahlt. Weißt du, eigentlich hätten sie keine Mädchen einstellen dürfen – deswegen wurden wir unter Männernamen geführt: ich hieß Mohammed Ben Ali oder so ähnlich. Wir arbeiteten also ohne längeren Vertrag und bekamen alle zwei Wochen unser Geld.

Also 150 Dirham für zwei Wochen?

Nein, viel weniger. Samstag und Sonntag wurden ja nicht bezahlt – nur die Tage, an denen wir tatsächlich gearbeitet hatten. Im dritten Jahr fand ich eine interessantere Arbeit, bei einer Firma für Schadensgutachten. Die Frau eines der Ingenieure war krank geworden, und ich übernahm ihre Arbeit: es ging um Krankengeld, bezahlten Urlaub und so weiter. Ich war Empfangsdame, machte die Buchhaltung und schließlich die ganze Büroarbeit in dem Laden. Drei Monate habe ich dort gearbeitet, besser bezahlt als zuvor: ich bekam 1800 Dirham.

Hast du deiner Mutter etwas davon zukommen lassen?

Aber natürlich, ich kaufte allerlei Sachen für die Familie und bezahlte meine Wochenendausflüge nach Al Jadida – ich wohnte ja in Rabat, im Internat.

Und deine Arbeitsstelle für drei Monate – war das auch in Rabat?

Nein, in Marrakesch. Mein Onkel arbeitete ja in Marrakesch, und dort hat er meiner Schwester und mir die ersten Ferienjobs verschafft. Später wurde er versetzt, aber da hatten wir schon unsere eigenen Kontakte . . . Ich habe mal hier und mal da gearbeitet; in

* nach damaligem Kurs war ein DH etwa DM 0,60.

dem Jahr, als ich die Reifeprüfung machte, war ich sogar bei der Bergwerkskasse beschäftigt, als Kassiererin und Schreibkraft. Sobald ich den Lohn für die drei Monate bekommen hatte, fuhr ich wieder nach Rabat, um mich der Schule zu widmen. Am 30. September um sechs Uhr nachmittags war die Arbeit zu Ende, um neun Uhr ging der Bus von Marrakesch nach Rabat. Am nächsten Morgen um neun kam ich dann im Internat an. Ich war einfach das ganze Jahr über beschäftigt – Ferienzeit, das hieß für mich, nach Marrakesch zu fahren. Auch als ich anfing, zu studieren, habe ich in den Semesterferien gearbeitet. Ich hatte zwar ein Stipendium, aber wenn man durch die Prüfungen fiel, wurde die Förderung sofort gestrichen. Ich mußte mich irgendwie durchschlagen: ich habe als Betreuerin in einem Schülerinneninternat gearbeitet, als ›au pair‹-Mädchen – das hieß 21 Stunden Arbeitszeit für Kost und Logis –, und außerdem habe ich Mathematik-Nachhilfestunden gegeben.
Normalerweise werden die Mädchen gedrängt, früh zu heiraten. War das bei dir auch so?
Ach, bei mir war das Wichtigste immer die Schule, ich habe mich ganz auf die Ausbildung konzentriert. Meine Mutter wußte ja, was es bedeutet, wenn ein Kind die Schule vorzeitig verlassen muß. Die Nachteile, die ihr daraus entstanden sind, wollte sie mir ersparen. Als ich elf oder zwölf Jahre war, kamen die ersten Heiratsanträge. Aber meine Mutter hat immer abgelehnt: »Sie muß die Schule besuchen.« Das mit dem Heiraten wurde bei uns zu Hause nicht so wichtig genommen. Meine Mutter sagte immer wieder: »Es ist nicht gut, so jung zu heiraten.« Du weißt, welche Erfahrungen sie damit gemacht hat – deswegen lehnte sie es ab, die Mädchen so früh in die Ehe zu geben. In unserer Familie legte man größten Wert auf die Schulausbildung.
Und wie war das mit den Jungen? Hast du dich hübsch gemacht?
Da war nichts mit Jungen!
Keine Freundschaften?
Nein, aber hübsch gemacht haben wir uns schon. In der ganzen Verwandtschaft waren wir diejenigen, die am wenigsten Geld hatten, aber an den Festtagen waren wir stets am besten gekleidet. Wir fanden immer ein Stück einfachen Stoff vom Markt, aus dem man etwas machen konnte. Ich weiß nicht, wie meine Mutter das geschafft hat, aber ich hatte immer schöne Haarschleifen aus

buntkariertem Stoff und ganz ausgefallene Haarspangen. Sie hatte sehr viel Geschmack. Sie suchte die schönsten Stoffe aus, und obwohl sie selbst nähen konnte, ließ sie alles von einer Schneiderin machen. Ich habe so oft mitbekommen, wie das ging, daß ich es jetzt auch selbst kann.

Bist du oft ins Dampfbad gegangen?

Aber ja – das hat mir großen Spaß gemacht. Als Kinder haben wir uns immer dort verabredet – an einem bestimmten Tag kam die ganze Klasse ins Bad. Da war wirklich was los!

Bist du ausgegangen, als du im Internat warst, und später, als du studiert hast?

Nein, ich bin am Wochenende immer zu Hause geblieben.

Keine Verabredungen, keine Tanzparties?* Im Internat hast du doch sicher Liebeslieder und Liebesgedichte gehört?

Ach, die jungen Männer ... Sie haben kleine Briefchen geschickt, nur mit ihren Initialen unterzeichnet ... Um solche Sachen habe ich mich nicht sonderlich gekümmert. Ich war immer mit dem Lernen beschäftigt. Dabei habe ich gar nicht dauernd ›gebüffelt‹ – ich war eher leichtsinnig. Auswendiglernen und Aufsagen ist mir schwergefallen. In Mathematik war ich sehr gut und auch sonst immer vornedran. Aber in meinen Heften stand nie, was der Lehrer diktiert hatte ... Es machte mir Spaß, die ›Enzyklopädie der Länderkunde‹ und andere Bücher dieser Art zu lesen ... Und dann war ich auch oft mit meinen Freundinnen zusammen. Ich kam mit allen gut aus und wurde rasch sehr vertraut mit den anderen Mädchen. Mit mir konnten sie über alles reden – es war fast so, als ob ich ihre Erfahrungen selbst gemacht hätte. Wir waren ja immer eingeschlossen, im Internat ... Also habe ich mich an die Erlebnisse der anderen gehalten. Wenn sie mir etwas anvertrauten, versetzte ich mich an ihre Stelle – und dabei konnte ich auch etwas lernen ...

Wie hast du dir deine Zukunft vorgestellt? Wußtest du schon genau, wie es weitergehen sollte?

* Solche ›Parties‹, auf denen Jungen und Mädchen miteinander tanzten, kamen in den Jahren nach der Unabhängigkeit in den marokkanischen Großstädten in Mode. Diese neuen Sitten unter den jungen Leuten in der Stadt bedeuteten einen harten Bruch mit dem traditionellen Verständnis der Geschlechterrollen. Bis dahin waren Jungen und Mädchen in strikter Geschlechtertrennung aufgewachsen – und nun tanzten sie in Paaren zu westlicher Musik, zu Mambo und Cha-Cha-Cha.

Nein, ich hatte kein festes Ziel. Ich habe nicht zu denen gehört, die sich seit dem zehnten Lebensjahr ständig sagen: ›Ich will Rechtsanwältin werden‹, ›Ich muß reich werden‹ – so habe ich das nie gesehen. Ich passe mich den Umständen und meiner Umgebung an. So kann ich mich unter den Reichen wie unter den Armen bewegen – ich habe beide Seiten der Medaille kennengelernt . . .
Und deine Gefühle, deine persönlichen Zukunftsträume?
Ich mußte erst mal das Abitur machen . . . Aber in Marrakesch gab es auch Studenten aus Rabat, die in den Ferien nach Hause kamen, um zu arbeiten. Dort habe ich dann einen Jungen kennengelernt . . . Er arbeitete dort, wo auch meine Schwester beschäftigt war – sie waren Arbeitskollegen. Wir sind uns auf einer Tanzparty begegnet; ein Mädchen gab das Fest, weil sie das Abitur bestanden hatte, und ich dachte, es kämen nur Mädchen. Ich wohnte ja schon lange nicht mehr in Marrakesch und war einfach nicht auf dem laufenden. Als ich gemerkt habe, daß es sich um so eine Party mit Tanz handelte, wollte ich erst gar nicht hineingehen. Ich war ganz schön wütend und bat die Cousine, mit der ich gekommen war, gleich wieder mit mir nach Hause zu gehen. So eine Party zu besuchen, das war für mich wie der Eintritt in eine andere Welt!
Konntest du nicht tanzen?
Klar konnte ich tanzen! Im Internat habe ich dauernd getanzt – aber eben nur mit Mädchen. Das Tanzen selbst war gar nicht das Problem, nein, es ging bloß darum, daß Jungen und Mädchen auf diesem Fest zusammen waren. Ich hatte Schuldgefühle gegenüber meinen Eltern. Als ich wieder zu Hause war, habe ich von der ›gemischten‹ Party erzählt. Mama sagte sofort: »Also das hätten sie dir aber vorher sagen müssen!« Und meine Schwester setzte noch eins drauf: »Da haben wir's! Wenn du schon damit anfängst, wirst du bald einen schlechten Ruf haben . . .« – na, und so weiter. Es herrschte große Aufregung.
Hast du dann schließlich doch getanzt, auf dieser überraschenden Party?
Nein, ich habe mich nicht von der Stelle gerührt und immer wieder erklärt, ich könne nicht tanzen (*sie lacht*). Wenn mich jemand aufforderte, schämte ich mich. Meine Cousine, mit der ich gekommen war, hat sich gut amüsiert. Ich bin dann nach Hause gegangen. Zwei Wochen später haben mich die anderen Mädchen gefragt, wie

es mir auf dem Fest gefallen habe, und ich sagte: »Das ist nichts für mich.« – »Vielleicht hat es dich gestört, daß so viele Leute da waren? Wir könnten ein ganz kleines Fest machen – du kannst dir aussuchen, wen du einladen möchtest!« Also wurde so eine kleine Abendgesellschaft organisiert, und bei dieser Gelegenheit habe ich dann meinen Freund kennengelernt. Es fing damit an, daß er sich mit mir unterhalten wollte, aber er bekam kein Wort heraus. Er sagte wirklich kein Wort (*sie lacht*). Ich fuhr zurück nach Rabat und ging wieder zur Schule. Aber kurz darauf kam er auch nach Rabat, zusammen mit dem Bruder eines Mädchens, das ich kannte, und seither sahen wir uns öfter. Wir waren zusammen unterwegs, fuhren manchmal irgendwohin – immer in einer Gruppe von Freunden.

Keine Küsse, kein Händchenhalten?

Nein, nein, nur eine Freundschaftsbeziehung. Aber ich war doch sehr beeindruckt von seinem Betragen – er ließ mich allmählich vergessen, daß die Männer eigentlich »unzivilisierte Wilde« sind. Er ist so gesittet und galant aufgetreten, daß ich mit der Zeit richtig zutraulich wurde ... *(Sie lacht.)*

Und wie ging es weiter?

Es war wirklich zum Totlachen! Ein Buch hat die ganze Sache ins Rollen gebracht – ›La Foire au cancres‹*, das wurde damals unterderhand weitergegeben. Und eines schönen Tages, als die Ferien gerade begonnen hatten und ich nach Marrakesch fahren wollte, kam mein Freund vorbei, um sich dieses Buch zu holen – und machte mir eine Liebeserklärung. Ganz ernsthaft! Ich habe das auch ziemlich ernst genommen, weil ich wußte, daß er sehr schüchtern und zurückhaltend war und nicht zu den Leuten gehörte, die nur so daherreden.

Und wie hast du auf diese Liebeserklärung reagiert? Warst du erfreut und stolz?

Also für mich ... Mich hat das nicht so sehr beeindruckt. Ich kannte das schon ... *(Sie lacht.)*

Hast du das nicht voller Begeisterung deinen Freundinnen erzählt?

Nein, im Gegenteil: ich hielt mich damals für etwas Besonderes. Inzwischen habe ich begriffen, daß ich auch nicht anders war als sie.

* Dt.: J. Jean-Charles: ›Die Knilche von der letzten Bank‹ – eine Sammlung von Lehrer- und Schülerwitzen (Anm. d. Ü.).

Wie meinst du das? Ging es um die Schönheit?
Nein, damit hatte ich nie Probleme. Ich war schon immer der Ansicht, daß die körperlichen Vorzüge nicht so wichtig sind. Es gibt eine Menge schöne Menschen, die ich nicht mag.
Als du ein junges Mädchen warst, war es da nicht sehr wichtig für dich, schön zu sein? Schönheit gilt doch als Ziel und Maßstab im Leben einer Frau. Ich erinnere mich, daß es in meinen Kreisen für die Mädchen nichts Höheres gab als die Schönheit. Die Töchter der Familie wurden nach ihrem Aussehen beurteilt – alles drehte sich um diesen Punkt.
Bei uns war das anders. Über persönliche Eigenheiten anderer haben wir uns nie ausgelassen – was zählte, war nur die Arbeitsmoral. Ich wurde übrigens immer *al aaura** genannt, weil ich schielte (*sie lacht*). Aber wichtig war nur, daß jeder seine Arbeit machte. Meine Schwester zum Beispiel zeigte sich sehr fleißig, für die Zulassungsprüfung zur höheren Schule hat sie nächtelang gelernt. Ich stand nicht so gut da, weil ich viel weniger gebüffelt habe ... Wenn ich mittags nach Hause kam, wollte ich immer gleich etwas zu essen haben – und ich verdrückte gewaltige Portionen! Meine Mutter sagte dann: »Daß du bald Prüfung hast, scheint dir ja nicht auf den Magen zu schlagen. Ich bin gespannt, ob du es schaffst.« In unserem Viertel wohnten viele Europäer, und ich vertrieb mir die Zeit mit Boule und Fahrradfahren. Meine Übungshefte blieben immer zu – deswegen glaubten alle, ich hätte keine großen Aussichten. Als ich im Internat war und nur in den Ferien nach Hause kam, dachten sie, ich würde immer bloß Ferien machen. Auch meine Mutter hatte keine Ahnung, wie hart ich arbeiten mußte – ich habe zu Hause nie von meinen Schwierigkeiten gesprochen.
Niemals?
Nein, ich bin allein damit fertiggeworden. Es hätte keinen Sinn gehabt, die Familie mit diesen Problemen zu belasten – sie hätten mir ja doch nicht helfen können. Ich habe immer versucht, die Schwierigkeiten allein zu überwinden.
Und deine Freundschaften? Konntest du nicht auf Unterstützung rechnen?

* ›die Einäugige‹ (Anm. d. Ü.).

Nicht so sehr. Ich bin zu dem Schluß gekommen, daß Freundschaften nicht sehr belastbar sind. Du kannst den Freundinnen dein Herz ausschütten, aber du mußt auch wissen, wo die Grenze ist ... Wenn du zu weit gehst, hat das immer schlimme Folgen – jedenfalls fast immer. Es kommt mir so vor, als ob Freundschaften nicht fest genug sind, um zu bestehen, wenn es Probleme gibt. Weißt du, ich habe eine Freundin, auf die ich mich verlassen kann, wenn es mal schwierig wird – aber ich möchte ihre Hilfe möglichst wenig in Anspruch nehmen. Ich weiß, daß es schon ein paar Menschen gibt, die mir helfen würden, wenn es mir schlecht geht, aber es ist mir trotzdem lieber, meine Probleme selbst zu lösen.
Sprichst du dich mit deinen Freundinnen aus, wenn du Kummer hast? Wie ging es denn eigentlich weiter mit diesem Jungen, den du kurz vor dem Abitur kennengelernt hast?
Ach, das geht jetzt schon acht Jahre! *(Sie lacht.)* Andere Männer habe ich nicht kennengelernt.
Liebst du ihn?
Ja, das kam so ganz allmählich. Weißt du, er ist ja immer noch Student.
Seht ihr euch oft? Wollt ihr zusammenleben?
Wir sehen uns sehr oft, aber ob wir zusammenleben wollen – ich weiß nicht, das wird sich zeigen ... In den acht Jahren ist eine Menge passiert und ich habe viel gelernt. Ich bereue es nicht, daß ich mich auf diese Beziehung eingelassen habe, aber es hat auch Schwierigkeiten und Spannungen gegeben.
Ist er etwa eifersüchtig?
Monsieur ist sehr eifersüchtig! Aber er darf natürlich tun und lassen, was ihm gefällt – zum Beispiel mit anderen Mädchen ausgehen. Monsieur ist ja schließlich ein Mann!
Willst du ihn heiraten?
Nein, vorerst nicht.
Erzählt er dir von seinen Frauenbekanntschaften?
Ja.
Und er findet das normal?
Ja, für ihn ist das selbstverständlich. Er begründet es damit, daß er bis zu seinem zwanzigsten Lebensjahr nie ein Mädchen hatte.
Ging er auch zu Prostituierten, wie das so üblich ist?
Er war ja immer im Internat.

Daouya Al Filalia und ihre Töchter Latifa und Malika

Daouya Al Filalia ist 1913 in der Nähe von Ksar-As-Souk geboren. Mit neun Jahren wurde sie verheiratet – wie es auf dem Land so üblich ist. Als sie zum ersten Mal ihre Periode hatte, wurde sie auch schon schwanger. Aber in den zwanziger Jahren machten auch die Töchter der *ksour** ganz ungewöhnliche neue Erfahrungen, die mit der Tradition und den Vorstellungen der Männer nicht vereinbar waren. Daouya wurde von ihrer Mutter in den Norden geschickt. Die Tochter auf dem Arm, suchte sie sich Arbeit auf den Gemüseplantagen in der Gegend von Salé. Dann versuchte sie, sich als Hausangestellte durchzuschlagen – um in der Nähe ihrer Töchter bleiben zu können, die – im *dar m'allma* – das Weben lernten. Sie schaffte es schließlich, in Salé eine Anstellung in einer Weberei zu finden. Ihre Töchter hatten sich inzwischen in die Hauptstadt aufgemacht, um dort in einer der Teppich-Kooperativen unterzukommen.

* Die Bewohner Südmarokkos.

Daouya Al Filalia

ist 1913 im Tafilalet* geboren. Sie war Landarbeiterin und Hausangestellte und arbeitet jetzt in einer Weberei.

Frühe Heirat und Scheidung. Landflucht

Wo bist du geboren?
In der Gegend von Ksar-As-Souk. Mein Vater war Bauer, er bestellte und erntete auf seinem eigenen Land; es gab Olivenbäume und Dattelpalmen ... Es ging uns gut, wir hatten Schafe und Kühe, und unser Haus war nicht schlecht. Wir waren fünf Geschwister, und ich war die Älteste – die vor mir zur Welt gekommen waren, sind alle gestorben.
Wenn du sie mitzählst, wie viele Kinder hat deine Mutter geboren?
Zwölf, aber nur fünf haben überlebt. Ich war die Älteste, nach mir kamen noch zwei Schwestern und zwei Brüder. Als ich neun Jahre alt war, habe ich geheiratet.
Einen Mann aus der Gegend?
Ja.
Was war er von Beruf?
Er war auch Bauer, er hatte ein Stück Land mit Olivenbäumen.
Und was hast du vor deiner Heirat gemacht?
Gar nichts. Ich habe gekocht, *kuskus* und Suppe ... Mehr wurde bei uns zu Hause nicht gearbeitet. Wir haben keine Teppiche gemacht oder Wolle verarbeitet – das gab es nur bei den *m'rabta*.
Die *m'rabta*?
Die vornehmen Familien, die Nachkommen des Propheten! Bei uns wurde zu Hause nur gegessen und gespielt. Wir hatten immer die nächste Mahlzeit im Sinn – heute gehen die Kinder ja zur Schule, aber damals gab es das nicht ... Später ging ich mit meiner Mutter zur Arbeit. Ich verdiente einen halben *douro* – den bekam sie. Mein kleiner Verdienst hat ihr geholfen, uns zu ernähren, uns Schuhe und

* eine Gruppe von Oasen, südlich von Ksar-As-Souk. Daouya stammt aus dem Dorf Mulay Ali Scherif (Anm. d. Ü.).

Kleider zu kaufen. Die Frauen sind damals zum *moquf** gegangen, um sich Arbeit zu suchen.
Bist du auch mit zum *moquf* gegangen?
Ja, ich bin auch hingegangen.
Und was für eine Arbeit hast du gemacht?
Ich habe mit den anderen Frauen auf dem *moquf* gewartet, ob der Besitzer der *sania*** Arbeit für uns hatte. Kurz vor Sonnenuntergang, wenn wir von der Arbeit zurückkamen, fingen wir an zu kochen und Brot zu backen. Es wurde gegessen, was gerade da war, und am nächsten Morgen gingen alle wieder zur Arbeit. Später hat mich meine Mutter dann zum zweiten Mal verheiratet.
Was ist aus deinem ersten Mann geworden?
Meine Mutter hat mich ihm weggenommen.
Wie hat sie das gemacht?
Sie ist mit mir nach Rabat gegangen. Damals war meine Tochter Aïcha schon geboren. Mein Mann lebte in Meknès, er hatte dort Arbeit gefunden.
Und er ist dir nicht nachgereist, nach Rabat?
Nein.
Wieso nicht?
Weil meine Mutter geschworen hatte, daß er mich nicht zurückbekommen würde.
Aber weshalb diese Entscheidung?
Sie war eine sehr resolute Frau. Nach dem Tod meines Vaters ist mein Mann nicht erschienen, um sein Beileid auszudrücken. Daraufhin hat sie beschlossen, ihm ihre Tochter wegzunehmen – sie hat es ihm heimgezahlt!
Ist es ihr gelungen, die Scheidung zu erwirken?
Ja, sie hat das alles geregelt – ich wußte gar nicht, wie mir geschah ...
War dein Mann denn bereit, sich scheiden zu lassen?
Dem blieb gar nichts anderes übrig. Meine Mutter hatte eben beschlossen, daß er mich nicht mehr zu Gesicht bekommen durfte. Mir hat sie die Scheidung so mitgeteilt, wie damals den Beschluß über die Heirat. Ich war einverstanden.

* ein Ort, an dem sich täglich die Arbeitssuchenden versammeln – die Arbeitsvermittlung für die Tagelöhner.

** So werden die Gemüseplantagen um Salé genannt.

Wieso? Hast du ihn nicht geliebt?
Selbst wenn ich ihn geliebt hätte – glaubst du, ich hätte ihr das sagen können? Über solche Sachen wurde bei uns nicht geredet. Ich hätte meine Mutter auch nicht fragen können, warum sie so gehandelt hat. Mit ihr war ich immer zusammen, ich habe immer mit ihr und den anderen Frauen gearbeitet ... Bis dann mein Vater umkam ... Damals, im *oued sreb-ua-hreb*.
Wo war das?
Ich weiß nur den Namen des Tals – *oued sreb-ua-hreb**. Mein Vater hatte einige weiter weg liegende Felder abgeerntet und wollte nach Hause fahren. Das Auto hat sich überschlagen. Wir haben es erst zwei Wochen später erfahren – durch einen Brief von Verwandten. Meine Mutter, mein Onkel und meine Cousine sind sofort abgereist. Ich nicht, ich hatte ja gerade Aïcha zur Welt gebracht.
Ein Kind aus deiner ersten Ehe?
Ja natürlich, aus meiner ersten Ehe. Mein erstes Kind ist nach der Geburt gestorben. Inzwischen war ich elf Jahre und ich bin gleich wieder schwanger geworden. Das erste ist gestorben – ich war einfach viel zu jung, um Kinder zu haben.
War dein Mann bei dir, als du wieder schwanger geworden bist?
Ja, damals war er da ... Als ich geschieden wurde, war ich im sechsten Monat ... An dem Tag, als Aïcha geboren wurde, bekamen wir die Nachricht vom Tod meines Vaters. Es war wirklich ein denkwürdiger Tag! Ich blieb bei meiner Großmutter, die damals noch lebte, und meine Mutter fuhr zusammen mit meinem Onkel hinaus aufs Land. Als sie zurückkam, wollte mein Mann, daß ich wieder bei ihm lebe – aber meine Mutter war strikt dagegen.
Und dein Mann hat sich mit diesem Beschluß abgefunden?
(Sie schweigt.)
Wieso legte deine Mutter soviel Wert auf die Trennung?
Sie hatte ihren Willen und ließ sich nichts sagen. Ich habe dann drei oder vier Jahre abgewartet ... Mein Bruder hat geheiratet, dann meine Schwester. Es wurde auch mehrfach um meine Hand angehalten, aber ich habe immer abgelehnt – bis zu dem Tag als ich meinen jetzigen Mann heiratete, den Vater meiner Töchter.

* Flußtal mit Wald und Gebüsch.

Die zweite Ehe: Daouya muß zu Hause bleiben

Wie hast du deinen zweiten Mann kennengelernt?
Seine Schwester hat das eingefädelt. Sie war eine Bekannte meiner Mutter und hatte sich in den Kopf gesetzt, daß ich ihren Bruder heiraten sollte – er war verwitwet. Anfangs hat sich meine Mutter dagegen gesträubt: »Ich will nicht, daß meine Tochter von einem Mann schlecht behandelt wird«, sagte sie, »sie hat schließlich schon eine Tochter.« Aber wir haben dann doch geheiratet. Es gab Auseinandersetzungen, weil er nicht wollte, daß ich arbeiten gehe. Ich fand das nicht richtig – die meisten Frauen gehen arbeiten! Aber er hat kategorisch erklärt: »Solange ich lebe, wirst du nicht arbeiten gehen!«
Und er hat sich durchgesetzt?
Ja.
Wovon hat er gelebt?
Er hat auf den Gemüsefeldern von Salé gearbeitet.
Konntet ihr davon leben?
Ja, wir hatten unser Auskommen.
Aber es war dir nicht recht, daß er dich nicht arbeiten ließ?
Nein, das hat mir gar nicht gefallen.
Und weshalb war es dir so wichtig, arbeiten zu gehen?
Weil ich unter Leute gekommen wäre, meinen Spaß gehabt hätte. Es ging ja gar nicht darum, den ganzen Tag zu arbeiten, wie das heute üblich ist. Ich hätte vormittags gearbeitet und dann noch genügend Zeit gehabt, mich um den Haushalt zu kümmern. Aber mein zweiter Mann wollte eben nicht, daß ich arbeiten gehe. Also bin ich zu Hause geblieben und habe mich um die Wäsche und um die Kinder gekümmert. Er hat alles andere erledigt, Fleisch und Gemüse eingekauft . . . Ich war immer gut versorgt . . . Wenn ein Kind geboren wurde, haben wir die *subuaa,* das Namensfest, gefeiert.
Wie viele Kinder hast du bekommen?
Insgesamt sieben.
Sind alle am Leben geblieben?
Nein, nur vier. Es kamen dann schlimme Zeiten: mein Mann wurde von einem Auto überfahren und lag lange im Krankenhaus von

*Suissie**. Dafür sind meine ganzen Ersparnisse und mein Schmuck draufgegangen. Ich habe ihn jeden Tag besucht.
Er ist gestorben – was hast du dann gemacht?
Ich habe als Putzfrau gearbeitet – manchmal von morgens bis abends.
Hast du auch versucht, auf dem *moquf* Arbeit zu finden?
Nein, ich hatte Arbeit bei Leuten, die ich kannte.
Jeden Tag?
Das war ganz unterschiedlich ... Manchmal eine Woche lang, manchmal nur einen Tag. Meine Tochter Zineb habe ich zu Leuten gegeben, die sie adoptiert haben ... Bei ihnen konnte ich dann auch arbeiten – ich habe Wäsche gewaschen, gekocht und aufgewischt. Aber sie haben mir immer freigestellt, tagsüber anderswo zu arbeiten und erst abends zu ihnen zu kommen.
Und bei wem waren die anderen Kinder?
Bei meiner Mutter und meiner Großmutter.
Hat deine Mutter nicht mehr gearbeitet?
Doch.
Und wo?
Im Haus, bei ihren Söhnen in Tabriket. Dort hatte sie immer genug zu tun, sie mußte gar nicht zu anderen Leuten gehen. Sie hat die Kühe gemolken und den Haushalt gemacht, und manchmal ist sie auch zur Arbeit auf die Gemüsefelder gegangen.

Das Geld von der Versicherung ...

Wir mußten dann auch keine Miete mehr zahlen. Meine Mutter hatte ja Geld von der Versicherung zu bekommen, das ihr seit dem Autounfall meines Vaters zustand. Aber die *Marhzen*-Behörden haben ihr nicht alles ausgezahlt – nur 10 000 Francs**. Zu den Festtagen haben wir unseren Hammel gekauft, wie jedermann. Meine Mutter ist dann zum *qadi* gegangen und hat ihm erklärt: »Ich muß mich um die Kinder ohne Vater kümmern – ich will zurück aufs Land und ihnen dort ein Grundstück oder ein Haus kaufen. Dort

* Das ›Avicenna-Krankenhaus‹ von Rabat liegt im Suissie-Viertel.
** nach damaligem Kurs etwa 100 Dirham – DM 60,–.

kenne ich mich aus, da werde ich schon das Richtige finden.« – »Ich will dir ja geben, was dir zusteht«, sagte der Richter, »aber ich befürchte, daß deine Brüder dir alles wegnehmen.« – »Meine Brüder sind ganz auf meiner Seite, bei ihnen will ich ja leben, und sie sollen auch die Vollmacht bekommen.« Die Sache mit der Vollmacht wurde schließlich geregelt – sie wurde einem *uakil** übertragen. Jeden Donnerstag sind wir mit ihm zu den Versteigerungen gegangen, wo die Häuser zum Verkauf angeboten wurden. Damals gab es keine Immobilienmakler. Man ging einfach zu einem Platz in der Nähe der großen Moschee, und dort wurden dauernd die Angebote ausgerufen – soviel für dieses Haus, es steht in dieser Straße ... Wenn der Markt vorbei war, haben wir uns das eine oder andere Haus angesehen, und wenn wir nichts fanden, was uns gefiel, waren wir in der nächsten Woche wieder auf dem Häusermarkt. Die Leute fingen dann an zu reden – sie sagten: der *uakil* wird euch das ganze Geld abnehmen. Schließlich ist meine Mutter zu ihm gegangen. Als sie eintrat, sagte er zur Begrüßung: »Du bist also bereit, Frau aus Moulay Ali Scherif –«, und sie antwortete: »Ja, hier bin ich!« – »Gut«, sagte er, »ich werde dir das Haus verschaffen, das deinen Wünschen entspricht – und zwar noch heute!« Wir gingen dann zusammen zu einem Haus, und er ließ meine Mutter anklopfen. Es wurde geöffnet, und er bat die Leute, meine Mutter in ihr künftiges Heim eintreten zu lassen. Der Eigentümer hatte gerade alles neu streichen lassen, weil dort eine Hochzeit stattfinden sollte. Als wir wieder draußen waren, wandte sich der *uakil* an meine Mutter: »Nun, Frau aus Moulay Ali Scherif, gefällt dir das Haus?« Sie bat ihn, die Entscheidung zu treffen: »Ich bin nicht von hier, und ich weiß nicht, was man hier kauft und verkauft. Wenn du einen guten Platz für mich findest, werde ich dort zufrieden sein.« – »Es wird euch hier gut gefallen, dir und deinen Kindern«, sagte er. »Und in diesem Viertel wohnen nur anständige Leute. Da bist du gut aufgehoben.« Wir haben das Haus gekauft und seitdem mußten wir keine Miete mehr zahlen. Wir lebten von dem, was wir jeden Tag verdienten. Und dann hat meine Mutter auch noch einen Mann für meine Schwester gefunden – die zog aufs Land.

* eine Art ›Treuhänder‹

Welche deiner Schwestern?
Kheira. Sie hat einen Vetter aus Beni Hsen geheiratet – aber sie fand das Leben auf dem Dorf unerträglich. Meine Mutter sagte: »Wenn du dort nicht bleiben willst, kannst du ja einfach wieder zu uns in die Stadt ziehen«, und sie hat dann auch für die Scheidung gesorgt. Wir lebten eine ganze Weile zusammen – bis ich noch einmal geheiratet habe.
Hat deine Schwester auch gearbeitet?
Ja, als Zugehfrau – wir haben eben alle immer im Haushalt gearbeitet.

In der Fabrik

Wie bist du zu deiner Arbeit in der Fabrik gekommen?
Ein vornehmer Mann, ein Scherif, hat uns besucht – am Tag nach dem *mulud**. Wir haben uns so unterhalten ... Meine beiden Töchter, Latifa und Habiba, arbeiteten damals schon in der Fabrik.
Wie alt waren sie, als sie anfingen zu arbeiten?
Mit sechs oder sieben Jahren sind sie zur *m'allma* Fatna gegangen – dort wurde für die Arbeit nichts bezahlt. Aber ich fand es wichtig, daß sie etwas lernen. Für Essen und Kleidung mußte ich aufkommen. Zusammen mit einer anderen Frau habe ich damals Grieß für den *kuskus* gemacht. Der Chef brachte einen Zentner Mehl, und dann haben wir die ganze Nacht gearbeitet.
Bei dir zu Hause?
Nein, in seinem Haus. Das Grießmehl mußte im Dampfbad gegart werden und dann getrocknet ... Am nächsten Morgen hat unser Auftraggeber dann den *kuskus*-Grieß an die Händler in der Stadt verkauft. Ich habe diese Arbeit gemacht, damit ich meinen Kindern bessere Kleider kaufen konnte. Für alles andere hat mein Mann gesorgt.
Du hast also doch wieder gearbeitet, als dein Mann noch lebte?
Als ich die Sache mit dem *kuskus* anfing, hat er gesagt: »Na ja, du arbeitest ja im Haus und nicht unter fremden Leuten – das mag gehen ...« Wir waren dann zu viert: zwei Frauen haben den

* Geburtstag des Propheten (Anm. d. Ü.).

Grieß gemacht, und zwei haben sich um das Dampfkochen gekümmert. Das ging so weiter, bis der Scherif zu Besuch kam – wie gesagt, es war am Tag nach dem *mulud*, und während der Unterhaltung fragte er mich nach meiner Arbeit. Ich sagte, daß ich immer noch als Zugehfrau in verschiedenen Haushalten arbeitete – etwas Besseres hätte ich nicht gefunden. Und daraufhin wollte er wissen, ob ich vielleicht Interesse an einer Arbeit in der Fabrik hätte. Ich sagte ja, und er versprach, sich umzuhören. Nach drei Tagen kam er wieder, und er hatte eine Arbeit für mich gefunden. Ich ging also in diese Fabrik und wurde zu einem Franzosen und einem marokkanischen Betriebsleiter geführt. Der Marokkaner sagte: »Das ist die Frau, von der ich gesprochen habe.« Und der Franzose ließ mir dann sagen, daß ich am nächsten Tag anfangen könnte. Morgens um acht habe ich mich beim *cabran** gemeldet, und der hat mir eine Arbeit in den Becken zugeteilt: »Du mußt nur schauen, was die anderen Frauen machen, dann lernst du es schon.« Ich bekam eine Schürze und fing mit der Arbeit an. Dort, in den Becken, bin ich dann erst mal geblieben – bis es eines Tages hieß, ich sollte auch an den Maschinen arbeiten. Das habe ich dann auch gelernt.
Wie lange arbeitest du jetzt schon in dieser Fabrik?
Ungefähr seit sechs Jahren.
Und bist du zufrieden mit der Arbeit?
Ja.

Solidarität, Gewerkschaft, Lohn

Was gefällt dir an der Arbeit in der Fabrik?
Wir Frauen sind unter uns, und es gibt immer etwas zu lachen!
Sind dort nur Frauen beschäftigt?
Es gibt zwei Abteilungen – in der einen arbeiten nur Frauen, in der anderen die Männer.
Helfen dir die anderen Frauen, wenn es dir mal nicht so gut geht?
Wenn ich krank oder sehr müde bin, dann kann ich mich im Wollager verstecken – das merkt der Vorarbeiter gar nicht.
Du kannst dich einfach verstecken?

* Der Vorarbeiter.

Ja, wenn eine Frau krank ist, übernehmen die anderen ihre Arbeit und sie darf sich in die Wolle legen – so, daß nur ihr Kopf herausschaut. Der *cabran* nimmt es auch nicht so genau.
Hilft er euch auch manchmal?
Ja, er will doch keinen Ärger haben. Wenn er mal weggehen möchte, sagt er: »Seht zu, daß die Arbeit läuft. Wir verstehen uns doch – der Chef braucht ja nichts zu erfahren.« Wenn also eine von uns krank wird, übernimmt eine andere ihre Arbeit. Und wenn eine Frau sehr krank ist, bringt sie der Betriebsleiter zum Arzt.
Gibt es einen Werksarzt?
Nein, wir gehen zu Benschekrun, in der Stadt – aber die Firma bezahlt das. Nur die Medikamente müssen wir selber kaufen.
Und wieviel Tage Urlaub gibt es?
15 Tage stehen uns zu, die haben wir schon verbraucht – aber zum Hammelfest wird es ein paar Tage frei geben.
Wie sind die Arbeitszeiten?
Ich arbeite von acht bis zwölf und dann noch mal von zwei bis sechs. Der Stundenlohn beträgt 1,40 DH*.
Und wenn du in der Nachtschicht arbeitest?
Dann geht es von abends um sechs bis morgens um vier – von zehn bis elf haben wir Pause. Na ja, und wenn der Nachtwächter ein Auge zudrückt, dann hören wir schon mal früher auf und schlafen noch ein bißchen in der Fabrik – in der Wolle, wie die Schafe!
Kommst du mit den anderen Arbeiterinnen gut aus?
Ja, wir verstehen uns sehr gut.
Gibt es nie Streit?
Klar, wir streiten uns manchmal, werfen uns Schimpfworte an den Kopf – aber dann mischen sich die anderen ein und versuchen, den Streit zu schlichten.
Wie viele Stunden arbeitest du in der Woche?
28 Stunden.
Wirst du wöchentlich bezahlt oder vierzehntäglich?
Der Lohn wird alle vierzehn Tage ausbezahlt.
Und wenn eine Frau krank wird? Oder schwanger?
Dann nimmt sie Urlaub.
Wie lange?

* Nach damaligem Kurs etwa DM 0,84.

Das kommt darauf an, welche Arbeit sie macht.
Gibt es Zulagen für die Frauen, die Kinder haben?
Nein, das gibt es nicht. Meine Tochter zum Beispiel – sie hat Kinder, aber sie bekommt deswegen nicht mehr Geld.
Und was ist mit der Altersversorgung?
Ich glaube, so etwas gibt es gar nicht. Wenn man aufhört, zu arbeiten, bekommt man eine Abfindung von 1000 Dirham.*
Habt ihr denn nie um eure Rechte gekämpft?
Doch, wir haben Forderungen gestellt – es gab Auseinandersetzungen in der Fabrik, und manche Arbeiter haben sich sogar mit Knüppeln bewaffnet. Aber es war alles umsonst.
Und die Gewerkschaft?
Ich weiß da nicht so genau Bescheid ... Ich war nie in der Gewerkschaft.
Wieso nicht?
Ich war ja neu in der Fabrik und unerfahren – ich wußte nicht, was man zu tun hatte; insgesamt waren es zehn Frauen, denen es so ging wie mir.
Und weshalb habt ihr euch nicht zusammengetan?
Weil wir einfach nicht wußten, wohin das führen soll ...
Was waren das denn für Leute, die Gewerkschaftsmitglieder ...?
Männer und Frauen – eben die Leute aus Zemmour.
Die Leute aus Zemmour?
Ja, in der Fabrik arbeiteten nur Leute aus dem Ort, aus Zemmour. Sie waren schuld an dem ganzen Ärger, weil sie den *cabran* verleumdet haben – sie haben behauptet, er hätte einen Teppich gestohlen. Es gab dann schlimme Prügeleien: manche haben sich davongemacht, aber die übrigen sind wie wild aufeinander losgegangen – so, daß die Polizei eingreifen mußte.
Gab es Entlassungen?
Ja, und fünf Leute sind sogar zu Gefängnisstrafen verurteilt worden – bis zu anderthalb Jahren!
Männer oder Frauen?
Nur Männer. Aber fünf Frauen bekamen ein Arbeitsverbot von einem Monat.

* Nach damaligem Kurs etwa DM 600,–.

Fanden die Gewerkschaftsversammlungen in der Fabrik statt oder außerhalb?
In der Fabrik konnten sie sich nicht versammeln – sie wollten sich nicht mit der Geschäftsleitung anlegen. Der Chef hat gesagt: »Wenn ihr gleich zu mir gekommen wärt, dann hätte ich euch geholfen, eure Forderungen durchzusetzen. Aber ihr wolltet ja mit dem Kopf durch die Wand – jetzt müßt ihr mit den staatlichen Behörden verhandeln. Ich werde mich an das halten, was dort beschlossen wird.« Danach gab es im Betrieb keine Gewerkschaft mehr, nichts mehr ...
Wann war das?
Vor vier Jahren.
Und wie ging es am ›Tag der Arbeit‹ zu?
Wir haben die Bilder des Königs mit Fahnen geschmückt; es gab Tee und Kuchen, alle waren fröhlich und guter Dinge. Den ganzen Tag lang wurden die Tambourins geschlagen und die *schiuch** sind aufgetreten – alle hatten ihren Spaß.
Seid ihr nicht zur Parade gegangen?
Doch, einmal hat unser Chef einen Bus gemietet und uns nach Touarga** gebracht – um uns dem König vorzuführen. Wir haben gesungen und getanzt ...
Gibt es eigentlich bei der Arbeit Vorrechte der älteren Arbeiterinnen gegenüber den neu eingestellten?
Nein, wir machen alle die gleiche Arbeit. Aber es ist schon so, daß die jungen Frauen viel weniger bei der Sache sind, sie scherzen und lachen – und wir älteren machen die Arbeit ...
Und, was meinst du: sollten die Frauen arbeiten gehen?
Also, ich glaube, das hat keinen Zweck – die Frauen sollten lieber im Haushalt arbeiten, wenn es geht ... Die jungen Mädchen in der Fabrik ... Wenn sie dort wenigstens eine gute Arbeit hätten ... Aber die Fabrikarbeit – das ist nichts für sie.
Außerdem werden die Mädchen immer von irgendwelchen Strolchen belästigt.

* Plural von *schech* – in diesem Zusammenhang eine Bezeichnung für eine Musikertruppe ...

** Ein Viertel in Rabat, in der Nähe des Königspalastes, in dem einst die sogenannte ›Schwarze Garde‹ lebte.

Und wenn ihr nachts arbeiten müßt, laßt ihr euch dann zur Fabrik begleiten?
Also ich gehe immer schon sehr früh los – so um fünf Uhr nachmittags ... Auf dem Weg zur Fabrik hole ich dann eine andere Frau ab ... Wenn wir dort ankommen, ist es immer noch sehr heiß. Wir warten dann vor dem Fabriktor bis um sechs ...
Und in der Nacht? Geht ihr nachts nach Hause?
Nein, in der Nacht sind wir nicht unterwegs.
Vor Tagesanbruch geht also niemand nach Hause?
Wenn wir mit der Arbeit fertig sind, legen wir uns schlafen – bis fünf Uhr früh. Es ist dann schon hell, wenn wir nach Hause gehen.

Die erste Forderung ...

Ich habe gehört, daß du krank bist ... Daß deine Füße nicht in Ordnung sind?
Als ich noch nicht in der Fabrik gearbeitet habe, gab es keine Probleme. Aber jetzt sind meine Füße angegriffen – durch das heiße Wasser, durch Soda und Seife ... Ich stehe ständig in dieser heißen Brühe, mit den Füßen in einem Brei aus Seife und Soda.
Gibt es keine Mittel dagegen, Salben oder Medikamente?
Wir bekamen nur ›Mercurochrome‹* – meine Füße waren immer knallrot! Irgendwann sind wir dann zum Chef gegangen, um uns zu beschweren: »So geht es nicht weiter, bitte sehr! Wir stehen ständig mit den Füßen in dieser Brühe und haben alle schon Beschwerden. So können wir nicht weiterarbeiten, wir brauchen Stiefel!« Daraufhin hat die Betriebsleitung erst einmal unsere Schuhgrößen festgestellt. Die einen hatten Größe 40, die anderen 41 und als ich an der Reihe war, sagte ich: »Ich habe große Füße – Schuhgröße 35!« Der Chef fing an zu lachen: »Wo sollen wir denn Stiefel in Größe 35 herbekommen?« – »Eigentlich habe ich ja auch nur Größe 34«, sagte ich. Er lachte noch mehr, und ich sagte: »Das ist Ihre Sache!« Gestern morgen haben wir endlich die Stiefel bekommen. Ich weiß gar nicht, wie wir das ausgehalten haben, immer mit bloßen Füßen

* Ein Desinfektionsmittel zur Wundbehandlung (Anm. d. Ü.).

in dieser Brühe. Na, seit gestern haben wir jedenfalls Gummistiefel. Du solltest uns mal sehen – wie richtige *sarrah** sehen wir aus!

Daouyas Töchter

Sag mal, warum durften eigentlich deine Töchter nicht zur Schule gehen?
Ach, meine Töchter – das ist eine lange Geschichte! Also Zineb, die Älteste, sollte schon in die Schule gehen. Als ich sie adoptieren ließ, war die Bedingung, daß sie zur Schule gehen durfte. Die vornehme Dame, zu der sie kam, hat zu mir gesagt: »Du hast zwei Töchter – die eine soll bei mir leben, damit du keine Schwierigkeiten bekommst.« Ich hatte aber die schlimmsten Befürchtungen, und schließlich hatte ich ja schon drei Töchter verloren. Andererseits handelte es sich um eine wirklich vornehme Familie – alawitische Scherifen, die angeblich vom Propheten Mohammed abstammten. Die Dame sagte: »Ich werde für ihre Erziehung sorgen und sie in die Schule schicken.« Anfangs ging Zineb immer zur Schule, aber später war der Ehemann dieser Frau häufig auf Reisen, und ich bekam Angst, daß Zineb gar nicht mehr lernte. Die Frau wollte mich beruhigen, aber ich habe zu Zineb gesagt: »Komm' mit mir, meine Tochter. Es ist nicht der Wille deines Vaters, daß du bei fremden Leuten lebst.« Aber sie wollte bei der Frau bleiben, die sie großgezogen hatte – »Sie ist meine Mutter«, hat sie gesagt. Also blieb sie dort und ging gar nicht mehr in die Schule, sie hat nur noch im Haushalt gearbeitet. So war das mit Zineb.
Latifa dagegen habe ich in die Schule geschickt, als sie gerade sechs Jahre war. Damals habe ich bei Lalla Fatima im Haushalt gearbeitet, in einer vornehmen Familie von Salé. Eines Tages hat Lalla Fatima mir vorgeschlagen, Latifa zu sich zu nehmen und sich um ihre Schulbildung zu kümmern. Mir war es recht, und sie hat Latifa in ihre Schule aufgenommen – sie war nämlich Schulleiterin. Während ich im Haushalt gearbeitet habe, ist Fatima mit ihr in die Schule gefahren, und sie sind auch zusammen wieder nach Hause gekommen.

* Schäfer.

Und wo war deine Arbeitsstelle?
Bei ihr im Haus. Sie war sehr gut zu mir. Zwei Jahre lang ist Latifa in die Schule gegangen. Ich bin krank geworden und konnte zwei Monate nicht zur Arbeit kommen, aber Lalla Fatima hat gesagt: »Behalte nur den Hausschlüssel, wenn es dir besser geht, kommst du wieder.« In dieser Zeit hat sie den Haushalt selbst besorgt und Latifa zur Schule gebracht. Eines Tages machte der Mann ihrer Nichte den Vorschlag, Latifa zu sich zu nehmen und in Rabat zur Schule zu schicken, wo er wohnte. Mir war es recht: »Du bist ein gebildeter Mann, du kannst ihr helfen, in der Schule voranzukommen. Sie soll ruhig nach Rabat ziehen.« Aber dann hat er sich von seiner Frau getrennt, und daraufhin habe ich meine Tochter wieder zu mir genommen. Als sie zurückkam, wollte sie nicht mehr in die Schule gehen.
Warum?
Das Lernen fiel ihr schwer, sie war nicht gut in der Schule, und ihre Cousinen machten sich lustig über sie. Also wollte sie von der Schule nichts mehr wissen. Ich habe ihr dann eine Arbeit gesucht – so war das bei ihr, sie hat die Schulausbildung abgebrochen. Und Malika, die Jüngste, die habe ich gar nicht erst in die Schule geschickt.
Sie ist überhaupt nicht in die Schule gegangen? Aber warum?
Sie hatte nicht das Glück . . . Ich dachte, die Schule ist nicht so wichtig, das hilft ihr auch nicht, eine Arbeit zu finden. Ich sagte mir, es ist besser, wenn sie einen praktischen Beruf lernt. Es gibt nichts Besseres als eine *sanaa*, eine Frau, die ihr Handwerk versteht.
Wie denkst du heute darüber?
Ich habe meine Meinung geändert – heute bin ich nicht mehr so naiv, ich weiß, wie wichtig die Schulbildung ist . . .
Auch für die Mädchen?
Aber ja, wenn ein Mädchen einen Schulabschluß hat, kann sie doch ganz anders auftreten – ein praktischer Beruf ist natürlich auch gut, aber die Schulbildung bietet doch mehr Möglichkeiten.

Zukunftsperspektiven

Willst du weiter arbeiten gehen?
Was soll ich sonst machen? Ich muß mir das tägliche Brot ja selbst verdienen – ich habe keinen Mann oder Sohn, der mich versorgt. Ich

kann mich nur auf Gott verlassen – und das heißt, daß ich zur Lohnarbeit verdammt bin.
Könntest du nicht Rente beziehen?
Ich glaube nicht – dazu bin ich noch nicht lange genug in der Fabrik. Es sind ja kaum sechs Jahre ... Vielleicht, wenn ich früher angefangen hätte, wenn ich jetzt zehn oder zwanzig Jahre beschäftigt wäre ... Aber für die sechs Jahre – was werden sie mir da schon zahlen?
Gibt es denn in der Fabrik Arbeiterinnen, die schon seit zwanzig Jahren dort arbeiten?
Ja, einige sind schon so lange da.
Und werden sie eine Betriebsrente bekommen?
Nein, es geht ihnen auch nicht anders als uns – als sie eingestellt wurden, gab es 3,50 frs am Tag ...
Werdet ihr unterschiedlich bezahlt?
Nein, wir bekommen alle den gleichen Lohn – nur die Frauen, die in den Becken arbeiten, kriegen etwas mehr.
Und wie kommt ihr zur Arbeit? Gibt es einen Fahrdienst?
Ja, für die Frauen, die weiter weg wohnen – sie werden mit Lastwagen zur Fabrik gefahren und auch wieder nach Hause gebracht. Es gibt drei oder vier Wagen, die nach Chellah und Bettana* fahren. Manche Frauen kommen auch aus Beni Moussa, in der Nähe von Salé.
Was ist eigentlich aus deinen Schwestern geworden?
Die eine hat Kinder und muß eine Menge hungriger Schnäbel stopfen – sie arbeitet als Köchin bei Festveranstaltungen. Sie kocht sehr gut und ist nur in den besten Häusern beschäftigt.
Was meinst du – was sollte der Staat für all die Frauen tun, die Kinder haben und arbeiten gehen müssen? Was wäre das Wichtigste?
Wir brauchen Unterstützung, Lebensmittel ... Die armen Leute brauchen Kleider, Mehl, Öl, Zucker und Seife. Das ist das Wichtigste für die Armen ...
Wohnt deine Schwester bei dir?
Nein, sie hat ein eigenes Haus.
Ein gemietetes Haus?

* Barackensiedlungen bei Rabat, bzw. bei Salé.

Ja, es hat sechs oder sieben Zimmer – sie wohnt schon sehr lange dort . . .
Fährst du manchmal aufs Land, in die Gegend, aus der du stammst?
Ich bin bisher nur einmal hingefahren.
Nur einmal?
Ja, nur einmal. Damals lebten meine Eltern noch. Für die Söhne haben sie das Letzte hergegeben, aber die Töchter zählten nicht.
Wie kam das?
Meine Mutter hat immer gesagt: »Ihr Mädchen werdet sowieso nicht die Landwirtschaft übernehmen – deswegen müssen wir die Grundstücke eurem Bruder überlassen. Dafür bekommt ihr das Haus.« Ich sagte: »Das kannst du nicht machen!« – aber sie hat nicht auf mich gehört.
Und dann?
Na ja, wir mußten zustimmen. Der ganze Grundbesitz ging an unseren Bruder, und wir bekamen das Haus. Meine Mutter wohnte dann dort mit uns zusammen – ein bißchen wie ›Johas Nagel‹*. Irgendwie hatte sie uns hereingelegt – sie war am Grundbesitz beteiligt und auch am Hausbesitz.
Und wo lebt sie jetzt?
Bei mir.
Geht sie arbeiten?
Nein, sie ist zu alt . . . Sie bekommt gerade ein Gebiß gemacht . . . Aber sie hat noch alles im Griff – die ganze Familie richtet sich nach ihren Beschlüssen.

* Eine populäre Geschichte vom schlauen Joha, der sein ganzes Haus verkauft – bis auf einen einzigen Nagel in der Wand, den er dann zu den unmöglichsten Zeiten in Anspruch nimmt.

Latifa und Malika

Daouyas Töchter sind in Salé geboren, Latifa 1952 und Malika 1956. Zum Zeitpunkt des Interviews (1977) arbeiten sie in einer Teppichkooperative und sind beide noch unverheiratet.

Von einer *m'allma* zur anderen

Sprechen wir von der Zeit, als ihr beide zur *m'allma* gegangen seid . . .

Als ich zum ersten Mal ins Haus der *m'allma* ging, war ich elf Jahre alt, meine Schwester Malika ging mit neun zu ihr.

Was habt ihr vorher gemacht?

Ich bin in die *m'sid* gegangen und meine Schwester in die Schule . . . Ich war keine gute Schülerin, deshalb hat meine Mutter mich bei der *m'allma* in die Lehre gegeben.*

Was solltest du dort lernen?

Teppiche machen. Es hat mindestens sieben Jahre gedauert – wir sind praktisch dort aufgewachsen.

Hat sie euch für eure Arbeit bezahlt, oder hat die Ausbildung etwas gekostet?

Vier Jahre lang bekamen wir nichts, danach hat sie gezahlt. Die ersten vier Jahre waren für die Ausbildung – aber in Wahrheit hatten wir sehr schnell alles gelernt. Allzuviel Zeit wurde nicht auf die Ausbildung verwendet, die *m'allma* wollte uns nur ausnutzen. Später bekamen wir von ihr 35 Dirham** für zwei Wochen Arbeit.

35 Dirham für jede von euch oder für beide zusammen?

Der Wochenlohn für uns beide zusammen war 17,50 Dirham . . . Das Geld habe ich meinem Vater abgeliefert. Damals war das Leben nicht so teuer wie heute, es ging uns viel besser. Manchmal baten wir ihn, von dem Geld etwas für uns zu kaufen, Kleider und andere Sachen. Meine Mutter bekam von ihm Geld für uns und ging sparsam damit um. Was wir brauchten, bekamen wir – zum Beispiel das Geld, um ins Dampfbad zu gehen oder am *mulud*- oder

* *m'sid* ist die Koranschule, ›Schule‹ steht für das moderne weltliche Bildungswesen, bei der *m'allma* (der Handarbeitslehrerin) findet die praktische Unterweisung in handwerklichen Fertigkeiten statt.

** Nach damaligem Kurs etwa DM 21,–.

aaschura-Fest* ein Tamburin zu kaufen. An den Festtagen sind wir mit ihr in ein Kleidergeschäft gegangen, und wir durften uns etwas aussuchen, ein Kleid, einen Kaftan . . . Damals waren besonders Faltenröcke modern.

*(Malika flüstert ihrer Schwester zu, sie solle doch von dem ›Streit mit der Hadscha‹** erzählen.)*

Weshalb hattet ihr denn Streit mit ihr?

Weißt du, nach und nach haben wir gemerkt, was gespielt wurde . . . Eine Frau hat uns irgendwann gefragt, wieviel wir verdienen, und erzählt, was ihre Tochter bei der *m'allma* bekommt – das war deutlich mehr. Wir haben trotzdem weiter dort gearbeitet; aber eines Tages machte die *m'allma* meiner Schwester irgendwelche Vorwürfe und fing dann an, sie zu schlagen und zu beschimpfen! Meine Schwester hat sich das nicht gefallen lassen und zurückgebrüllt.

Was sagte die *m'allma*?

Sie sagte zu Malika: »Denk' nur nicht, daß du mir mit deinem Vater Eindruck machen kannst!« Mich haben die Beleidigungen schlimmer getroffen als die Schläge. Ich bin sofort aufgestanden, habe meinen Mantel genommen und wollte gehen. Es regnete. Die *m'allma* mußte natürlich hinter mir her, aber die anderen Lehrmädchen haben uns dann zurückgehalten. Da es fast Mittag war, sind wir aus Höflichkeit geblieben. Um eins gingen wir nach Hause, wie üblich – und wir ließen uns nicht anmerken, daß wir noch wütend waren. Aber sobald ich zu Hause war, bin ich in Tränen ausgebrochen. Mein Vater wollte wissen, warum ich weine, und daraufhin habe ich alles erzählt. Er rief: »Diese Frau weiß nicht, wo die Grenze ist! Sie denkt, wenn ich euch zu ihr schicke, kann sie sich alles herausnehmen. Ab jetzt werdet ihr nicht mehr hingehen!« Am Nachmittag kam die *r'dia**** der *m'allma* vorbei: »Die Mädchen sollen wiederkommen!« Aber mein Vater war damit nicht zufrieden: »Ich kann doch nicht meine Töchter zu ihr schicken, damit sie von ihr beschimpft werden. Sie arbeiten bei ihr – und ich soll mich auch noch beleidigen lassen!«

* *mulud* – Geburtstag des Propheten; *aaschura* – Feiern zum Gedenken an die Ermordung Husseins (680, in Karbala), eines Enkels des Propheten, aus der Verbindung seiner Tochter Fatima mit Ali, dem 4. Kalifen (Anm. d. Ü.).

** Eine Frau, die nach Mekka gepilgert ist.

*** Die ›Milchschwester‹ – also eine enge Vertraute.

Worin bestanden denn die Beleidigungen?
Unser Vater sei ja schließlich nicht Teilhaber ihres Geschäfts – das sollte heißen, daß er in ihren Augen ein Habenichts war ... Also er ist ganz hart geblieben: »Meine Töchter gehen dort nicht mehr hin!« Die Frau, die zu uns gekommen war, sollte eigentlich nicht sagen, daß die *m'allma* sie geschickt hatte. Sie hat sich aber verraten, weil sie irgendwann zu meinem Vater sagte: »Wenn deine Töchter wieder hingehen, dürfen sie aber nicht herumerzählen, daß mich die *m'allma* ihretwegen hergeschickt hat!« Für meinen Vater war die Sache damit erledigt: »Also wenn sie nicht mal zugeben kann, daß sie die Mädchen nicht verlieren will – dann ist nichts zu machen, tut mir leid. Es gibt ja auch andere Fabriken und Arbeitsmöglichkeiten.« Wir sind vier Wochen lang zu Hause geblieben. Und eines Tages habe ich die *m'allma* dann auf der Straße getroffen – ich sagte ›Guten Tag‹, und sie erinnerte mich daran, daß wir noch unseren Lohn abholen müßten. Na ja, wir haben dann wieder bei ihr gearbeitet, und seitdem gab es 45 Dirham für zwei Wochen.
45 statt 35?
Ganz am Anfang bekamen wir nur 1 Dirham, später 15 und schließlich, nach dieser Auseinandersetzung, waren es dann 45 Dirham. Zu dieser Zeit hatten wir aber auch schon ausgelernt. Als ich sie auf der Straße traf, sagte sie: »Ihr könnt euren Lohn bei mir abholen. Aber ich habe eure Plätze nicht neu besetzt. Sucht euch keine neue Arbeit. Wenn ihr wollt, könnt ihr alle beide morgen früh wieder anfangen.« Mir war es recht, aber ich mußte erst meinen Vater fragen. Der hat sich furchtbar aufgeregt: »Ich will mein Weib nicht mehr kennen, wenn ihr einen Fuß über die Schwelle dieses Hauses setzt!« Meine Mutter versuchte, ihm klarzumachen, daß die Arbeit bei der *m'allma* doch besser sei als die Fabrik – sie war dafür, daß wir dort wieder anfingen. Aber mein Vater hat sich sehr dagegen gesperrt.
Ihr hattet nicht weit zu laufen, bis zum Haus der *m'allma*?
Ja, es war ganz in der Nähe. Die Arbeit fing um acht Uhr morgens an, mittags, so um halb eins, sind wir zum Essen nach Hause gegangen, und am Nachmittag ging es weiter ...
Bis wann?
Bis wir mit der Arbeit fertig waren – das konnte um zwei oder drei Uhr sein, oder erst um sieben oder acht ... Wir sind gegangen, wenn wir unsere Arbeit erledigt hatten.

Das heißt, ihr mußtet einen bestimmten Auftrag fertigstellen?
Ja, jede von uns bekam eine Tagesarbeit zugeteilt, und wer nicht fertig wurde, mußte eben länger bleiben – manchmal bis in die Nacht hinein. Wenn du es zum Beispiel am Donnerstag nicht geschafft hast, bist du eben am Freitag morgen wieder hingegangen, obwohl eigentlich freitags nicht gearbeitet wird. Als ich meinem Vater von meiner Begegnung mit der *m'allma* erzählte, sagte er nur: »Deine Tante wohnt doch in der Nähe – ihr kann die *m'allma* ja geben, was euch noch zusteht. Aber sie könnte es eigentlich auch direkt an euch schicken – schließlich weiß sie ja, wo wir wohnen. Erkundigt euch doch mal bei euren Cousinen, die arbeiten doch in einer Fabrik – vielleicht gibt es dort Arbeit für euch.« Die ›Fabrik‹ war aber in Wahrheit nur ein Haus, in dem es drei Webstühle gab.

In der Teppichfabrik

Wie viele Frauen arbeiteten an einem Webstuhl?
Das hing von der Größe der jeweiligen *m'ramma** ab – wir arbeiteten zu viert, aber auch zu sechst oder zu siebt ... Es gab eben große und kleine Webstühle.
Wir haben schließlich doch bei unseren Cousinen um Arbeit nachgefragt, und sie konnten den Chef ihrer Firma überreden: obwohl eigentlich keine Stelle frei war, durften wir dort arbeiten. Wir teilten uns die Arbeit an einem bestimmten Teppich mit unseren Cousinen. Sie hatten zu viert daran gearbeitet – nun waren wir sechs. Der Webstuhl war eigentlich für vier Arbeiterinnen gedacht, aber wir haben uns eben mit den Cousinen abgesprochen, um überhaupt erst mal dort arbeiten zu können.
Und wie war die Bezahlung?
Wir haben uns auch den Lohn geteilt.
Waren die Cousinen in eurem Alter? Wart ihr schon befreundet?
Ja, wir waren gleichaltrig, aber erst bei der Arbeit haben wir Freundschaft geschlossen. Natürlich kannten wir uns auch vorher – aber das war keine Freundschaft, wir haben nie etwas gemeinsam unternommen. Seit wir zusammen arbeiteten, waren wir unzer-

* *m'ramma* – Gruppe von Weberinnen; Webstuhl.

trennlich. Wir haben uns abwechselnd zu Hause abgeholt, wenn wir zur Arbeit mußten, und wir haben ja auch den Lohn unter uns aufgeteilt ...

Wieviel habt ihr denn verdient?

Jede von uns bekam 30 bis 35 Dirham in der Woche – das war natürlich besser als 45 Dirham für zwei Wochen ...

Na, mindestens doppelt soviel!

Mehr als das Doppelte: zweimal 30 sind 60 – und bei 35 wären es 70. Der Verdienst war abhängig davon, welche Arbeit man zugeteilt bekam. Wir haben in dieser Firma gearbeitet, bis der Eigentümer den Betrieb nach Takkadoum verlegen mußte. Er hat uns angeboten, dort weiter zu arbeiten. Aber wir brauchten die Zustimmung der Eltern. Mein Vater fand, das sei zu weit weg. Dabei hatte der Chef einen Wagen und hätte uns zur Arbeit gefahren.

Na schön, er hatte einen Wagen – aber wie viele Arbeiterinnen aus Salé hätte er denn mitnehmen müssen?

Wir waren nur vier: meine Schwester und ich und die beiden Cousinen. Die übrigen Arbeiterinnen haben es vorgezogen, sich in der Stadt eine neue Anstellung zu suchen. Wir kamen mit dem Chef gut aus – deshalb wollte er ja, daß wir weiter für ihn arbeiten. Aber mein Vater war dagegen. Der Chef hat schließlich sogar mit meinem Vater gesprochen: »Ich möchte, daß Latifa oder Malika bei mir im Haushalt arbeitet.« Damit war Vater einverstanden, aber ich habe es dort nur eine Woche ausgehalten.

(an Malika) Was hat dir denn nicht gefallen?

Ich wollte nicht bei diesen Leuten bleiben.

Waren sie nicht nett zu dir?

Doch, aber ich war so weit weg von zu Hause – das konnte ich nicht ertragen.

Was hast du gemacht? Geweint? Hast du gesagt, daß du nach Hause willst?

Nein, geweint habe ich nicht, aber sie haben schon gemerkt, daß es mir schlechtging und daß ich heim wollte.

Und dann bist du nach Hause zurückgefahren?

Ja, der Hausherr hat mich irgendwann gefragt, ob ich zurück will – ich sagte ›ja‹ und dann bekam ich meinen Wochenlohn und konnte gehen.

(Latifa erzählt weiter.)

Als sie zurückkam, waren meine Cousinen und ich gerade dabei, uns nach einer neuen Arbeitsstelle umzusehen. Wir sind dann zu einer Werkstatt gegangen – wir klopften, und die *m'allma* machte auf. Als wir gesagt hatten, daß wir Arbeit suchen, wollte sie wissen, wo wir vorher beschäftigt waren, und als wir den Namen unseres früheren Chefs nannten, stellte sich heraus, daß sie ihn kannte. Sie zeigte uns dann ihren Betrieb und am folgenden Samstag fingen wir dort an. Es war ein altes Wohnhaus – sie hatte es zur Weberei umbauen lassen. Am Anfang durften wir nicht zusammen arbeiten.

Weshalb?

Es war gerade kein Webstuhl für uns frei, deshalb mußte sie uns an verschiedenen Webstühlen beschäftigen, zusammen mit anderen Mädchen. Aber meine Cousine und ich haben uns geweigert. Wir sagten, unser früherer Chef hätte uns immer einen eigenen Webstuhl zugeteilt, und deshalb könnten wir nur zusammen arbeiten. Na ja, wir waren dann doch bereit, eine Zeitlang mit anderen Mädchen zu arbeiten. Die *m'allma* merkte bald, daß wir gute Arbeit machten. Und so bekamen wir schließlich doch einen eigenen Webstuhl. Sie sagte: »Der Webstuhl ist aber nur für drei – eine von euch muß mit den anderen Mädchen arbeiten.« Meine Schwester Malika hat das übernommen. Aber die anderen waren ganz nett.

Wie war die Bezahlung?

Drei Dirham pro *tarha**.

Und wieviel *tarha* in der Woche habt ihr gemacht?

Das kam darauf an, wie lange sie uns arbeiten ließ.

Na, wieviel war denn ungefähr in einer Woche zu verdienen?

Vielleicht dreißig Dirham, wenn ich zehn *tarha* in der Woche geschafft habe.

Habt ihr das Mittagessen am Arbeitsplatz eingenommen?

Ja, wir sind nicht nach Hause gegangen, sondern haben uns das Essen bringen lassen – ein kleines Mädchen hat das besorgt; wenn sie nicht da war, mußten wir uns selber darum kümmern.

Gab es keine Pausen, konntet ihr nicht zwischendurch ausruhen?

Nein, die Arbeit ging immer weiter, aber wir konnten uns natürlich unterhalten und unseren Spaß haben – und auch mal zu den anderen Mädchen gehen.

* *tarha* – ein Flächenmaß.

Das war kein Problem?
Natürlich nur, wenn die *m'allma* gerade nicht da war – sonst durften wir uns nicht von unseren Plätzen rühren.
Aber ihr konntet miteinander reden, sie hat nicht verlangt, daß ihr den Mund haltet?
Nein – nur wenn jemand kam, um sich Teppiche anzusehen, hat sie uns gewarnt: »Gleich kommt jemand – hört auf, zu schwätzen und zu lachen!«
War die Werkstatt im Winter geheizt?
Ach was, kein bißchen!
Konntet ihr Tee machen?
Nein, Tee gab es nur, wenn eines der Mädchen, die in der Nähe wohnten, in der Essenspause nach Hause lief und Tee mitbrachte.
Bekamen dann alle Tee?
Na ja, manche Mädchen tranken ihn wirklich ganz allein ... Aber meistens gab es eine Kanne Tee und die anderen bekamen auch ein Glas – allerdings nur die Mädchen, die am selben Webstuhl arbeiteten.
Und wie ging es weiter mit der Arbeit bei dieser *m-allma*?
Es gab wieder Ärger – aber weniger mit ihr als mit ihrem Mann. Er zahlte uns den Lohn nicht pünktlich. Er ließ die Sache schleifen und wenn dann wieder zwei Wochen um waren und der Zahltag kam, war er gerade nicht da ... Wir waren aber auf das Geld angewiesen. Wir warteten auf die Bezahlung – und statt dessen mußten wir uns die Ausreden der *m'allma* anhören: ihr Mann sei noch nicht zurück, die Bank habe das Geld noch nicht ausgezahlt, wir müßten bis morgen warten ... Das alles hat uns gar nicht gefallen.

In der *raqim*-Weberei

Dann kam eines Tages jemand aus der Heimat meiner Eltern zu Besuch und erzählte meiner Mutter von einer Fabrik, die Arbeiterinnen suchte, Mädchen, die *raqim** weben konnten. Meine Mutter sagte, daß wir ja schon in einer Weberei beschäftigt seien und nicht so einfach wechseln könnten ... Der Bekannte wollte uns behilf-

* *raqim* – Gewebe mit farbigen Ornamenten.

lich sein und sagte, wir müßten bloß einen Ausweis oder eine Meldebescheinigung vorlegen, um eingestellt zu werden. Das war an einem Donnerstag, dem Tag an dem wir immer unser Geld bekamen. Der Mann der *m'allma* hat wieder erklärt, wir müßten auf den Lohn noch etwas warten – aber diesmal haben wir das nicht so hingenommen. Natürlich mußten wir uns gedulden. Aber sobald wir das Geld hatten, sind wir gegangen und haben uns in dem Betrieb Arbeit gesucht, von dem unser Bekannter erzählt hatte. Es war die Fabrik in Sidi B. – weit weg.
In Rabat oder in Salé?
In Oulja, bei Salé. Der Mann, der uns den Tip gegeben hat, ist mitgefahren. Er hat mit dem Chef gesprochen und uns empfohlen. Wir durften uns dann vorstellen und mußten unsere Papiere vorlegen. Der Chef hat uns eingestellt, und wir konnten gleich anfangen – das war an einem Dienstag; dort wurde sonntags nicht gearbeitet.
Zuvor hattet ihr freitags frei?
Ja, aber auf Wunsch konnten wir statt dessen auch am Samstag oder am Sonntag zu Hause bleiben. Wir haben jedenfalls dann in diesem anderen Betrieb gearbeitet.
Wie war es dort? Anders als in den Werkstätten, die ihr kanntet?
Ja, ganz anders. Vorher sind wir oft zum Mittagessen nach Hause gegangen. Es war ja nicht weit. Und jetzt mußten wir uns Essen mitnehmen.
Wie lange dauerte die Mittagspause?
Zwei Stunden – von zwölf bis zwei.
Gab es einen Eßraum, eine Kantine?
Nein, wir haben am Arbeitsplatz gegessen. Es gab einen Raum, wo wir uns das Essen warm machen konnten – ab elf Uhr haben wir dort Schlange gestanden. Um zwölf sind manche Arbeiterinnen zum Essen nach Hause gegangen. Wir sind in der Fabrik geblieben, weil wir ja nicht in der Nähe wohnten. Meine Cousine und ich haben uns um das Essen gekümmert, die anderen haben inzwischen den Webstuhl hochgeklappt, damit wir dort essen konnten.
Ihr habt unter dem Webstuhl gegessen?
Ja, wir saßen auf dem Boden, in der Wolle, oder auf einem Balken – direkt an unserem Webstuhl. Das Essen wurde auf eine Decke gestellt oder auf das Tuch, in das wir unser Brot eingewickelt hatten. Aber schließlich haben wir es aufgegeben, im Betrieb zu essen. Es

dauerte einfach zu lange, das Essen warm zu machen, und im Winter war es auch viel zu kalt. In so einer großen Fabrik gibt es ja keine Heizung.
Wie viele Webstühle hatte der Betrieb?
Mindestens acht ... Vom Fenster aus konnte man das Meer sehen ...
Wie ging es weiter?
Na ja, wir haben immer gefroren. Meine Schwester und ich und meine Cousine machten uns jeden Tag das Essen warm und mußten deswegen immer Schlange stehen. Manchmal kamen die Mädchen, die mittags nach Hause gingen, schon wieder zurück, bevor wir unser Mittagessen hatten.
Gab es denn nur die eine Feuerstelle?
Ja – nur einen einzigen *butagaz*-Kocher! Schließlich sind wir doch lieber zum Essen nach Hause gegangen.
Wie lange habt ihr für den Weg gebraucht?
Eine halbe Stunde hin – eine halbe Stunde zurück.
Ihr seid zu Fuß gegangen?
Ja, es gab ja keine öffentlichen Verkehrsmittel. Wir hätten höchstens ein Taxi nehmen können – das hätte damals ungefähr einen Dirham gekostet. Irgendwann hatten wir alle die Nase voll von dieser Fabrik, vor allem, weil es im Winter solche Probleme mit dem Mittagessen gab. Im Sommer war das nicht so schlimm: wir haben nicht viel gegessen – meistens Sachen, die man nicht warm machen mußte.
Wieviel habt ihr denn dort verdient?
60 Dirham pro Meter.
Und wie viele Meter habt ihr geschafft?
Einen Meter zu weben, war harte Arbeit ... An jedem Teppich haben fünf Frauen gearbeitet – jede bekam ihre 60 Dirham für den Meter. Oft haben wir es nicht geschafft, den Meter fertigzustellen – aber wir haben ihn trotzdem aufschreiben lassen. Die Abrechnung wurde ja erst gemacht, wenn der Teppich geschoren war ...
Was habt ihr mit dem Verdienst gemacht?
Na ja, damals ist mein Vater gestorben ...
Wann war das?
Als wir noch bei der zweiten *m'allma* gearbeitet haben. Abderrahman, ihr Mann, hatte eines Tages beschlossen, uns weniger Lohn zu zahlen.

Wieso das?

Er hat einfach am Zahltag erklärt: »Jetzt gibt es weniger! Ab jetzt bekommt ihr nur noch soundsoviel ...« Natürlich waren alle empört. Und zu dieser Zeit ist auch mein Vater gestorben. Seitdem haben wir in der Fabrik gearbeitet.

Dort habt ihr also 60 Dirham verdient. Was habt ihr mit dem Geld gemacht?

Das war unser Lebensunterhalt – wir hatten damals praktisch keine Mietkosten.

Gehörte euch das Haus, in dem ihr gewohnt habt?

Nein, wir wohnten bei meiner Tante und zahlten nur sehr wenig: 35 Dirham im Monat für zwei Zimmer. So hatten wir unseren Verdienst zum Leben ...

Welche Mitglieder der Familie sind arbeiten gegangen?

Nur wir beide, meine Schwester Malika und ich.

Und deine Schwester Zineb?

Zineb wohnte noch nicht bei uns, sie lebte bei einer Frau, die sie großgezogen hatte.

Aber deine Mutter hat doch auch gearbeitet und Geld nach Hause gebracht?

Nur manchmal, sie ist ja nicht regelmäßig arbeiten gegangen. Die Hauptlast mußten wir beide tragen.

Wer hat die Haushaltskasse geführt?

Damals war meine Mutter für die Einkäufe zuständig. Wir haben ihr unser ganzes Geld gegeben – bis auf 10 oder 15 Dirham, damit wir mal ausgehen konnten, oder ins Kino ...

Wie war das, als ihr umgezogen seid?

Direkt nachdem mein Vater gestorben war, sind wir umgezogen. Meine Großmutter kam zu uns und sagte zu meiner Mutter: »Du kannst bei mir wohnen, dann brauchst du keine Miete mehr zu zahlen.« Wir hatten nichts gegen einen Umzug. Das Haus, in dem wir wohnten, war schon ziemlich alt – bei meiner Großmutter ging es uns wirklich viel besser. Sie hatte das Haus geerbt, aber es gehörte ihr nicht allein.

Ist es das Haus, wo ihr die Verlobung von Zineb gefeiert habt?

Ja, das ist das Haus meiner Großmutter, du bist ja bei der Verlobung dort gewesen. Wir wohnten in dem großen Zimmer, meine Großmutter in dem kleinen Raum und meine Tante hatte das Eckzimmer.

Später ist meine Großmutter dann zu uns in das große Zimmer gezogen und hat das kleine Zimmer vermietet, für 35 Dirham im Monat. Manchmal bekamen wir die 35 Dirham – sie hat ja auch mit uns gegessen. Aber manchmal hat sie das Geld auch behalten, um es ihrem Sohn zu geben, wenn er in die Stadt kam, oder um die Fahrkarte zu bezahlen, wenn sie ihn besuchte – er lebt nämlich auf dem Land.

Sie hat noch einen Sohn auf dem Land?

Ja, und für ihn hat sie immer Sachen gekauft und der Rest des Geldes ging für die Fahrt drauf. Aber wenn sie nicht bei ihm zu Besuch war, hat sie bei uns gewohnt und gegessen. Und schließlich hat sie uns noch übel mitgespielt!

Wie das?

Es gab ständig Streit, weil sie uns immer vorgehalten hat, daß wir es nur ihr zu verdanken hätten, daß wir jetzt in einem so schönen Haus wohnen könnten, statt in so einem Loch, wie vorher ... Und schließlich hat sie uns vor die Tür gesetzt und wir mußten uns etwas Neues suchen – dort, wo wir jetzt wohnen.

Heimarbeit

Wie hoch ist die Miete?

Mit Wasser und Strom kommen wir auf 200 Dirham.

Und wie viele Zimmer hat die Wohnung?

Zwei Zimmer und die Küche.

Wo steht der Webstuhl?

Im kleinen Zimmer.

Ihr wohnt also in dem einen Zimmer und im anderen arbeitet ihr?

Ja, aber wir sind ja nur drei Personen, und es gibt keinen Lärm und nichts ...

Seit diesem Umzug seid ihr auch nicht mehr in die Fabrik gegangen!?

Ja, damit war Schluß; wir haben seitdem zu Hause gearbeitet.

Weshalb?

Wir wollten schon lange lieber zu Hause arbeiten. Das hat auch schon beim ersten Umzug eine Rolle gespielt: das Haus, in dem wir vorher gewohnt hatten, war so ein altes Gebäude mit mehreren Stockwerken – da war kein Platz zum Arbeiten. Deswegen kam es

uns ganz recht, daß wir zur Großmutter ziehen konnten. Die Heimarbeit war uns lieber – wir hatten auch genug von dem weiten Weg zur Fabrik.
Weshalb war denn die Heimarbeit so viel besser?
Früher mußten wir uns immer nach einer *m'allma* richten. Manche waren nicht so streng, aber andere haben furchtbar genau darauf geachtet, daß wir nicht zu spät kamen und nicht zu früh gegangen sind. Ganz egal, ob du Gäste hattest oder etwas erledigen mußtest ... Es gab Ärger, wenn du zu spät gekommen bist. Bei der Heimarbeit sitzt dir niemand im Nacken – wenn du nicht arbeiten willst, machst du eben Pause!
Wer arbeitet jetzt an eurem Webstuhl?
Es ist ein Webstuhl für drei oder vier Personen – aber im Augenblick sind wir nur zu zweit.
Ihr arbeitet nicht mehr mit euren Cousinen zusammen?
Nein, seit wir zu Hause arbeiten, machen meine Schwester und ich alles allein. Die Cousinen haben sich auch selbständig gemacht.
Aus den gleichen Gründen?
Ja, und sie bekommen ihre Aufträge von derselben Frau, mit der wir auch zusammenarbeiten.
Liefert sie euch die Wolle?
Ja, wir bekommen von ihr alles, was wir brauchen. Wir haben sie durch einen jungen Mann kennengelernt, der auch in der Fabrik arbeitete und wußte, daß wir immer Probleme hatten, die Arbeitszeiten einzuhalten. Damals ging auch meine Mutter zur Arbeit und deshalb mußten wir uns selbst ums Essen kümmern. Obendrein hat uns der Chef dauernd zusammengestaucht. Wir wollten ihm erklären, daß wir doch morgens vor Arbeitsbeginn noch Brot backen und Essen machen mußten – aber das hat ihn gar nicht interessiert.
Und um die Hausarbeit habt ihr euch in der Mittagspause gekümmert – von zwölf bis zwei?!
Ja, was blieb uns denn übrig! Mutter ging auch in die Fabrik und Großmutter war zu alt, um den Haushalt zu machen. Wir sind morgens sehr früh aufgestanden: ich habe die Zimmer saubergemacht, während meine Schwester sich um den Brotteig gekümmert hat. Bevor wir zur Arbeit gingen, wurden die Brote in den Ofen geschoben.
Um wieviel Uhr seid ihr aus dem Haus gegangen?

So gegen neun Uhr morgens . . . Die anderen Mädchen sind dann um halb eins weggegangen – wir gingen schon um zwölf. Die *m'allma* ließ uns ein bißchen früher weg, weil wir so viel zu tun hatten: wir mußten in der Mittagspause unsere Einkäufe erledigen und das Mittagessen kochen. Nach dem Essen haben wir dann in der Wohnung noch ein bißchen aufgeräumt und so zwischen zwei und halb drei waren wir wieder am Arbeitsplatz. Die anderen Mädchen waren längst da – sie fanden ja auch alles bereit, wenn sie mittags nach Hause kamen, und mußten nach dem Essen nicht noch den Tisch abräumen. Aber der Chef meinte immer, wir sollten uns an ihnen ein Beispiel nehmen.
Der junge Mann, der mit uns arbeitete, kam eines Tages vorbei, als ich gerade besonders wütend war – ich erzählte ihm, daß ich diese Arbeit satt hatte und viel lieber zu Hause arbeiten wollte. Er meinte: »Dazu braucht ihr nur etwas Anfangskapital!« – »Aber das können wir nicht aufbringen«, sagte ich, »das beste wäre, wenn wir jemanden hätten, für den wir zu Hause arbeiten könnten!«
Daraufhin erzählte er von einem Freund, der vielleicht Interesse an so einer Abmachung hätte. »Wenn es euch damit Ernst ist, will ich mit ihm sprechen.« Wir waren ganz begeistert.
Wofür hättet ihr denn das Startkapital gebraucht?
Um die Wolle zu kaufen – genug Wolle, um einen ganzen Teppich fertigzustellen.
Also es fehlte nur das Geld – sonst hättest du auf eigene Rechnung einen Teppich gemacht und verkauft?
Ja.
Und weshalb machst du es jetzt nicht so?
Ich kann einen Teppich anfangen, aber bis er fertig ist und verkauft ist, brauche ich ja auch Geld zum Leben.
Wieviel Anfangskapital müßtest du haben, um selbständig zu werden?
Ach, nicht viel – ich würde erst mal mit einem kleinen Teppich anfangen. Vielleicht 200 oder 250 Dirham.
Was könntest du verdienen? Bist du sicher, daß du einen Gewinn machen würdest?
Das hängt von der Marktlage ab. Man kann gewinnen und verlieren. Wenn die Nachfrage groß ist, auf dem *suq*, dann verdiene ich gut, wenn nicht, dann mache ich eben Verlust . . .

Also dieser junge Mann hat dir geholfen, die Fabrikarbeit aufzugeben?
Ja, er hat mit seinem Freund gesprochen, einem seriösen Geschäftsmann – er ist auch noch ein *filali**, er stammt aus der gleichen Gegend wie wir. Am Ende der Woche habe ich der *m'allma* gesagt, daß ich nicht mehr zur Arbeit komme, daß sie mir aber Arbeit geben könnte, die ich zu Hause erledige ... Aber das wollte sie nicht.
Und der neue Auftraggeber hat euch alles Nötige zur Verfügung gestellt?
Ja, er hat sich um alles gekümmert.
Arbeitest du immer noch für ihn?
Ja, bis heute.
Und hast du einen eigenen Webstuhl gekauft?

Der eigene Webstuhl

Der neue Chef hat mir am Anfang einen Vorschuß gegeben. Als dann der erste Teppich geschoren war und ich mein Geld bekam, habe ich mir noch etwas geliehen und einen Webstuhl gekauft.
Was hat er gekostet?
100 Dirham, oder 90 – so genau weiß ich es nicht mehr. Wir hatten zuerst einen Webstuhl aus Holz, den hat der neue Chef uns hingestellt. Der neue ist aus Metall, er geht nicht so oft kaputt. Mit dem Holzwebstuhl konnte ich oft einen ganzen Tag nicht arbeiten, bis er endlich repariert war.
Wie sieht denn nun dein normaler Tagesablauf aus?
Meine verheiratete Schwester bringt morgens ihre kleine Tochter zu uns – so um sieben, wenn wir gerade aufgestanden sind. Ich wasche mich, dann schaue ich nach, ob die kleine Lubna frische Windeln braucht ... Ich füttere sie, dann gibt es Frühstück für uns. Meine Schwester bringt das Zimmer in Ordnung, in dem wir geschlafen haben; irgendwer wäscht in der Küche die Windeln und ich nehme den Einkaufskorb und gehe Besorgungen machen. Sobald ich zurück bin, bereiten wir das Essen vor, und erst wenn die Hausarbeit erledigt ist, setzen wir uns an die Arbeit.

* *filali* – ein Mann aus Tafilalet.

Wie lange braucht ihr für den Haushalt?
Manchmal dauert es den ganzen Vormittag, manchmal geht sogar der Nachmittag drauf . . . Wenn eine Freundin vorbeikommt, können wir sie ja auch nicht einfach sitzenlassen und an die Arbeit gehen. Das würde sie uns sehr übelnehmen.
Obwohl sie weiß, daß ihr zu arbeiten habt?
Wir müssen uns doch um die Gäste kümmern, sonst sind sie gekränkt.
Auch wenn Verwandte zu Besuch kommen?
Wir sind eine große Familie. Wenn unsere Halbschwestern uns besuchen, kommen wir mit der Arbeit gar nicht voran – sie bleiben ewig lang, weil sie nichts zu tun haben. So gesehen verdient man in der Fabrik besser. Aber es hat auch seine Vorzüge, zu Hause zu arbeiten: es ist nicht so anstrengend und wenn man krank wird, kann man sich auskurieren . . .
Könnt ihr nicht abends arbeiten, wenn tagsüber keine Zeit war?
Nein – die Nachbarn beschweren sich, wegen des Lärms.
Ist es so laut?
Man hört es bis auf die Straße.
Um welche Zeit hört ihr denn normalerweise auf zu arbeiten?
Bei Sonnenuntergang.
Und was macht ihr am Abend?
Wir erledigen unsere Einkäufe. Meine Mutter muß doch am nächsten Morgen etwas zu essen haben. Sie arbeitet in der Nachtschicht, geht so gegen fünf Uhr nachmittags zur Arbeit und kommt morgens um sieben zurück. Wir kochen am Abend, meine Mutter nimmt sich etwas, und der Rest ist für unser Frühstück. So ist es praktischer – wir müssen nur noch saubermachen und Brot backen.
Wann habt ihr euren Ruhetag?
Am Sonntag, weil meine Mutter sonntags nicht arbeiten muß.
Und was macht ihr am Sonntag?
Die große Wäsche, den Hausputz . . . Nachmittags gehen wir aus, wenn es nicht gerade regnet.
Und wo geht ihr hin, wenn es nicht regnet?
Wir besuchen unsere Schwestern. Früher sind wir auch ins Kino gegangen, dafür haben wir immer einen Teil unseres Lohns ausgegeben – aber das können wir uns jetzt nicht mehr leisten.
Wer verwaltet bei euch das Geld?

Ich.
Du verfügst über deinen Lohn und über die Einkünfte deiner Mutter?
Ja, sie gibt mir alles Geld, das sie verdient, und ich sorge für alles Nötige. Wenn es mal nicht reicht, hole ich mir bei unserem Auftraggeber einen Vorschuß. Immer wenn ein Teppich fertig ist, machen wir die Abrechnung. Manchmal habe ich noch Geld von ihm zu bekommen. Wenn ich ihm etwas schulde, wird es mit dem nächsten Auftrag verrechnet.
Was macht ihr, wenn ein Feiertag ist?
Was für ein Feiertag?
Das Hammelfest* zum Beispiel.
Zum Hammelfest bekommen wir vom Chef einen ausreichenden Vorschuß. In diesem Jahr war es so, daß ich gerade einen Teppich fertig hatte – dafür gab es 350 Dirham, und dann hat er uns noch 100 Dirham vorgestreckt. Zusammen mit dem Lohn meiner Mutter reichte das für den Hammel und alles übrige . . .
Und im Sommer?
Manchmal gehen wir sonntags an den Strand, aber inzwischen nur noch selten, weil der Sonntag auch der einzige Tag ist, an dem wir Zeit haben, ins Bad zu gehen – und wenn wir das tun, müssen wir auf den Strandausflug eben verzichten.
Wie ist es mit Ferien?
Wir machen nie Ferien.
Besucht ihr denn nie Verwandte außerhalb von Rabat?
Nein, wir arbeiten das ganze Jahr über, wir können keinen Urlaub machen. An den Festtagen nehmen wir uns ein bißchen frei; wir richten es dann so ein, daß wir kurz vorher mit einem Teppich fertig werden und machen sieben Tage Pause. Das sind unsere Ferien.
Wie verbringt ihr diese Woche?
Die ersten Tage gehen für den Hausputz drauf. Nach den Feiertagen besuchen wir unsere Schwestern und andere Verwandte, um ihnen alles Gute zu wünschen.
Aber ihr bleibt dort nicht länger?
Nein, nie.
Fahrt ihr nie zu den Verwandten deiner Mutter in Oujda?

* ein religiöser Festtag (Anm. d. Ü.).

Früher sind wir hingefahren, als wir noch keine Miete zu zahlen hatten und noch mit dem Einkommen von Zineb rechnen konnten. Würdest du denn weiter arbeiten wollen, wenn du verheiratet wärest?
Ja, wenn mein Mann nichts dagegen hätte – den Zusatzverdienst könnte man ja brauchen. Aber es müßte schon eine andere Arbeit sein, was ich jetzt mache, würde ich nicht fortsetzen.
Welche andere Arbeit würde dir denn gefallen?
Du weißt ja, daß ich nicht auf der Schule war. Wie soll ich da eine anständige Arbeit finden . . .

Über die Ehe

(Gespräch mit Malika)
Was sind deine Vorstellungen von einer anständigen Arbeit?
In einer Arztpraxis zu arbeiten: Ich könnte das Wartezimmer in Ordnung halten und die Tür aufmachen und später vielleicht auch Spritzen geben – ich habe zwar keine Ausbildung, aber das würde ich mit der Zeit schon lernen . . .
Wenn ein Mann, der um deine Hand anhält, darauf angewiesen wäre, daß du weiterhin arbeiten gehst – würdest du ihn trotzdem heiraten?
Nein, wenn ich mich weiter abrackern müßte, warum soll ich dann heiraten? Es gab schon ein paar Bewerber, die arbeitslos waren oder eine sehr unsichere Stellung hatten – von denen wollte ich nichts wissen, das war nicht interessant für mich. Wenn mein Vater noch lebte und ich eine gutbezahlte Arbeit hätte, dann würde ich gar nicht heiraten.
Aber du willst deinen jetzigen Verlobten heiraten – wie kam es denn zu diesem Entschluß?
Ich heirate ihn wegen seiner Stellung und seines Vermögens.
Bist du auch bereit, mit ihm in seiner Heimatstadt zu leben?*
Es ist weit weg und ich habe dort keine Verwandten. Andererseits hängt mir die Arbeit, die ich jetzt mache, zum Hals heraus.
Wenn dein künftiger Mann also nicht in der Lage wäre, für deinen Unterhalt zu sorgen, dann würdest du ihn auch nicht heiraten?

* In Oujda – eine Stadt, die bekannt ist für ihren Konservativismus in bezug auf die Stellung der Frau.

Ich will nicht für ihn arbeiten gehen – da arbeite ich lieber für mich selbst und meine Mutter.
Welche Erwartungen stellst du an einen Mann?
Er soll mich gut behandeln und nicht saufen. Es macht nichts, wenn er ab und zu was trinkt, aber er darf sich nicht vollaufen lassen und dann nach Hause kommen und mich verprügeln. Ich will auch nicht im Haus eingeschlossen werden, während er allein ausgeht.
Du meinst, er soll dich mitnehmen?
Das muß nicht sein ... Aber er soll auch Zeit für mich haben. Wenn er am Samstag und Sonntag frei hat, könnten wir zum Beispiel spazierengehen – allein dürfte ich ja vermutlich nicht aus dem Haus gehen!
Und wenn er dich nicht aus dem Haus lassen will – würdest du das hinnehmen?
Nein, das würde ich nicht ertragen – selbst wenn er reich wäre!
Und wenn er dir sonst strenge Vorschriften macht?
Er müßte mir erlauben, meine Eltern zu besuchen – dann würde ich auch akzeptieren, daß er seiner Wege geht. Aber er darf mich nicht zu Hause einsperren und selber tun und lassen, was ihm gefällt – damit könnte ich mich nicht abfinden.
Hast du mit deinem Verlobten über diese Probleme gesprochen?
Selbstverständlich.
Und was sagt er?
Er hat von seiner Familie erzählt und wollte wissen, ob ich mir vorstellen kann, mit diesen Leuten zusammenzuleben ... Im Augenblick bin ich ganz optimistisch – aber wie es dann weiter geht ...
Er möchte also, daß du bei seiner Familie wohnst?
Ja, und ich bin einverstanden.
Aber was ist, wenn er dann verlangt, daß du immer die *dschellaba* trägst oder das Haus nicht verläßt?
Das würde mich wundern – es gefällt ihm ja, daß ich mich nach der westlichen Mode kleide.
Seid ihr zusammen ausgegangen, als du mit ihm in Oujda warst?
Als wir bei seiner Familie waren, sind wir nur ein einziges Mal zusammen weggegangen – um die Schuhe zu kaufen, die er mir versprochen hatte.
Ist er denn nett zu dir?

Zur Zeit ist er sehr nett, aber ich frage mich, wie es später sein wird . . . Als wir bei seinen Leuten in Oujda waren, durfte ich nicht aus dem Haus, weil es in der Familie keine Töchter in meinem Alter gab, die mich begleiten könnten . . .

Wenn du Besuche machst – wo gehst du hin? Zu Verwandten, zu Freunden?

Nur zu Verwandten. Auf Freunde kann man sich doch heutzutage nicht mehr verlassen!

Wieso?

Manche Leute sagen, es ist besser, gar keine Freunde zu haben. Man denkt, man hat gute Freunde, und eines Tages zeigt sich dann, daß sie es nicht ehrlich meinen . . .

Und du bist noch nie mit einem Mann ausgegangen? Auch nicht mit deinem Verlobten?

Nein.

Wie war denn die Verlobungszeit? Wollte er dich sofort heiraten, als er dich zum ersten Mal sah?

Er hat beschlossen, um meine Hand anzuhalten – ich hatte davon keine Ahnung! Er stammt aus einer guten Familie, auch wenn sie weit weg wohnt, und meine Mutter wollte diese Verbindung . . .

Hat er dir seine Aufwartung gemacht?

Ja, beim Hammelfest . . .

Aber ihr seid nicht zusammen ausgegangen?

Doch, er hat mich ausgeführt.

Wohin?

Zu seinem Onkel.

Wirst du deine Mutter weiter unterstützen, wenn du verheiratet bist?

Natürlich, ich werde sie oft besuchen, und wenn es geht, werde ich sie auch unterstützen. Das wird natürlich davon abhängen, ob mein Mann gut verdient . . .

Was ist aus Latifa und Malika geworden?

Malika hat 1978 geheiratet. Ihr Mann arbeitet bei Coca-Cola in Oujda. Sie hat mittlerweile zwei Kinder: einen Sohn und eine Tochter. Seit ihrer Heirat ist sie nicht mehr arbeiten gegangen. Sie beschäftigt sich mit Perlenstickerei – aber nur als Zeitvertreib, im Familienkreis. Es macht ihr Spaß, aber sie muß nicht davon leben. Ihre Mutter besucht sie zweimal im Jahr. Sie bringt dann immer Koffer voller Geschenke mit – Schmuggelware aus Melilla.
Latifa hat 1980 ebenfalls geheiratet. Ihr Mann arbeitet bei der Feuerwehr. Sie hat eine Tochter und arbeitet zu Hause als Schneiderin und Stickerin. Von seinen Ersparnissen hat ihr Mann eine elektrische Nähmaschine für sie gekauft.

Habiba, die Seherin: Die ›Höheren Mächte‹ im Dienst des Volkes

In Marokko gibt es große Phosphat- und Manganvorkommen, das Land ist reich gesegnet mit gutem Boden, Wasser und Bäumen – aber um über diese materiellen Reichtümer verfügen zu können, muß man noch andere, immaterielle Schätze besitzen: die Möglichkeit, das Bild der Vergangenheit und die Zukunft zu bestimmen und, unter Umständen, der Gegenwart zu entfliehen. Die Einflußnahme auf Vorstellungen von Tradition und Religion ist ein bedeutendes Privileg.

Der Anteil der Frauen am materiellen Reichtum ist eng beschränkt, der Zugang zu den immateriellen Werten ist ihnen offiziell untersagt: eine Frau als *Imam, Chalif* oder *Aadel** – schon die Vorstellung wäre eine Blasphemie!

Wer dennoch in diese Domäne der Mächtigen eindringen will, kann dies nur inoffiziell tun. Weil im orthodoxen System der Staatskirche für die Machtlosen keine Möglichkeit der Einflußnahme bleibt, müssen sie sich eigene Formen der Frömmigkeit schaffen, die natürlich als ketzerisch gelten. Wallfahrtsorte entstehen, *qubbas*** für die Heiligen werden errichtet – alles in dem Bemühen, die Probleme des Alltags auf diese Weise zu lösen, um zu erlangen, was alle so nötig brauchen: Brot und Menschenwürde.

Die Frauen, verschleiert und in den Moscheen ihrer Herren nur geduldet, suchen sich ihren Ausweg im Abseits – sie machen sich auf zu den Heiligtümern, wo die ›Höheren Mächte‹ sich zugänglicher zeigen, wo die Geister in den Sprachen des Volkes reden und sich auch den Geringsten zuwenden . . .

Habiba kann nicht lesen und schreiben und ist von ihrer Krankheit gezeichnet – als sie auf die Pilgerreise zum Grabmal des Sidi Ali Ben Hamdusch geht, ist sie über vierzig. Sie kommt zurück als ›Seherin‹, überzeugt von ihrer Berufung. Die Kultstätte für Lalla Aischa Qandischa, die sie daraufhin errichtet, soll allen Bedrängten Hilfe

* *Imam* – Geistlicher, *Aadel* – (Straf-)Richter (Anm. d. Ü.).

** *qubba* (Kuppel) – ein Heiligengrab, gewöhnlich ein weißer würfelförmiger Bau mit einem Lehm-Kuppeldach (Anm. d. Ü).

bringen – all jenen in Marokko, die Opfer der Umwälzungen sind und sich der Zukunft beraubt sehen.
Habiba hat ihr Glück gemacht: Sie hat die Kräfte des ›Übersinnlichen‹, denen sie während ihrer Anfälle ausgeliefert ist, gemeistert und zu ihrem persönlichen Vorteil genutzt. Und es ist ihr gelungen, einen Mann zu finden, mit dem sie glücklich zusammenlebt – auch wenn er beide Beine verloren hat und arbeitslos ist.
Habibas Chancen standen denkbar schlecht, doch sie hat ihre Schwächen in Lebensstärke verwandelt. Andere sind privilegiert – und genau das erweist sich als ihre Schwäche.

Habiba, die Seherin

ist 1927 in einem Dorf im damals von Spanien besetzten Saharagebiet geboren. Ihr Vater stammt aus dieser Gegend – mit ihm emigriert sie später ins Rharb*. Das Interview wurde 1977 in Rabat geführt.**

Erzähl' mir von deiner Kindheit: wo bist du aufgewachsen, wo hat deine Familie gelebt, welchen Beruf hatte dein Vater?
Als ich geboren wurde, war mein Vater beim Militär, bei der spanischen Armee.
Du stammst also aus der ›Spanischen Sahara‹ . . .
Wir Kinder waren noch ganz klein, als meine Mutter gestorben ist. Mein Vater hatte damals genug vom Militärdienst – er hat abgemustert und ist hierher gezogen (*nach Rabat*). Wir waren acht Kinder, sechs Mädchen und zwei Jungen.
Und du warst die Älteste?
Nein, ich war nicht die Älteste.
Deine Mutter hatte also acht Kinder?
Wenn man die anderen nicht mitzählt, die gestorben sind . . . Wir sind mit unserem Vater hierhergekommen. Er war seitdem wieder in der Landwirtschaft tätig.
Hatte er ein eigenes Stück Land, oder hat er für andere gearbeitet?
Er hat für andere gearbeitet. Weißt du, mein Vater ist eigentlich immer auf dem Acker gewesen. Auch bei der Armee hat er nichts anderes gemacht. Und als wir hier in diese Gegend gezogen sind, ist er eben wieder zur Feldarbeit gegangen – er mußte uns ja ernähren. Nach dem Tod meiner Mutter hatte er wieder geheiratet – eine gute Frau, die uns Kinder sehr anständig behandelt hat. Inzwischen sind sie beide gestorben, mein Vater und meine Stiefmutter.

* Rharb (›Westen‹) – eine Region in Nordwest-Marokko, etwa zwischen Rabat, Meknès und Ksar-el-Kebir (Anm. d. Ü.).

** Die Gespräche mit Habiba wurden in einem marokkanischen Dialekt geführt und sind von mir und Saïd Benjelloun übertragen worden. Um die Erzählungen der *schauaffa* mit ihren Anspielungen auf den Bereich des Mystischen verständlicher zu machen, waren zahlreiche Anmerkungen nötig, die unter anderem auf den Erfahrungen basieren, die ich Anfang 1976 im Verlauf von 22 Besuchen bei Seherinnen gemacht habe. Damals ging es mir um Vorerhebungen zu einer Studie über die ›Zauberkunst‹.

Hatten sie Kinder?

Ja, sie hatten drei Kinder – ein Mädchen ist gestorben, die anderen beiden leben noch. Inzwischen sind alle Kinder meines Vaters verheiratet, bis auf eine Tochter – sie ist krank, die Ärmste, Gott war ihr nicht gnädig. Sie hat genau solche Anfälle wie ich.* Bei ihr fing das an, als eine der jüngsten Schwestern verheiratet wurde. Mein Vater hatte die kleine Schwester schon sehr jung in die Ehe gegeben, mit sieben Jahren, aber sie ist zugleich einer Frau anvertraut worden, die auf sie aufpassen sollte, bis zu ihrem zehnten Lebensjahr. So lange sollte die Ehe nicht vollzogen werden – das heißt, der Ehemann durfte seiner Frau nicht zu nahe kommen. Aber das hat nicht funktioniert. Eine Weile lang hat meine kleine Schwester bei ihrem Mann gelebt, bis er dann begriffen hat, daß es besser war, sie freizugeben. Sie fand einen anderen und mit ihm hatte sie dann auch Kinder. Nach ihr war ich an der Reihe: ich war schon einmal verheiratet, bevor ich den Herrn hier kennengelernt habe . . . *(Habibas Mann und die Kinder sind während des Interviews anwesend.)*

Wie alt warst du bei dieser Heirat?

Ich war vierzehn.

Damals wurde in jungen Jahren geheiratet . . .?

Es gab überhaupt keine Formalitäten – wir haben nur die *fatiha*** gesprochen.

War das hier in Rabat?

Nein, mein Vater lebte damals in Sidi Slimane, im Rharb, und mein Mann kam auch aus der Gegend, aus Sidi Kacem – er stammte aber eigentlich aus unserer Heimat (*also aus der spanischen Sahara*). Allahs Segen ruhte nicht auf dieser Ehe. Wir hatten zwar Kinder, aber schon nach kurzer Zeit waren wir über Kreuz. Er hat mich geschlagen, und ich habe mich dann von ihm getrennt. Vier Jahre lebte ich in Scheidung. Dann führte mich Allah mit diesem Mann hier zusammen und wir haben geheiratet.

* hier ist von den *riah* die Rede, einem Zustand der Entrückung, der damit erklärt wird, daß die ›Geister‹ von einem Menschen Besitz ergreifen. (›*rih*‹ [Sing. von ›*riah*‹], eigentl. ›Wind‹, ›Hauch‹, bezeichnet auch die ›persönliche Weise‹, eine Melodie, oder Musiksequenz, die einen Menschen in Trance versetzt [Anm. d. Übers.]).

** Die *fatiha* (wörtlich: ›die Eröffnung‹) ist die erste Sure des Koran. In den ländlichen Gebieten Marokkos wird der Ehevertrag mündlich geschlossen, indem man dieses Gebet spricht.

War das auch in Sidi Kacem?
Nein, hier in Rabat ...
Die Kinder sind aus deiner ersten Ehe?
Ja, Allah hat mir nicht vergönnt, mit meinem jetzigen Mann Kinder zu haben.
Aber sprechen wir von meiner heutigen Situation: ich hatte solche Zustände schon, als ich noch ein Kind war. Immer wenn meine Schwestern und Brüder mich gekitzelt haben, bin ich ohnmächtig geworden. Ich kam erst wieder zu mir, wenn man meine Hand in Wasser getaucht hat oder wenn ich den Geruch von etwas Verbranntem in die Nase bekam. Ich bin auf meine Geschwister losgegangen, wie eine Verrückte, wenn sie mich gekitzelt hatten. Mein Vater, Allah sei seiner Seele gnädig, hat die Kinder dann angeschrien: »Laßt eure Schwester in Ruhe – ihr sollt sie nicht immer kitzeln.«
Wie alt warst du, als das losging?
Zehn oder elf Jahre – meine Geschwister waren auch nicht älter. Weißt du, es gab keinen großen Altersunterschied zwischen uns. Die Leute haben uns oft für Zwillinge gehalten. Aber nicht nur das Kitzeln hatte so eine furchtbare Wirkung auf mich, sondern auch ein Tier – der Frosch! Ich hatte wirklich schreckliche Angst vor Fröschen! Wenn nur jemand in meiner Gegenwart das Wort aussprach, wurde ich rasend – ich warf mit allem, was ich in die Hand bekam und jagte die anderen Kinder. Ich war dann ganz außer mir und schrie wie verrückt, bis ich ohnmächtig wurde. Mein armer Vater versuchte mich zu schützen, er verbot meinen Geschwistern, mich so zu quälen – aber mein Zustand wurde immer schlimmer. Ich erinnere mich noch genau, wie ich eines Tages meinen Bruder besuchte, ich hatte meinen kleinen Sohn Mohammed bei mir – er war noch im Säuglingsalter. Irgendwer sagte in meiner Gegenwart das Wort *dschrana* (Frosch)*. Ich verlor die Besinnung und fiel zu Boden, und mein Kind wäre dabei fast zu Tode gekommen. Mein Bruder hat sich furchtbar aufgeregt. Er drohte, jeden vor Gericht zu bringen, der sich solche Sachen mit mir erlaubte: »Ihr wißt genau, daß meine Schwester einen Anfall bekommt, wenn sie dieses Wort hört – also sprecht es gefälligst in ihrer Gegenwart nicht aus!«

* Die Geister nehmen angeblich oft die Gestalt von Fröschen an (Anm. d. Ü.).

Wußte dein erster Mann von diesen Anfällen?
Ja, als wir verheiratet waren, hat er oft miterlebt, wie ich fiel*, sobald man mich reizte. Aber er war so mißtrauisch, ihm fehlte der Glaube, weißt du ... Wenn ich so einen Anfall hatte, schrie er immer: »Die Frau ist verrückt!« Von solchen Sachen wollte er nichts wissen, er hielt die Geschichten von den *muminin*** und das alles für baren Unsinn. Ich habe ihn nie verstehen können, er war immer ganz fremd – ein langweiliger und gewöhnlicher Mensch. Aber ich habe fünf oder sechs Jahre mit ihm gelebt ...
Also er wollte davon nichts wissen ...?
Nein, er glaubte nicht daran. Um ehrlich zu sein – er hat sich schon um mich gekümmert, wenn ich einen Anfall hatte. Aber es verletzte seinen Stolz und sein Schamgefühl. Er schämte sich vor den Leuten, wenn mir das passierte. Damals wohnten wir auf dem Land, er hatte einen Bauernhof. Und es war ihm gar nicht recht, wenn mich jemand in meinem Zustand sah – das sollte nicht bekannt werden. Also hat er mich eingeschlossen und von den Frauen aus der Nachbarschaft bewachen lassen, sobald Fremde zu Besuch kamen.
Und dein zweiter Ehemann – wie hält er es mit den *muminin*? Wußte er Bescheid, als ihr geheiratet habt?
Ja, ich habe ihm vor der Heirat alles erzählt. Weißt du, er hilft mir, wenn ich einen Anfall habe. Obwohl er beide Beine verloren hat – er kümmert sich um mich. Wenn es mich überkommt, und es ist eine Pfütze in der Nähe, dann wirft er sich über mich und versucht, mich von dort wegzuziehen. Er setzt alles in Bewegung, um mich an einen ruhigen Ort bringen zu lassen; dann ordnet er meine Kleider, besprenkelt mich mit Benzoe*** und legt seinen Kopf an den meinen, um mich zu beruhigen. Ich war schon zwei- oder dreimal von ihm schwanger, aber es wurde dann doch nichts daraus ... Als ich ihn kennenlernte, war er verheiratet. Die Eltern seiner Frau haben mich bedroht – ich sollte mich von ihm trennen, damit er bei ihrer Tochter bleibt ... Einmal sind sie mit dem Messer auf mich losgegangen, und daraufhin wurden meine Anfälle noch schlimmer ...

* Sie sagt über ihre Anfälle ›*kantih*‹ – in der Berbersprache: ›ich falle‹ (Anm. d. Ü.).

** *muminin* – ›Gläubige‹. Die Geister werden so genannt, um sie zu besänftigen, ihre zerstörerischen Kräfte zu bezähmen.

*** Dem Benzoeharz wird eine beruhigende und schmeichelnde Wirkung auf die Geister zugeschrieben. Wenn es seinen Duft verströmt, lassen sie von ihrem Opfer ab.

Sie haben dich überfallen?
Ja, wir wohnten damals in einem Schuppen, einer Garage im Hassan-Viertel von Rabat und sie haben sich mit Gewalt Zutritt verschafft.
War dein Mann nicht da?
Doch, aber er war gerade nebenan – in dem Schuppen war es sehr dunkel, sie haben die Tür versperrt und sind mit dem Messer auf mich losgegangen. Ich bekam einen Stich in den Bauch und einen in den Hals. Und dann hatte ich einen schlimmen Anfall: zum einen wegen der Angst und zum anderen, weil die Geister über mich gekommen sind.
Vor meiner Monatsblutung ist mein Bauch angeschwollen – ich bin zum Arzt gegangen und habe mich dann operieren lassen, damit ich von meinem Mann Kinder haben kann. Bisher hat Allah unsere Gebete nicht erhört. Weißt du, es gibt eine Abmachung zwischen den *muminin* und mir: sie haben mich wissen lassen, daß ich keine Kinder bekommen werde, wenn ich nicht das Grab von Moulay Brahim* besuche. Bisher konnte ich noch nicht hinfahren.
Du warst nicht dort? Und wie bist du zu deiner jetzigen Beschäftigung gekommen, wie bist du eine Seherin geworden?
Eines Tages ist es einfach geschehen – ich habe damit angefangen, und seitdem bin ich eine *schauaffa*, eine Seherin. Ich hatte plötzlich Visionen, es war kurz vor dem *mulud***. Immer wieder ist mir eine Frau erschienen, die Füße wie Aischa Qandischa*** hatte.
Ihre Füße waren gespalten?
Ja, wie bei einem Schaf. Manchmal habe ich eine Herde gesehen, eine ganze Herde von Schafen – wie ein Pilgerzug, und sie haben zu mir gesprochen, wie Menschen.
Hast du dir das vorgestellt oder hast du es gesehen?
Nein, nein, ich habe mir das nicht eingebildet, es spielte sich vor meinen Augen ab, ich habe es deutlich gesehen. Und es war kein Zufall – alles diente nur dem Zweck, mich an einen bestimmten Ort zu führen.
Hat sich das hier ereignet, in Rabat?

* Moulay Brahim – ein Heiliger aus Südmarokko, ein Schutzpatron der Wahrsagerei.
** Die Festtage zum Geburtstag des Propheten (Anm. d. Ü.).
*** Aischa Qandischa – ein weiblicher ›Dämon‹. Im Pandämonium und in der mystischen Praxis Marokkos nimmt sie eine prominente Stellung ein (Anm. d. Ü.).

Ja, was ich dir erzählt habe, ist in Rabat geschehen, genau hier in diesem Zimmer, in diesem gesegneten Haus. Als das *mulud*-Fest näherrückte, kamen die Visionen immer öfter – ich mußte zum *sajjid** gehen ... Einmal sah ich ein Feuer in einem Geschäft des Viertels, und drei Tage später brannte der Laden wirklich. Meinem Sohn ist das ziemlich auf die Nerven gegangen. »Ich glaube, du wirst langsam verrückt«, sagte er, »was du alles gesehen haben willst, so was gibt es doch nicht.« Dann bekam ich einen Anfall. An diesem Tag waren wir bei unserer Nachbarin zum Mittagessen eingeladen. Spät am Nachmittag fühlte ich mich in Hochstimmung, und ich sagte zu ihr: »Bringt einen Hammel her und schlachtet ihn hier und jetzt.« Wir hielten nämlich damals drei Hammel bei uns, die für die Festtage bestimmt waren. Sie schlachteten den Hammel, gaben mir aber kein Fleisch. Wer mich nicht kennt, täuscht sich in mir – sie hatten keine Ahnung, daß ich rohes Fleisch essen muß. Ich bin aufgestanden, dorthin gegangen, wo das Fleisch lag, und habe es in mich hineingeschlungen, bis ich nicht mehr konnte. Dann warfen mich die Geister nieder, und ich prophezeite meinem Schwager eine Reise nach Mekka: »Du wirst den König treffen, ihm die Hand küssen und ihn um etwas bitten – und er wird deinen Wunsch erfüllen.«

Anfangs wollte mir niemand glauben, aber ein paar Tage später ging die Prophezeiung in Erfüllung: Mein Schwager war tatsächlich mit dem König zusammengetroffen und hatte ihn um die Gunst gebeten, nach Mekka entsandt zu werden. Das wurde ihm gewährt. Nach der Begegnung mit dem König kam er zu mir. Ich weiß noch, daß es an dem Tag regnete – er war so naß, als ob er durch einen Fluß geschwommen wäre. So kam er und warf sich mir zu Füßen, die Hände hinter dem Rücken verschränkt. *»At-taslim«*, rief er immer wieder. Ich wußte gar nicht, worauf er hinauswollte. Aber er rief unentwegt: »Ich bin Euer Diener, teure Frau – *at-taslim alalla!«* – »Was ist denn los?« fragte ich. »Klär' mich auf!« Ich wußte ja noch nichts von meiner Berufung zur Seherin, ich war noch nicht zu Sidi Ali** gepilgert. Mein Schwager erzählte dann: »Ich war beim König, genau wie du es vorhergesagt hast, und er hat mir die Fahrkarte nach

* *sajjid* – ›Heiliger‹; hier ist das Heiligtum, das Grabmal eines Heiligen gemeint (Anm. d. Ü.).

** Sidi Ali Ben Hamdusch ist der Schutzheilige der Hamadscha. Er spielt in den Ritualen und mystischen Handlungen eine ebenso bedeutende Rolle, wie Moulay

Mekka schicken lassen. Die Miliz ist zu mir gekommen und hat mir die Fahrkarte gegeben.« Ich war ungemein froh, das zu hören. Es zeigte sich, welche Gabe Allah mir verliehen hat! Ich war ganz verzückt, ein starkes Gefühl kam über mich und ich fühlte, wie ich ganz steif wurde und in eine leichte Ohnmacht sank. Mit einer wohlriechenden Essenz wurde ich wieder zur Besinnung gebracht . . .

Die erste Pilgerfahrt

Sobald es ging, bin ich nach Sidi Ali gepilgert. Zu meinem Mann sagte ich nur: »Ich muß gehen.« Und er rief: »Aber wohin?« . . . Meine älteste Schwester hätte mich begleiten sollen, aber im letzten Augenblick hat sie ihr Wort gebrochen.
Bist du dann doch nicht gefahren?
Ich habe mich ganz allein auf den Weg gemacht, bin aus dem Haus gegangen und habe mich zum Bushalteplatz durchgefragt. Am Fahrkartenschalter herrschte großes Gedränge – es waren ja die Feiertage . . . Ich wurde unsicher, aber dann habe ich doch beschlossen, eine Karte zu kaufen und abzureisen. Mein Schicksal war in Allahs Hand – vielleicht war es mir ja bestimmt, auf immer von einem Heiligtum zum anderen zu irren . . . Als wir in Schech Al Kamal ankamen, trafen wir dort die Prozession zum *sajjid*, die vom Heiligtum Sidi Saids* aufgebrochen war, möge Allah seine Wunderkraft stärken!

Brahim – für Habiba bot er allerdings den Vorteil, leichter erreichbar zu sein: sein Grabmal befindet sich in der Nähe von Meknès, nur 130 km entfernt von Rabat, während Moulay Brahim in der Nähe von Marrakesch ruht. (Die Hamadscha bilden eine der marokkanischen ›Sekten‹ in der Tradition islamischer Mystik. Habiba ist offensichtlich in diesen ›Orden‹ aufgenommen worden. Eine aufschlußreiche ethnopsychiatrische Untersuchung über die Hamadscha liegt auf deutsch vor: Vincent Crapanzano, die Hamadša, Stuttgart, 1981. – [Anm. d. Ü.].)

* Schech Al Kamal ist der Schutzheilige der Aisaua, die Festlichkeiten zu seinen Ehren finden in Meknès, in der ersten Woche des *mulud*-Festes statt. (Die Aisaua bilden eine ähnliche ›Bruderschaft‹, wie die Hamadscha [Anm. d. Ü.].) Das Grabmal Sidi Saids liegt nur einige hundert Meter vom Heiligtum Schech Al Kamals entfernt und ist ein wichtiger Ort in der rituellen Topographie.

Das war noch am Tag deiner Abreise aus Rabat?
Ja, am selben Tag. Weil das *musim** ja in vollem Gang war, als wir ankamen, hatte man uns vorher gewarnt: »Paßt auf, daß ihr keine schwarzen Sachen anhabt, sonst könnt ihr Schwierigkeiten bekommen.« Ein Ausrufer kam in den Bus gestiegen, um uns das zu sagen. Und ich war von Kopf bis Fuß schwarz angezogen! Meine *dschellaba* war schwarz und der Schleier auch.
Du wußtest nichts von diesem Problem?**
Nein, ich hatte wirklich keine Ahnung. Ich hörte das zum erstenmal. Dabei habe ich schon immer am liebsten Schwarz getragen! Wenn ich jemanden sah, der schwarze Kleider trug, mußte ich immer hinsehen; ich konnte den Blick gar nicht abwenden und hatte den Wunsch, hinterherzulaufen und die Kleider an mich zu reißen. Als ich aus dem Bus gestiegen war, wußte ich gar nicht, wohin ich mich wenden sollte. Ich kam dann mit zwei jungen Männern ins Gespräch – der eine war so alt, wie mein Sohn, der andere etwas älter – und bat sie, mich zum Heiligtum mitzunehmen, mir den Weg zu zeigen. Sie gaben mir den Rat, auf einen anderen Bus zu warten, der in diese Richtung fuhr. Also blieb ich dort sitzen bis zum Einbruch der Nacht. Die Taxifahrer, die für die Strecke *(von Schech Al Kamal nach Sidi Ali)* normalerweise 2,50 Dirham nehmen, hatten ihre Preise auf das Doppelte erhöht, weil es so viele Leute gab, die nicht länger auf den Bus warten wollten. Ich hatte schon gehört, wie jemand erzählte, daß jedes Jahr während des *musim* irgendein verdammter Autobus nicht kommt, weil er kaputt ist und nicht rechtzeitig repariert wird ... Außerdem war von einer furchtbaren Untat während der Feiern die Rede ... Ich hörte mir all diese Gerüchte an und schaute mich unter den Leuten um. Ein Mann fiel mir auf, der in der Nähe saß, und ich ging zu ihm und fragte ihn, wohin er fahren wollte. »Nach Sidi Ali«, sagte er. Er wohnte dort. Als dann das Sammeltaxi kam, habe ich mich neben ihn gesetzt. Er war der einzige, zu dem ich Vertrauen hatte.

* *musim* – jährliche Pilgerfahrt und Festlichkeit zu Ehren eines Heiligen (Anm. d. Ü.).

** Daß man während der Feierlichkeiten zu Ehren von Schech Al Kamal keine schwarzen Kleider tragen darf, ist allgemein bekannt. (Die Aisaua geraten während dieser Feiern in Trance und stürzen sich dann auf alles, was schwarz und auf jeden, der schwarz angezogen ist [Anm. d. Ü.].)

Aber kaum saßen wir im Wagen, wollte der Fahrer fünf Dirham von jedem. Alle sind wieder ausgestiegen – bis auf diesen Mann und mich. Nur wir beide waren bereit, den doppelten Fahrpreis zu zahlen. Wir kamen erst spät in der Nacht in Sidi Ali an. Er wollte wissen, wohin ich gehe und ob ich den Weg zum Heiligtum kenne. Ich bat ihn, mich bis zur Pforte des *sajjid* zu bringen: »Ich weiß nicht, wo ich hier bin. Weiter als von Rabat nach Kénitra bin ich noch nie gefahren. Helfen Sie mir, ich komme von weither und kenne mich hier nicht aus.« Er war einverstanden und fügte dann hinzu: »Falls Sie in meinem Haus übernachten wollen, sind Sie willkommen.« Ich nahm die Einladung dankbar an und wir gingen zu ihm. Er lief vor mir her; er trug einen Tisch und einige andere Sachen, die er mitgebracht hatte. Um ehrlich zu sein – ich hatte große Angst. Ich dachte: »Er wird dich irgendwohin führen und dann erdrosseln!« Aber andererseits war ich völlig überzeugt, daß ich zu tun hatte, was mir bestimmt war – also ging ich weiter hinter ihm her. Schließlich hatte ich ein gutes und klares Ziel: das Heiligtum aufzusuchen. Unterwegs begegnete uns ein Mann, der mit den Worten »Guten Abend, *asch-scherif*«* grüßte. Ich dachte mir: »Sieh an, er ist aus einer Scherifenfamilie. Da kann mir doch eigentlich nichts passieren.« Als wir das Haus erreichten, machte seine Frau eine große Szene. Sie rief die Kinder zusammen und sagte: »Seht nur, was euer Vater vom *suq* mitgebracht hat – ein Frau! Die wichtigen Einkäufe hat er vergessen, weil er so beschäftigt war. Da könnt ihr sehen, was für ihn das Wichtigste ist!«
Ich war peinlich berührt und aufgeregt – wegen mir hatte der Mann nun Ärger. Also wendete ich mich an die Frau und bat sie, mir ein Schaffell zu geben, zum Beten ... Sie wollte wissen, wer ich bin, und trug dann ein ekelhaftes Essen auf – ich bekam kaum einen Bissen herunter. Aber wenn ich gar nichts gegessen hätte, wäre das Grund für neuen Ärger gewesen. Also holte ich ein paar Eier, ein halbes Brot und etwas Kuchen aus meiner Umhängetasche und legte die Sachen auf den Tisch; ich bot ihr auch etwas Geld an, 10 oder 15 Dirham, glaube ich: »Bitte nehmen Sie das, für das Essen ...« Aber meine *dschellaba* habe ich anbehalten ... Meinen Schlaf-

* *scherif, scherifa* ist die Anrede für Mitglieder vornehmer Familien, die als die Nachkommen des Propheten gelten (Anm. d. Ü.).

platz hatte sie mir schon gezeigt, ich sollte bei ihrer Tochter schlafen. Aber bevor sie sich mit ihrem Mann im anderen Zimmer schlafen legte, wollte sie noch wissen: »Möchtest du dich hier einmieten?« Ich sagte: »Ganz wie Sie wünschen, werte Frau. Wenn Sie möchten, daß ich den Schlafplatz bezahle, werde ich das tun. Sehen Sie, ich bin hergekommen, um das Heiligtum aufzusuchen; ich bin zum ersten Mal hier und kenne die Gebräuche nicht.« Am nächsten Morgen, nach meinen Waschungen und Gebeten, bat ich die Tochter der Familie, die sich auf den Schulweg machte, mich zum Grabmal zu führen. Meine Sachen ließ ich bei den Leuten – die Umhängetasche, meine Decke, mein Umschlagtuch, alles, was ich besaß. Ich sagte zu der Frau: »Wenn ich zurückkomme und das Haus wiederfinde, hole ich die Sachen ab – sonst gehören sie Ihnen, Sie können das alles behalten.« Sie fragte noch einmal, ob ich mich nicht einmieten wollte – aber ich gab zur Antwort: »Ich weiß noch nicht, wie es weitergeht. Jetzt muß ich zum Grabmal – ich bin dort mit Bekannten verabredet.« Ich weiß auch nicht, warum ich das sagte. In Wahrheit wurde ich ja von keinem Menschen erwartet . . .

Lalla Aischa ist nahe . . .

Zusammen mit dem kleinen Mädchen ging ich aus dem Haus und hinunter zum Grabmal. Es zeigte mir die Grotte von Lalla Aischa: »Hier geht es zu Lalla Aischa, wenn du dorthin willst; das Grab des Heiligen ist dort hinten, am Ende der Treppe.« Ich dankte ihm und gab ihm eine Kleinigkeit, dann begab ich mich zu Lalla Aischa. Aber die Leute sagten zu mir: »Das ist nicht die rechte Zeit für einen Besuch bei Lalla Aischa, es gibt jetzt auch keine *henna**.« Eine Frau gab mir den Rat, bei Sonnenuntergang wiederzukommen: »Das ist der richtige Moment, dann werden hier die Hähne und Hühner geopfert.« Also bin ich zum *sajjid* hinuntergegangen. Ich legte meinen Kopf an das schmiedeeiserne Gittertor und fing an zu weinen. Die Erinnerung an die Ereignisse des Vortags überkam mich – ich dachte an die Beleidigungen und Schmähungen dieser

* *henna* – ein pflanzliches Färbemittel, spielt bei den Zeremonien in der Grotte der Lalla Aischa eine wichtige Rolle. Vor allem die Frauen reiben sich damit ein (Anm. d. Ü.).

Frau, und ich versank in meinen Kummer. Nach einer Weile kam eine Frau zu mir herüber und sagte: »Warum weinst du? Nun hör schon auf zu weinen!« Aber ich brachte lange Zeit kein Wort heraus, ich schüttelte nur den Kopf, wie eine Stumme, um ihr zu bedeuten, daß ich mich erst ausweinen mußte. Als es mir besser ging, fragte sie mich noch einmal: »Was hast du?« Und ich erzählte ihr, wie es mir ergangen war: »Nun bin ich hier und weiß nicht weiter.« – »Sei unser Gast«, sagte sie, »mein Mann ist der *muqaddim*, wir wohnen hier in einem Zelt und werden von den *schurfa* verköstigt. Die Lebensmittel bekommen wir aus dem *zauija**. Sei uns willkommen.« – »Woher stammst du?« fragte ich. »Aus Rabat – und du?« – »Aus der Sahara.« Ich wurde sehr freundlich aufgenommen. Ihr Mann hatte noch zwei weitere Frauen, eine war allerdings nicht mit zum Grabmal gekommen, sie hütete das Haus. Er sorgte dafür, daß ich nur als Gast behandelt wurde – ich durfte mich überhaupt nicht an der Hausarbeit beteiligen. Die Mahlzeiten wurden mir serviert. Manchmal wollte ich das Geschirr waschen, oder wenigstens die Minze säubern und schneiden, aber sie haben es nicht zugelassen. Gepriesen sei Allah – die *baraka*** der Vorfahren und der Heiligen ruhte auf uns. Ich blieb bei ihnen bis zum letzten Tag des *musim*. Eine der Frauen des *muqaddim* war eine Seherin – zusammen mit ihr war ich dann auch unter den *mth'aiarim*.***

Am Tag der Prozession sind wir mit der *dabiha***** zum Grabmal gezogen; die verschiedenen Pilgergruppen führten ihre eigenen Zeremonien aus. Alle gingen barfuß – erst zum Grab von Sidi Ali Ben Hamdusch und dann zu Sidi Ahmed Drhourhi.

Gingen die Frauen allein, oder waren Männer und Frauen zusammen unterwegs?

Bei der Prozession gehen alle gemeinsam. Die Ausrufer schreien in die Menge: »Ihr unfruchtbaren Frauen – tretet ein in das Heilig-

* *muqaddim* – ›Ortsvorsteher‹, hier eine Art ›Zeremonienmeister‹ des Heiligengrabs. *schurfa* – eigentlich ›Nachkommen des Propheten‹ (Scherifen). Hier sind die Familien gemeint, die als Nachkommen des lokalen Heiligen gelten. *zauija* – das ›Gemeindehaus‹ einer Bruderschaft (Anm. d. Ü.).

** *baraka* – Segen, Heilkraft – als höhere Gnade, aber auch als persönliche Ausstrahlung. Erlangung und Weitergabe von *baraka* spielt eine zentrale Rolle in der Praxis sufischer Gemeinschaften, wie der Hamadscha.

*** *mth'aiarim* – die ›Entrückten‹; *th'aiar* – rituelles Tanzen in Trance.

**** *dabiha* – Tieropfer.

tum!« Die Frauen treten ein und legen sich auf den Boden, und der Pilgerzug schreitet über sie hinweg. Auch Frauen, die sehr gut gekleidet sind, legen sich hin. Dann kommen diejenigen an die Reihe, die sich von einem Gebrechen befreien wollen; der *muqaddim* ruft: »Kommt her, ihr Krummen und Lahmen!« Das geschieht in aller Öffentlichkeit und der *muqaddim* gerät dabei in höchste Erregung – bis ihm der Speichel übers Kinn läuft. Er spielt auch die Musik für die Prozession, auf einem Blasinstrument. Wenn die Tanzenden schon in Verzückung geraten sind und jemand kommt mit einer Ziege vorbei, dann holen sie sich das Tier und schneiden es in Stücke, die roh verzehrt werden.

Die Ziege wird roh gegessen?

Ja, es kann auch ein Schaf oder irgendein anderes Tier sein – der Besitzer muß es hergeben, und dann wird es roh verspeist. Die Tänzer fallen auch über jeden her, der Schuhe trägt. Es ist wichtig, daß alle barfuß gehen. Wir fassen uns an den Händen und schreiten gemeinsam. Niemand trägt eine *dschellaba* oder so etwas. Ich war in einen *izzar** gehüllt, den mir meine Gastgeber für diesen Anlaß besorgt hatten. Auf ihre Einladung nahm ich an der Zeremonie teil – ich machte alles genau wie sie: wenn sie sich erhoben, tat ich es auch, und wenn sie sich hinsetzten, folgte ich ihrem Beispiel. Auch wenn sie anfingen zu tanzen, stand ich mit ihnen auf – aber das war nicht mehr so einfach. Jeder tanzt nach seinem eigenen *hal*** – ich hätte nur nach meiner Weise tanzen können.

Du mußt abwarten, bis dein ›persönlicher Klang‹ ertönt?

Ja, und wenn du fühlst, daß die Musiker jetzt für dich spielen, trittst du vor und tanzt bis zur *dschidba**** . . . Ich bin geblieben bis zum siebten Tag, meine Gastgeber wollten es so. An diesem Tag findet das Treffen der beiden Banner statt – eine feierliche Verbrüderung zwischen den Anhängern von Sidi Ali und Sidi Ahmed Drhourhi. Die Nachkommen der beiden Heiligen brechen zu Pferd und mit ihren Fahnen am jeweiligen Heiligtum auf und treffen sich dann unter den beiden Palmen. Sie umarmen und küssen sich feierlich, und alle Versammelten tun desgleichen – Freudenschreie erklingen, der Name des Propheten wird gepriesen. Die meisten sind dann in einem

* *izzar* – Umhang.

** *hal* – eigentlich: ›Zustand‹; hier die persönliche ›Weise‹, die Art zu tanzen.

*** *dschidba* – Trancezustand.

Zustand der Entrückung. Einige schlagen sich Tongeschirr aufs Haupt, andere zerfleischen sich den Kopf mit einem Beil – das Blut läuft ihnen über das Gesicht und tropft auf die Kleider ... Bis sie ganz blutverschmiert sind. Manche Leute stopfen sich Dreck in den Mund oder essen stachlige Kakteen, jeder hat seine Art ...

Die Berufung

Als wir dann zur Grotte der Lalla Aischa Qandischa hinuntergehen wollten, hat mir eine Frau einen Laib Brot gegeben. Ich nahm das Brot und merkte, daß es noch warm war. Irgend jemand sagte: »Du mußt uns etwas davon geben – den Rest darfst du mitnehmen.«
Hast du gewußt, was das bedeutete?
Ich habe es sofort begriffen! Es standen viele Frauen dort im *sajjid*, aber ich wurde auserwählt, mir wurde das Brot übergeben! Sie sagten »Nimm dein Brot – *tabaraka ua ta'ala*« – Gott hatte dieses Brot für mich bestimmt.*
Und es waren noch andere Frauen da, die hofften, das Brot zu bekommen?
Natürlich, alle wollten es – sie standen dichtgedrängt. Aber mir wurde es zuteil. Eine Frau aus der Menge trat auf mich zu und sagte: »Hier ist dein Brot, Scherifa, nimm es!« Und eine Frau neben mir, flüsterte: »Nimm dein Brot, es ist dir von Gott und Lalla Aischa gegeben.« Also habe ich es genommen und stückweise verteilt, wie es der Brauch ist ... Weißt du, ein Mann hat das Brot geteilt – und ich hatte das Gefühl, er schneidet mein Herz in Stücke. Ich war voller Angst, daß nichts für mich übrigbleiben würde, daß ich kein Stück davon mit nach Hause nehmen könnte. Es war sehr seltsam ... Dann trat ein Mann aus dem Heiligtum und kam auf mich zu – ein *buhali***, den ich schon während der Prozession getroffen

* Brot gilt den Hamadscha als Träger und Symbol von *baraka* (s. o.); *tabaraka* ... – ›Erhaben und gesegnet sei (sein Name)‹ (Anm. d. Ü.).

** *buhali* – ein ›Narr‹, ein geistig verwirrter Mensch, der in besonderer Beziehung zu den übernatürlichen Kräften steht. Oft steckt in seinen sonderbaren Reden und Handlungen eine ›Botschaft‹, die es zu entschlüsseln gilt ... (*buhali* nennt man die Mitglieder der *haddaua*, einer Bettelbruderschaft, die fürs Kif-Rauchen und Wahrsagen bekannt ist [Anm. d. Ü.].)

hatte. Er wandte sich an eine Frau, die bei mir stand: »Nicht zu dir will ich sprechen, sondern ihr habe ich vieles zu enthüllen.« Er deutete auf mich, sprach aber weiter zu ihr: »Diese Frau ist gekommen, um ihr Brot in Empfang zu nehmen. Du hast schon alles erhalten, was dir zusteht. Aber sie hat noch viel zu bekommen, und sie hat für das Brot einen weiten Weg gemacht.« Dann sprach er zu mir: »Du bist von weit her gekommen, aber dir wird sich alles erfüllen, du wirst erlangen, wonach du strebst.« Ich stiftete eine Kerze, wie das so üblich ist. Er sagte: »Nur Mut, du wirst deine Fähigkeit nützen und es wird dir an nichts fehlen – noch viele Male wirst du dieses Heiligtum aufsuchen.« Er redete und redete, und ich glaubte ihm jedes Wort – ich war voller Zuversicht und Selbstvertrauen . . .

Und hast du dann gleich als Seherin gearbeitet, als du wieder in Rabat warst?

Ja, ich habe sofort angefangen.

Wie ging das zu? Du bist doch nicht eines Morgens aufgewacht und hattest Visionen?

Nein, erst mußte ich noch das ›Blutopfer‹ bringen. Ich kaufte eine Kuh – die hat allein 800 Dirham gekostet, von den übrigen Kosten ganz zu schweigen – und dann ließ ich den *muqaddim** kommen. Er reiste mit einem Gefolge von 14 Personen an – die Frauen nicht mitgerechnet.

Kam er aus Sidi Ali?

Nein, aus Kénitra. Bei unserem ersten Zusammentreffen hat er gesagt: »Du mußt dich rüsten. Und wenn du bereit bist, sag' mir Bescheid, dann werde ich die *lila*** für dich abhalten.« Er kam dann mit seinen Leuten, und sie blieben sieben Tage. Sieben Tage lang haben wir getanzt, und ich wollte gar nicht mehr aufhören. Als sie aufbrachen, habe ich mich auf die Türschwelle geworfen – sie sollten mich nicht verlassen. Daraufhin begannen sie, zu beten.

Und sie waren sieben Tage bei dir?

Ja, sieben Tage Essen und Trinken – gelobt sei Gott! Der *muqaddim* selbst war einen ganzen Monat bei mir. Er ist sehr zufrieden nach Hause gefahren.

* *muqaddim* meint in diesem Zusammenhang den ›Leiter‹ einer Gruppe der Hamadscha (Anm. d. Ü.).

** *lila* – (›Nacht‹) eine Zeremonie der Hamadscha, die am Abend ausgeführt wird und das Tanzen im Trancezustand einschließt (Anm. d. Ü.).

Und dann hast du praktiziert?

Ja, das war die *tadschien**; sie haben die Fahne an meine Tür gehängt, bevor sie abreisten, und die Frau des *muqaddim*, selbst eine *muqaddima*, hat mir den *t'baq* gemacht.**

Viele Seherinnen, die ich besucht habe, hatten kein Zeichen an der Tür. Heißt das, die Fahne darf nur aufgehängt werden, wenn eine Frau die *lila* und das Opfer vollzogen hat – so wie du?***

Ja, so ist es wohl. Das Blutopfer ist vorgeschrieben, und du brauchst die Zustimmung des *muqaddim*. Solche Opfer müssen auch zu bestimmten Zeiten wiederholt werden, weißt du: zum Beispiel im Monat *schaaban* und beim *mulud* – sonst bist du deines Lebens nicht mehr sicher ... Aber die *lila* muß nicht unbedingt nach der Art der Hamadscha gemacht werden, wer will, kann sich auch an die Gnaua oder die Dschilala halten ... Du weißt ja, es heißt: ›*Kul melk kaij tlab uaqtu.*‹**** Man muß sich eben den Heiligen suchen, dem man dienen will – Moulay Abdelkader Dschilali, Al Gnaui, Al Hamduschi, Al Issaui, As-Sarqaui ... Die Geister sind ganz verschieden, weißt du ... Wir versuchen natürlich, mit allen in Kontakt zu bleiben, aber letztlich hat jeder seine *melk******, den Dämon, der ihn leitet. Jeder tanzt nach seiner Weise: der eine braucht das Feuer, der andere schüttet sich Wasser über den Kopf, ein dritter muß seine Kleider zerreißen – so ist nun mal die Welt. Im Jahr darauf, während des *mulud*, habe ich eine *lila* von den Gnaua

* *tadschien* – eine Art ›Einsegnung‹ oder Aufnahme-Zeremonie (Anm. d. Ü.).

** *t'baq* – ein Behältnis, das gewöhnlich benutzt wird, um den *kuskus* zuzubereiten oder Brot aufzubewahren. Für die *schauaffa* bedeutet *t'baq* eine Gerätschaft, die sie für ihre Tätigkeit braucht, als Hilfsmittel bei den Séancen ... Habibas *t'baq* enthielt vor allem Muscheln der verschiedensten Art.

*** Die Seherinnen in den Barackensiedlungen in Rabat/Salé und Casablanca, die ich aufgesucht habe, hatten meist eine solche Fahne an der Tür, um ihre Berufung öffentlich kundzutun. Die anderen, die in den städtischen Wohnvierteln lebten, waren etwas diskreter. Habiba bildet hier eine Ausnahme – sie wohnt in Diour Al-Dschama, hat aber dennoch ein Zeichen an ihrer Tür.

**** *kul melk* ... – etwa: ›Diene jedem König zu seiner Zeit‹; ein Sprichwort. Die Gnaua und die Dschilala sind sufische ›Orden‹, ähnlich den Hamadscha (Anm. d. Ü.).

***** *melk* – (Hocharabisch *malik* – ›König‹), hier im Sinne eines ›Herrn und Gebieters‹ (Anm. d. Ü.).

ausrichten lassen – das Opfer für Lalla Malika* hat mich 300 Dirham gekostet! Ich mußte eine Menge verschiedener Sachen dafür besorgen: zum Beispiel *suak***, die schwarzen Samenkörner der Wassermelone, Feigen und tausend andere Dinge – bis die Opferschale endlich in die *al-hadschba* kommt.

*Al-hadschba****, was bedeutet das?

Das Opfer muß in einem Zimmer stehen, das niemand betreten darf – vor allem keine Kinder! Die Schale wird sorgfältig hergerichtet und dann bedeckt. Wer unerlaubt das Zimmer betritt und daraus irgend etwas mitnimmt, muß um sein Leben fürchten ... An diesem Abend hat das Schicksal eine meiner Nichten getroffen. Das arme Kind – sie war erst siebzehn, und sie wußte einfach nicht Bescheid. Nun ist sie auch besessen ...

Hatte sie das Zimmer betreten, in dem das Opfer bereitstand?

Nein, sie kam herein, als das Tuch über die Hörner der Kuh gebreitet wurde ...

Wo war denn die Kuh geopfert worden? Im selben Raum?

Ja. Und als sie die Kuh mit den Tüchern sah, brach sie in unbändiges Gelächter aus. Die Geister haben sie gepackt – und heute tanzt sie wilder als ich ... Ich komme nach einer Weile wieder zu mir, aber sie muß immer weiter tanzen, die Ärmste ... Ich habe versucht, mit ›ihnen‹ zu verhandeln, damit sie erlöst wird – aber es war umsonst! Einmal, bei einer Zeremonie der Hamadscha, die ich leitete, geschah es, daß einer der Teilnehmer vortrat und nach Lalla Aischas Weise zu tanzen begann. Seit zwölf Jahren war Lalla Aischa nicht in ihn gefahren – aber in dieser Nacht geschah es! Ich flehte sie an****, meine Nichte freizugeben: »Weshalb ist eure Wahl gerade auf sie gefallen? Sie ist noch ein Kind! Hättet ihr doch mich erwählt, das wäre nur gerecht gewesen – ich bin nicht mehr jung, ich kenne das Leben und seine Wechselfälle und habe vieles überstanden. Aber sie – ein junges Mädchen, das noch nichts vom Leben weiß!« Und ich erhielt zur Antwort: »Wir wollen, daß viele zu uns gehören. Du

* Lalla Malika – ein Dämon, wie Lalla Aischa, aber mit anderen Eigenschaften und einer besonderen Beziehung zu den Gnaua und Dschilala (Anm. d. Ü.).

** *suak* – Nußschalen, die zum Zähneputzen verwendet werden.

*** *al-hadschba* – Abschirmung, Verschluß (Anm. d. Ü.).

**** Habiba wendet sich nicht an den Tänzer, sondern an die Geister – in diesem Fall Aischa Qandischa –, die in ihn gefahren sind.

willst doch sicher nicht die einzige sein? Deshalb werden wir sie bei uns behalten.« Meine Nichte mußte sich damit abfinden. Sie hat das Geld für die Zeremonien aufgebracht und immer wieder bezahlt, um von ihren Zuständen loszukommen ... Aber sie ist noch immer heimgesucht – sie sieht alles, sie sieht das alles, so wirklich wie ich dich jetzt sehe ...*

Übt sie denn auch den Beruf einer Seherin aus – so wie du?

Nein, ihre Visionen sind nicht für andere bestimmt. Sie sieht die Wesen aus einer anderen Welt: manchmal steht Lalla Aischa neben ihr, nimmt ihren Platz ein, ist ständig bei ihr ... Sie lacht sie immer aus ... Die Ärmste hat sich nie davon erholt.

Gab es denn keine Möglichkeit, sie behandeln zu lassen?**

Nein, solche Behandlung kam nicht in Frage. Sie ist zu Sidi Mimun, nach Bismillah und Al Ksar gepilgert. Ihre Mutter hat ein Blutopfer verrichten lassen und sogar für das ›schwarze Ritual‹ gesorgt.***

Und geht es ihr jetzt besser?

Nur wenn sie tanzen kann – nach den *schaban*-Zeremonien**** geht es ihr einige Monate lang ganz gut. Aber danach hat sie immer wieder diese Zustände. Es genügt, daß sie jemanden sieht, der weint – und schon bekommt sie einen Anfall ... Glaub' mir, sie macht uns da nichts vor ...

Ich zweifle nicht daran ...

Ja, es handelt sich wirklich nicht um Hirngespinste ... Weißt du, eines Tages kam eine junge Frau zu mir. Sie war jung und gesund, ihr Leben lag noch vor ihr – und darum war sie anmaßend und sehr von sich überzeugt. An die Welt der Geister glaubte sie wohl gar nicht, aber sie hatte Probleme, und darum kam sie zu mir. Ich ›schaute‹ für

* Sie sieht die kommenden Dinge und die Wesen aus dem Jenseits. Für diejenigen, die von machtvollen Geistern ›besessen‹ sind, soll die Gabe des ›Hellsehens‹ eigentlich ein Geschenk sein – ein Ausgleich für die schlimmen Anfälle, denen sie oft ausgesetzt sind.

** Ich wagte nicht, in diesem Moment von einem Arzt zu sprechen.

*** Jeder bedeutende Dämon hat seine Farbe – Schwarz ist eine der gefährlichen, kraftvollen Farben. Wer sich einem Farbenritual unterzieht, behält sein Leben lang eine ganz besondere Beziehung zu der entsprechenden Farbe.

**** Für alle, die in irgendeiner Weise mit den Geistern in Beziehung stehen, ist der Monat Schaban, ebenso wie der Aaschura-Gedenktag, am 10. Muharram, von besonderer Bedeutung.

sie und die *dschuad**, die Geister, sagten ihr alles: »Du warst schon einmal verlobt, aber es gab Streit ... usw. ...« Nun hatte ich an diesem Tag auch den *muqaddim* und seine Frau bei mir – wir waren mitten in einer weihevollen Handlung, als plötzlich die junge Frau in der Tür auftauchte. Sie benahm sich sehr respektlos. Insgeheim hat sie sich wohl über uns lustig gemacht. Und weißt du, was ihr geschehen ist? Sie kam nur bis zum Gemüsehändler, direkt gegenüber, da stürzte sie zu Boden! Man hat ihr aufgeholfen, aber sie konnte nicht mehr laufen – ein Fuß stand ganz schief, und die Zehen waren völlig verrenkt! Der Gemüsehändler und die anderen, die mich ja kannten, dachten sich gleich, was los war. Sie sagten zu ihr: »Geh' zurück zur Scherifa und bitte sie um Verzeihung!« So kam sie wieder zu mir: »Scherifa, ich hinke ...« – »Leiste Abbitte, mein Kind«, sagte ich, »du mußt versprechen, nie mehr über uns und über die Geister zu lachen.« Dann renkte ich ihr die Zehen ein und sie konnte auf beiden Beinen nach Hause gehen, als wäre nichts geschehen. Seitdem kommt sie regelmäßig – eine nette junge Frau.
Wie lange ist es jetzt her, daß du deine Tätigkeit als Seherin aufgenommen hast?
Drei Jahre.

Ein junger Schwarzer erscheint ...

Anfangs hat du 2 Dirham für eine Sitzung genommen?
Ja, genau. Aber es war Allahs Wille, meinen Wohlstand zu mehren, und darum begegnete ich eines Tages einem jungen Schwarzen – er war dunkelhäutig wie der junge Mann hier ...** Er sah ihm ganz

* *dschuad* – (›Koranrezitator‹) ist, wie *muminin*, ein Euphemismus für die ›Geister‹ (Anm. d. Ü.).

** Während unseres Gesprächs – Habiba trug Festtagskleider und einen schwarzen Schleier – war die ganze Familie anwesend, außerdem zwei Jugendliche, Freunde ihres Sohnes. Alle Mitglieder der Familie und die Freunde waren dunkelhäutig. In den Beziehungen mit der Welt der Geister gilt dunkle Hautfarbe als eine Empfehlung. Alles, was auf den Süden, auf einen Zusammenhang mit Zentralafrika hindeutet, hat positive Bedeutung. (Aischa Qandischa wird auch Aischa Sudanija genannt, sie gilt selbst als dunkelhäutig und stammt, den Legenden zufolge, aus dem Sudan [Anm. d. Ü.].)

ähnlich, nur daß ihm die Haare nach allen Seiten vom Kopf abstanden.

Hast du ihn wirklich gesehen, oder war es ein Traum?*

Es war ein Traum. Latifa – eine *m'allma*** wie ich – war bei mir, und sie sagte mir irgendwann, daß jemand an der Tür war und mich sprechen wollte. Ich öffnete die Tür und stand diesem jungen Schwarzen gegenüber. Wir begrüßten uns, und er sagte: »Bist du die Frau, die mit *al-l'dun**** arbeitet?« Ich bejahte, und daraufhin stellte er mich auf die Probe: »Was machst du, wenn jemand mit seinen Leiden zu dir kommt?« – »Wenn Sie wissen wollen, was ich mache, will ich es Ihnen zeigen. Treten Sie ein, Sie sind willkommen, wenn Sie den Glauben haben.«**** Ich fürchtete mich vor ihm, und er sagte: »Was ängstigt dich?« – »Herr, die Leute fürchten sich vor mir, aber ich habe Angst vor Euch! Wer seid Ihr, bei Gott?« – »Ich bin der Meister des *l'dun.*« Ich packte ihn an den Kleidern und zerrte ihn mit aller Kraft zu einer Liege – dort ließ ich ihn sinken . . . »Wie benutzt du das *l'dun*?« wollte er wissen. »Ich gebe es dem Besucher in die Hand, dann werfe ich es ins Feuer und ins Wasser – und dann deute ich das Ergebnis . . .« – »Ab nun wirst du das *l'dun* den Besuchern auf den Kopf legen – so!« – er machte es mir vor. Dann wollte er, daß ich die Zeremonie mit ihm durchführe. Ich fing also an, legte ihm das *l'dun* mit der rechten Hand auf den Kopf – da umschloß er meine Hand mit der seinen und sagte: »Siehst du! Dafür stehen dir wohl 70 Rial***** zu!« Es sind fünf Monate vergangen, seit er bei mir war, aber ich kann mich an jede Einzelheit in diesem Traum genau erinnern.

* Diese umfassende Frage mußte ich stellen, weil für Habiba die Unterscheidung zwischen der ›Wirklichkeit‹ und der Welt der Visionen und Geister ohne Bedeutung war. Sie bewegt sich ganz unbefangen zwischen den Welten. Für mich war es jedoch wichtig, zu klären, von welcher Sphäre jeweils die Rede war.

** *m'allma (moallima* – ›Lehrerin‹) – hier im Sinne einer eingeweihten ›weisen Frau‹ (Anm. d. Ü.).

*** *al-l'dun* ist ein Stück Blei, das die Seherin ihren ›Kunden‹ in die Hand legt, sobald sie den vereinbarten Preis entrichtet haben. Der Kunde muß sich dann auf dieses Objekt konzentrieren, all seine Wünsche ›hineinlegen‹ und es der Seherin zurückgeben. Sie wirft es in ein Kohlebecken und läßt es unter großem Feuerzauber schmelzen – dann wird es in einen Wassereimer geworfen, und der dabei entstehende Bleiklumpen wird anschließend gedeutet.

**** Hier ist natürlich der ›Glaube‹ an die Welt der Geister gemeint.

***** 70 Rial = 3,50 Dirham.

. . . und das hat Folgen

Am nächsten Tag traute ich mich noch nicht, meinen Besuchern den neuen Preis mitzuteilen. Anfangs bin ich ja mit jeder Gabe zufrieden gewesen, auch wenn es nur ein wenig Räucherharz war . . . Und nun so eine Preiserhöhung – das war mir unangenehm. Ich hörte die Leute schon sagen: »Wir sind eben in Marokko.«* Wenn sie mal angefangen haben, spitze Bemerkungen zu machen, wollen sie von irgendwelchen Begründungen natürlich nichts mehr hören. Also habe ich zunächst von meinen Besuchern keine höhere Preise verlangt. Aber am Abend dieses nächsten Tages erschien mir eine schwarze Frau im Traum. Sie trug drei Ringe – einen im Ohr, einen in der Nase und einen in der Unterlippe. Die ließ sie klingeln und rief mir zu: »Du hast den Gehorsam verweigert – das wird dich teuer zu stehen kommen! Du wirst schon sehen! Wenn du nicht bereit bist, den Leuten zu sagen, daß jede Sitzung ab jetzt 70 Rial kostet, werden wir dir die Hölle heiß machen. Du hast wohl mehr Angst vor den Leuten, als vor uns? Na gut, wir werden dir übers Maul fahren, und deine Wunde wird sich ein Jahr lang nicht schließen!« Ich war entsetzt. Seit einem Jahr hatte ich eine Wunde am Fuß, die nicht heilen wollte, und ich hatte bereits eine Zehe verloren – offenbar war mir im Umgang mit ›ihnen‹ ein Fehler unterlaufen . . . Nach diesen Drohungen blieb mir natürlich nichts anderes übrig, als meinen Besuchern den neuen Preis mitzuteilen.

Eines morgens um elf Uhr wurde an die Tür geklopft – es war niemand zu sehen, aber auf dem Boden lagen dreißig Rial! Ich machte meiner Tochter Vorwürfe: »Bist du verrückt? Wie kommst du dazu, das Geld mit dem Porträt unserer Majestät Hassan II. auf dem Boden herumliegen zu lassen?« Aber sie hatte nichts damit zu tun, und mir wurde klar, daß es sich um ein Zeichen der Geister handelte: 30 Rial – das war ungefähr die verlangte Preiserhöhung! Daraufhin gab ich meiner Kundschaft die neuen Preise bekannt. Denen, die meckerten, sagte ich, daß ich leider für sie nicht mein Leben riskieren könnte. Ich zeigte ihnen die drei Brandmale auf meinem Bein, die seit dem Traum dort entstanden sind – drei Narben von der Größe eines Rial! Sieh her – ich bin gezeichnet (*sie zeigt mir die Narben an ihrem Bein*).

* ›al Maroc‹ – eine sarkastische Redewendung.

Inzwischen kommen die Leute von überall her zu mir – aus allen *duars** und aus der Stadt. Erst gestern war eine Frau bei mir, die im Traum Lalla Aischa gesehen hat. Sie war von einem Moped angefahren worden – weil sie an Geisterbeschwörungen teilgenommen hatte, ohne die rechten Duftstoffe zu verwenden und ohne die Regeln für die Waschungen zu befolgen ... Ihr Gesicht war noch ganz verschwollen ... Man hatte ihr dann den Rat gegeben, zu mir zu kommen und Kerzen für Lalla Aischa zu stiften. Sie brachte Henna mit, das haben wir dann hier aufgetragen, und sie hat die Kerzen zu Ehren von Lalla Aischa angezündet. Noch am selben Abend ist ihr Lalla Aischa erschienen. – Weißt du, ich habe inzwischen auch ein Heiligtum für Lalla Aischa errichtet ...

Ein Heiligtum für Lalla Aischa

Wo befindet sich dieses Heiligtum?
Hier in diesem Haus. Seit ich anfing, es zu errichten, haben der *muqaddim* und seine Gehilfen alles überwacht – und bevor wir mit den Arbeiten begonnen haben, wurde eine Kuh geopfert. Dabei haben sie eine Stelle ausfindig gemacht, auf die das warme Blut tropfte – es war meine Schwester, die es bemerkte. Ich fragte den *muqaddim*: »Was bedeutet das?« Und er gab zur Antwort: »Gott schenkt dir Wohlstand! Du kannst das Heiligtum der Lalla Aischa in deinem eigenen Haus errichten!« Wir besorgten alles Nötige – Steine und Zement und einen schwarzen Vogel, der im Heiligtum geopfert wurde.
All das ist hier in deinem Haus geschehen?
Ja, hier in diesem Haus. Ich sorgte dafür, daß immer genug Henna da war. Und von überall her kamen die Leute zu diesem Heiligtum, um die Hilfe von Lalla Aischa zu erbitten. Man muß aber fest daran glauben – sonst hat es keinen Zweck! Wer daran glaubt, dem erscheint Lalla Aischa im Traum und sagt ihm, was er zu tun hat, womit er beginnen muß usw. ... Lalla Aischa fordert die Leute auf, zu mir zu gehen – nur durch meine Vermittlung erfüllt sie ihre Wünsche. Glaub' mir, erst gestern war eine Frau aus Tabriket hier, die noch nie von mir gehört hatte.

* *duar* – ländliche Siedlungen, Stammesgebiete (Anm. d. Ü.).

Und wie hat sie dann zu dir gefunden?
Ein Traum hat ihr alles offenbart: »Ich sah im Traum eine Tür, die von einer Grünpflanze überwuchert war.« Ich sagte: »Schau, ob dies die Tür ist, die du im Traum gesehen hast.« Sie erkannte die Tür, und daraufhin brachte sie Benzoe, Brot, Oliven und Kerzen und äußerte ihren Wunsch: sie wollte ›einen Schlüssel‹ – eine eigene Wohnung. Bislang ist ihr Begehren nicht erfüllt worden. Aber sie kam von Tabriket, um mich aufzusuchen – ohne meine Adresse zu kennen; sie hat sich immer nur durchgefragt . . .
Was hat sie denn gefragt?
Sie fragte immer: »Wißt ihr etwas von einer dunkelhäutigen Frau, die einen Wallfahrtsort für Lalla Aischa errichtet hat?« Ein kleiner Junge sagte schließlich: »Bei uns im Viertel gibt es eine solche Frau – aber ob sie ein Heiligtum errichtet hat, das weiß Gott allein. Geht hin und fragt sie selbst!« Als sie vor meiner Tür stand, habe ich sie hereingebeten und zum Heiligtum der Lalla Aischa geführt. Sie brach in Tränen aus: »Diesen Ort habe ich gesucht, aber ich wußte nicht wo . . .« Ich tat für sie, was ich konnte.
Weißt du, manche Leute weigern sich noch, die 70 Rial zu zahlen – was soll ich machen, das kommt eben vor. Wenn ich sehe, daß ich eine sehr arme Frau vor mir habe, dann bin ich großzügig. Vielleicht gebe ich ihr sogar noch etwas Geld zurück, damit sie den Bus nehmen kann. Solche armen Leute lasse ich nicht im Stich – da darf ich nicht den vollen Preis fordern . . .

Die Zauberformeln schreiben sich von selbst . . .

Und wie hältst du es mit dem Geschriebenen*, mit den Zauberformeln?

* *Al-ktaba* – ›die Schrift‹. Habiba fertigt Amulette an (die *al-harz*, oder auch *al-ktab*, das Buch‹ genannt werden). Diese ›Dienstleistungen‹ – die Amulette und der Zugang zu den ›Geistern‹ – sind höchst einträglich: die Seherin kann Tausende von Dirham damit verdienen. Die erste Sitzung für 3,50 Dirham ist ja nur ein Anfang – das Problem wird erfaßt, die Rahmenbedingungen für die Wahrsagung werden festgelegt. Mit Hilfe ihrer Zaubermittel – dem *l'dun* und dem *t'baq* – steuert die Seherin diese erste Begegnung. Sie stellt ihre Fragen, auf die der ›Kunde‹ zu antworten hat, und natürlich erfährt sie dabei, wo die Probleme liegen. All die spektakulären

Das hängst davon ab, wie alt die Leute sind. Wenn ich ein Amulett für ein krankes Kind schreibe, kostet es 200 Rial (10 Dirham), Erwachsene zahlen das Doppelte. Manchmal genügt es ja schon, wenn die Leute bei sich zu Hause im Kohlebecken eine bestimmte Mischung von Stoffen verbrennen – der Rauch wirkt reinigend und vertreibt den *tqaf*, den bösen Zauber. Ich besorge die Sachen, die man dafür braucht, und meine Bezahlung hängt dann auch davon ab, was ich kaufen mußte. Erst gestern sind zwei Männer wegen so einer Angelegenheit bei mir gewesen.
Um sich einen Zauber schreiben zu lassen?
Ja. Das Schreiben besorgt natürlich mein *fqih** für mich, und zwar immer nur abends. Tagsüber kann ich nicht schreiben. Nur in Ausnahmefällen, wenn es sehr dringend ist, weil jemand krank ist und leidet, schreibe ich auch am Tag. Aber sonst schreibt der *fqih* für mich.
Wie geht das vor sich? Bist du beim Schreiben ganz bei dir, oder im Zustand der Entrückung?
Ich bin ganz wach – aber trotzdem schreibe ich nicht selbst: meine Hand bewegt sich ein paar Minuten lang von allein, als wäre sie an eine Maschine angeschlossen. Ich kann mühelos 40 oder 50 Amulette schreiben. Aber ich gehorche dabei nur den Anweisungen meines *fqih* – ich habe Vertrauen zu ihm, und er schreibt für mich.
Solche Amulette dienen ganz verschiedenen Zwecken. Manchmal geht es darum, daß ein Mädchen einen Mann findet, manchmal sollen Probleme am Arbeitsplatz gelöst werden. Ich schreibe die Zauberformeln immer am Abend – mein *fqih* erleuchtet und belehrt mich und zeigt mir immer neue Dinge.

Begleitumstände – Räucherharz, der Schleier, den sie sich über den Kopf legt, ihre wilden Kreisbewegungen und seltsamen Schreie – dienen nur dazu, den Kunden in die rechte Stimmung zu bringen und an die Angel zu bekommen. Letztlich ergibt sich dann stets eine ›völlig verfahrene Situation‹. Nun wird es erst interessant! Alles weitere ist Sache der nächsten Sitzungen. Die Seherin muß versuchen, den jeweiligen ›Bannfluch‹ aufzuheben – in dieser Phase wird das Honorar neu ausgehandelt. Amulette, oder Verrichtungen im Heiligtum der Lalla Aischa – all das kann sich über Jahre hinziehen und ist an pünktliche Zahlung gebunden. Meine Gespräche mit ›Seherinnen‹ haben ergeben, daß die Summen, um die es dabei geht, zwischen 200 Dirham und 2000 Dirham liegen.

* *fqih* – Lehrer an einer Koranschule. Hier ist offensichtlich ein ›Lehrer‹, ein ›Meister‹ aus der Welt der *dschnun* gemeint (Anm. d. Ü.).

Das heißt, man kann bei dir ein Amulett bestellen und es am nächsten Tag abholen?
Ja, aber oft ist das ja gar nicht nötig. Es kommt immer darauf an, was die Geister fordern. Bei manchen Leuten ist es die *tabschira*, bei anderen ein *ktab*, und wieder andere müssen drei oder sieben Tage hintereinander das *l'dun* nehmen*, damit sich ihre Probleme lösen ... Weißt du, oft kommen die Leute ein paar Tage nach ihrer Sitzung noch einmal zu mir, um mir zu sagen, daß es ihnen besser geht.

* Verbrennen von Räucherstoffen, Amulette, Bleigießen.

Khadija Al Jablia

ist 1952 geboren, im Stammesgebiet der Mernissa, südlich von Fès. Sie arbeitet zunächst in der Landwirtschaft, geht dann – als Hausangestellte – in die Stadt. Zum Zeitpunkt des Interviews (1977) ist sie 25 Jahre alt.

Du bist bei den Mernissa geboren – kommst du aus einem Dorf oder aus einem *duar*?*
Aus einem großen *duar.*
Wie viele Menschen leben dort ungefähr?
Etwa zweihundert ... Es gibt zwei Moscheen – und vier Heilige.
Welche Heiligen sind das?
Sidi Hsain, Sidi Taha und Mulay Abdallah Asch-Scherif und dann noch Mulay Abdelkader Dschilali. Jeder Heilige hat seine besonderen Gaben – Sidi Taha hilft den Besessenen in ihren *riah*, Mulay Abdallah hilft gegen den bösen Blick, Sidi Hsain ist auch für die Anfälle der Besessenen und Mulay Abdelkader ... Das ist auch ein Wallfahrtsort, dort findet die *sadaqa*** statt. In der einen Moschee lernen die Kinder den Koran lesen, und in der anderen wird gebetet und die *chutba**** abgehalten ...
Gehen die Frauen auch in die Moschee?
Ja, sie beten und nehmen an der *chutba* teil ... Es ist schön dort ...
Und wovon leben die Menschen?
Es gibt Felder und Gärten – Dattelpalmen, Oliven- und Feigenbäume.
Auch Viehzucht?
Ja, Rinder – aber nicht so viele wie im Rharb. Den Leuten ergeht es ganz unterschiedlich. Manche sind sehr reich, andere haben gar nichts und müssen sich jede Kleinigkeit auf dem *suq* kaufen ...
Und deine eigene Familie?
Wir besaßen nicht sehr viel. Meine Großeltern hatten Vieh, ihnen

* *duar* – eine ländliche Siedlung aus einzelnen Gehöften (Anm. d. Ü.).

** *sadaqa* – (›Mildtätigkeit‹, ›Almosen‹). Hier ist eine Zeremonie mit rituellem Tanz gemeint, wie sie von den islamischen ›Bruderschaften‹ an Heiligengräbern vollzogen wird (Anm. d. Ü.).

*** *chutba* – Predigt, das ›Freitagsgebet‹.

ging es sehr gut – aber es fehlten Arbeitskräfte. Sie waren eigentlich nur zu dritt: die Großmutter, der Großvater und mein Vater.
Dein Vater war das einzige Kind?
Er hatte noch einen Bruder, der aber gestorben ist, und eine Schwester, die hier geheiratet hat, aber weiterhin bei ihrem Vater gewohnt und im Haushalt geholfen hat – ihr Mann war nie zu Hause, er arbeitete für den *qa'id* und begleitete ihn überall hin, als eine Art *schauisch* ...* Sie wohnte also mit den Kindern bei meinen Großeltern. Mein Vater war damals noch nicht verheiratet.
War deine Mutter seine erste Frau?
Nein, er war schon mal verheiratet, aber seine erste Frau ist nur ein Jahr bei ihm geblieben ... Und dann hat er meine Mutter geheiratet.
Warum ist er nicht mehr mit seiner ersten Frau zusammengewesen?
Es ist schließlich nicht vorgeschrieben, daß man zusammenbleibt ... Außerdem gab es Schwierigkeiten mit der Familie dieser Frau. Sie haben mit allen Mitteln versucht, die beiden auseinanderzubringen. Also hat er sich scheiden lassen und dann meine Mutter geheiratet. Zu dieser Zeit hatte meine Tante schon fünf Kinder – zusammen mit der Großmutter hat sie sich um die Arbeit im Haus gekümmert, während mein Vater auf dem Feld war. Die Frauen haben alles gemeinsam gemacht – das Vieh gefüttert, gesät ... Und mein ältester Vetter hat die Herde auf die Weide gebracht.
Und dein Onkel?
Er war ein *talib***. Als er gestorben ist, wollte seine Frau nicht bei uns bleiben. Weißt du, hier ist es so üblich, daß ein Mann die Frau seines Bruders heiratet, wenn der Bruder stirbt – aber mein Großvater war dagegen.
Weshalb?
Er hat zu ihr gesagt, sie kann weiter bei uns bleiben, er wird sich um sie kümmern ...
Weil dein Vater nach der Tradition eigentlich verpflichtet war, sie zu heiraten?

* *qa'id* – der regionale Vertreter der staatlichen Verwaltung, eine Art ›Landrat‹.
schauisch – ein persönlicher Assistent, eine Art ›Faktotum‹ (Anm. d. Ü.).

** *talib* – (›Student‹), ein ›Studierter‹, der oft Schreiber, Übersetzer, Koranlehrer in einem ist – wer irgendeine Form von Schulbildung genossen hat, steht bei der Landbevölkerung in hohem Ansehen (Anm. d. Ü.).

Ja, nach der Tradition ... Aber er wollte nichts davon wissen. Mein Vater war noch zu jung – er hatte keine Lust, eine Frau zu heiraten, die viel älter war als er. Trotzdem hätte sie bleiben können, es wäre ihr auch weiterhin gutgegangen ... Aber sie hat das Angebot abgelehnt und hat uns verlassen.
Hatte sie keine Kinder?
Nein. Sie wollte nicht bleiben ... Also, mein Vater hat dann schließlich meine Mutter geheiratet – ich bin die Erstgeborene. Nach der Heirat ist meine Mutter ein Jahr lang nicht schwanger geworden, alle hielten sie schon für unfruchtbar. »Du mußt sie verstoßen«, haben sie immer zu meinem Vater gesagt, »oder willst du dein Leben lang für die Kinder von anderen sorgen?« Aber mein Vater ließ sich nicht entmutigen – und dann bin ich zur Welt gekommen, seine Erstgeborene ... Nach mir kam mein Bruder Abdelkader, weißt du, der jetzt für den Staat arbeitet ... Das dritte Kind ist gestorben, aber danach brachte sie noch ein Mädchen und einen Jungen zur Welt – der geht jetzt noch zur Schule. Ich habe angefangen, bei der Arbeit zu helfen, als ich größer war.
Bei welchen Arbeiten hast du geholfen?
Bei der Hausarbeit.
Wie war denn euer Tagesablauf? Ihr seid morgens aufgestanden – und dann? Was haben dein Vater und deine Mutter gemacht? Was hattest du zu tun?
Nach dem Aufstehen wurde erst mal Frühstück gemacht, und wir haben gegessen ...
Was gab es zum Frühstück – und wer hat es zubereitet?
Meine Mutter machte das Frühstück. Es gab Kaffee mit Milch – unsere eigene Milch, nicht aus dem Laden –, es gab Brot und Butter oder Brot mit Olivenöl ... Nach dem Frühstück gingen wir alle an die Arbeit.
Wo wurde gearbeitet?
Wenn gerade Olivenzeit war, sind die Männer pflücken gegangen, wenn es ...
Hattet ihr viele Olivenbäume?
Ja eine ganze Menge – wir haben auch heute noch sehr viele. Wir konnten immer nur einen Teil der Bäume abernten, weil wir zu wenig Leute hatten.
Wer hat denn das Pflücken besorgt?

Mein Vater und die Männer, die er dafür angestellt hat. In der Erntezeit gab es immer sehr viel zu tun. Die Männer machten die Erntearbeit, und die Frauen kochten das Essen und brachten es aufs Feld . . .

War das ein weiter Weg?

Ja, es war sehr weit – als ob du von Rabat nach Bouknadel gehst, mindestens 15 Kilometer, oder mehr . . . Die geernteten Oliven wurden mit dem Maultier transportiert.

Und wer, sagst du, hat das Essen hingetragen?

Die Kinder, ein Sohn oder eine Tochter – wenn es viele Leute zu verköstigen gab, hat ein Erwachsener das Essen gebracht. Es gab meistens Kartoffeln . . .

Gekochte Kartoffeln . . .?

Gedünstet, mit einer pikanten Soße, wie man sie an den Salat gibt. Und dazu Sauermilch. Morgens gab es Milch und Kaffee und Eier – Rühreier mit Tomaten oder nur in Olivenöl. Abends kamen die Männer zum Essen ins Haus; dann wurde ein Hammel oder ein Mutterschaf geschlachtet oder auch ein, zwei Ziegenböcke . . .

Dein Vater hat die Kinder nicht mit zur Arbeit genommen?

Nein. Wovon ich dir gerade erzählt habe, das ist die Zeit der *tuiza**. Wenn er alleine arbeitet, frühstückt er zu Hause, dann geht er aufs Feld und kommt erst zur Stunde des Gebets zurück. Nach dem Gebet ruht er sich etwas aus, nimmt seine Mahlzeit zu sich und geht dann wieder arbeiten, bis zum Abend. Nur wenn er mit anderen Leuten zusammenarbeitet, bringen wir ihnen das Essen . . .

Also, du sagst, wenn ihr morgens aufgestanden seid . . .

. . . wird Frühstück gemacht und dann gehe ich Futter mähen . . . Für die Kühe.

Wo findest du Futtergras?

Es ist ziemlich weit weg – ungefähr zwei Stunden von unserem Haus. Aber ich muß das gemähte Gras ja nicht auf dem Rücken tragen. Ich binde es auf den Maulesel, und wenn es nicht allzu viel ist, setze ich mich noch obendrauf. Sonst muß ich zu Fuß zurückge-

* *tuiza* – eine traditionelle Form der Nachbarschaftshilfe. Die Oberhäupter der Familien vereinbaren, daß sie denen unter ihnen, die nicht über genug Arbeitskräfte verfügen, an einem oder mehreren Tagen zu Hilfe kommen. Die Familie, die Hilfe empfängt, gibt dann ein Fest . . .

hen und den Maulesel führen. In der Erntezeit mähe ich auch andere Sachen . . .
Gehst du dann mit deinem Vater?
Nein, allein.
Und wohin? Wirst du fürs Ernten auch bezahlt, wie die anderen?
Nein, ich mähe ja unser eigenes Korn, ich habe es nicht nötig, für andere zu ernten. Das ist wie mit den Bauernhöfen: wer seinen eigenen Hof hat, der muß nicht zu den anderen Bauern gehen, um Arbeit zu finden. Nur die Leute, die nichts besitzen – eine geschiedene Frau ohne Vermögen zum Beispiel, die macht dann Erntearbeit für andere und wird dafür bezahlt.
Und du hast für die eigene Familie geerntet?
Ja, zusammen mit meinem Vater und meiner Mutter. Wir haben das Korn geschnitten – aber das wird ja heute nicht mehr so gemacht, heute ist ja alles modernisiert.

Die Technik und der Kampf um den Boden

Was meinst du damit?
Heute wird die Ernte nur noch von Männern eingebracht – und wenn man viel Land hat, benutzt man eben Maschinen. Man arbeitet mit dem Traktor.
Wir hatten so einen Fall – es ging um ein paar Äcker, die uns gehörten, aber in der Kolonialzeit hatte uns ein *qa'id* die Äcker beschlagnahmt. Als er gestorben ist, das war schon nach der Unabhängigkeit, haben seine Kinder versucht, dieses Land als Erbe zu beanspruchen. Einige waren inzwischen in die Stadt gezogen, sie hatten das Land brachliegen lassen, versuchten aber, es an Leute zu verkaufen, die nicht zu unserem Stamm gehörten. Die Leute hier haben auf ihr Vorkaufsrecht gepocht und ließen die angeblichen Neubesitzer nicht an die Grundstücke heran. Wir hatten schließlich die älteren Rechte. Wenn sich Leute von außerhalb mit uns zusammentun wollten – gut. Aber ihnen gleich alles verkaufen – das ging zu weit! Zwei Söhne des *qa'id* hatten ihre Anteile an Fremde verkauft, die beiden anderen Kinder, ein Sohn und eine Tochter, hatten an uns verkauft. Unsere Leute beschlossen, das ganze Land zu pflügen und Saubohnen, Erbsen und anderes zu säen . . . Aber

dann kamen die anderen, die ein Stück von dem Land gekauft hatten, und wollten auch pflügen. Es gab ein riesiges Durcheinander von Pflügen, Maultieren und Traktoren . . .
Traktoren?
Ja, sie waren mit einem Traktor und zwei Maultieren gekommen! Es ging so sehr drunter und drüber, daß die Behörden eingreifen mußten: beide Parteien haben beim *chalifa** und bei der Polizei angerufen. Die Staatsdiener sind gekommen und haben erst mal alle verhaftet! Es durfte überhaupt nicht mehr gepflügt werden, und sie sagten: »Ihr wollt wohl Unruhe stiften, so wie ihr hier alle auf eigene Faust arbeitet – am Schluß werdet ihr euch noch gegenseitig umbringen!« Also haben sie alle miteinander eingesperrt.
Die Landkäufer und die anderen?
Alle miteinander!
Deinen Vater auch?
Ja. Und ich hatte gerade geheiratet.
Sie haben auch deinen Mann mitgenommen?
Nein, er war nicht dabei, er gehört zu einem anderen Stamm . . .
Aber dein Vater . . .?
Mein Vater und alle Männer seiner Sippe.
Haben sie nur die Männer mitgenommen oder auch Frauen?
Nur die Männer, und wo es zwei Brüder gab, oder zwei Partner, mußte nur einer mitgehen. Alle kamen ins Gefängnis.
Auch die Landkäufer?
Die auch – alle wurden zu 25 Tagen Haft und einer Geldbuße verurteilt. Wir haben es durch einen Rechtsanwalt erfahren, der auch zu unseren Leuten gehört und selbst Land besitzt. Der wollte es nicht so einfach hinnehmen, daß sie ins Gefängnis kommen und hat bei der Gendarmerie angerufen: »Es kommt überhaupt nicht in Frage, daß ihr sie ins Gefängnis steckt, bevor ich hier in Taza mit ihnen gesprochen habe!« Na ja, sie wurden nach Taza zum Gericht gebracht, und der Anwalt hat sie alle bei sich zu Hause empfangen.
Alle?
Ja, seine Leute und die anderen. Er hat einen großen Empfang gegeben. Zu den anderen sagte er: »Nehmt euch auch einen Anwalt.« Dann wurde über die nötigen Papiere verhandelt . . . Aber die Sache hat sich schließlich vier Jahre lang hingezogen . . .

* wie der *qa'id* ein Repräsentant der staatlichen Verwaltung auf lokaler Ebene.

Und wer bestellt die Felder?
Niemand! Der Staat hat es verboten – das Land wird Tag und Nacht bewacht. In der Mitte gibt es einen Bach, den *uargha*, und wenn er Hochwasser führt, ist alles ein Meer von Schlamm. Die Sache zieht sich hin. Niemand darf das Land betreten, im Augenblick gibt es keinen Besitzer. Wir haben nur die Grundstücke bestellt, die uns schon lange gehören, die liegen ganz woanders.
Wieviel Hektar sind es denn?
Es ist ja aufgeteilt, in einzelne Hektar und Parzellen ... Eines Tages kam ein Franzose und hat das Land vermessen. Wir wußten nicht Bescheid und dachten erst, es ist vielleicht ein Tourist. Er hat jede Parzelle fotografiert.

Die Männer suchen Arbeit in der Stadt – die Mädchen übernehmen die Feldarbeit

Als ich größer war, habe ich im Haushalt mitgearbeitet – ich habe gekocht.
Für wen?
Für meine Mutter und für meine Brüder.
Wie viele Brüder hattest du?
Vier – wir sind fünf Geschwister. Ich mache das Brot und backe es im Ofen, in unserem eigenen Ofen, wie man das auf dem Land so macht ... Ich weiß, wie man Bohnenpüree macht, wie man die Erbsen, Linsen und Kartoffeln zubereitet und wie man mit dem Fleisch umgeht. Das Fleisch kaufen wir auf dem *suq* – außer, wenn im *duar* geschlachtet wird – *uzza* ...*
Uzza – was heißt das?
Man kauft zusammen eine Kuh, die dann geschlachtet und aufgeteilt wird. 5 Dirham für jeden, der dabei ist ... Andere bringen ihr Fleisch einmal in der Woche vom *suq* mit.
Das heißt, ihr eßt einmal in der Woche Fleisch?
Ja, einmal in der Woche – Fleisch oder Fisch ...
Später konnte ich dann auch draußen arbeiten.
Was hast du gemacht?

* *uzza* – Verwandte, Nachbarn erwerben und schlachten gemeinsam ein Tier und teilen das Fleisch nach genauen Regeln untereinander auf (Anm. d. Ü.).

Morgens um sieben bin ich los – Holz sammeln. Um zehn war ich wieder zurück, weil es um elf, halb zwölf Mittagessen gab. Zum Essen kamen alle nach Hause, anschließend ruhten wir uns aus, bis es nicht mehr so heiß war.
Mit wem warst du unterwegs?
Mit meinen Freundinnen, vier, fünf Mädchen – von Zeit zu Zeit heiratete eine von ihnen ... Aber wir anderen blieben zusammen. Am späten Nachmittag, wenn wir geruht hatten, gingen wir wieder los, so um vier oder fünf Uhr ... Wir hatten Futter zu schneiden oder so etwas, oder wir gingen einfach ein bißchen spazieren. Nachmittags haben wir uns nicht so angestrengt. Wir vergnügten uns in den Obstgärten und paßten auf die Felder auf.
Warum habt ihr aufgepaßt?
Wenn es irgendwo ein reifes Bohnen- oder Erbsenfeld gab, dann mußten wir schauen, daß nicht die Schäfer ihre Herden hineintreiben ... Abends kamen wir zurück, und wenn unsere Mütter da waren, gab es ein Abendessen – sonst haben wir die Reste vom Mittagessen verzehrt, oder Brot ... Weißt du, es wird ja immer Brot für zwei Tage gebacken. Während der Ofen angeheizt wird, bereitet man zehn bis zwölf Brote zu – vor allem, wenn die Familie viele Kinder hat.
Wie viele Brote hat deine Familie gebacken?
Ein Dutzend, manchmal auch neun, oder nur sechs – das kam ganz darauf an ...
Als ich dreizehn war, hat dann einer meiner Onkel um meine Hand angehalten.
Ein Onkel?
Nein, ein Vetter – ich nannte ihn nur Onkel. Er hielt um meine Hand an. Wir haben die Verlobung gefeiert, und er ist wieder fortgefahren – er arbeitete ja für den Staat ... Als meine Mutter gestorben ist, war mein jüngster Bruder gerade anderthalb Jahre alt. Mein Bruder Abdelkader war acht, nein, neun, meine Schwester war vier und mein anderer Bruder sechs. Ich war erst dreizehn und der Kleinste, wie gesagt, anderthalb. Da konnte ich natürlich nicht heiraten und meinen Bruder irgendeiner Stiefmutter ausliefern. Also habe ich die Heirat abgelehnt – es gab schon genug Probleme ... Erst mußten meine Geschwister etwas älter werden, vor allem der Jüngste, dann konnte ich immer noch heiraten. So

habe ich die Sache auch meinem Verlobten erklärt. Ich wünschte ihm viel Glück und wir gingen auseinander. Er hat dann meine Cousine geheiratet, die in der Nachbarschaft wohnte. Ich kümmerte mich um die Geschwister; sie wurden älter, und ein Bruder ging auch zur Schule. Abdelkader dagegen hat die Schule abgebrochen und ist nach Casablanca in eine Schuhfabrik gegangen.
Warum das?
Er hatte keine Lust mehr ... Wir haben versucht, ihn zu zwingen; der Schuldirektor hat ihn oft holen lassen. Schließlich ist er ausgerissen, hat sich einen Ausweis besorgt und ist nach Casa gegangen, um dort in der Schuhfabrik zu arbeiten.
Ist er dort noch?
Nein, jetzt hat er eine Anstellung beim Staat gefunden. Mein anderer Bruder ist weiter zur Schule gegangen. Der Kleine auch, ich habe ihn in der Schule angemeldet, als er sieben war. Mein Vater wohnte damals nicht bei uns, er arbeitete für andere Leute, in einer anderen Gegend.
Wo lebte er?
In Meknès ... Wenn es bei uns nichts mehr zu tun gab, verließ er uns und suchte sich dort Arbeit in den Obstplantagen. Um unseren Haushalt habe ich mich gekümmert – ich habe die Tiere versorgt, die Kuh und das Kalb; wir hatten auch ein Maultier und ein Dutzend Schafe, die tagsüber von einem Schäfer auf die Weide geführt wurden.
Hättest nicht du die Schafe hüten können? Oder deine Brüder?
Ich hatte keine Zeit, und mein Bruder ging zur Schule, er sollte sich nicht mit so etwas abgeben. Heutzutage legt man ja Wert darauf, daß die Jungen zur Schule gehen – die Jungen, nicht die Mädchen.
Und warum nicht auch die Mädchen?
Die Mädchen wollen nicht in die Schule ... Das ist nicht üblich, hier auf dem Land ...
Wieso ist es hier anders als in der Stadt?
Ich weiß nicht ... Für die Mädchen ist das ganz normal, sie machen die Hausarbeit und helfen auch bei anderen Arbeiten im Haus – ihre Mütter wären auch dagegen, wenn das aufhören würde. Mein jüngster Bruder ist also in die Schule gegangen, meine Schwester hat sich um den Haushalt gekümmert, und ich habe draußen gearbeitet.

Was hattest du zu tun?
Ich bin mit dem Maultier losgezogen, Futtergras schneiden, Erbsen und Bohnen ernten ... Dann mußte ich zurück, um die Kuh zu melken und das Mittagessen zu machen.
Was gab es denn so zu essen?
Was eben gerade da war – Buttermilch mit Brot und Öl, oder Eier in Öl, dazu eine Orange, oder was sonst bei uns wächst ... Alles andere gibt es auf dem *suq*, einmal die Woche. Da kann man Bananen oder Äpfel kaufen ...
Und woher hattest du das Geld, um Sachen auf dem Markt einzukaufen?
Wir haben Öl und Hühner verkauft. Wir hatten eine Menge Hühner, die mit Getreide gefüttert wurden, und außerdem noch einen Hasenstall.

Wandlungen in der Rolle der Frauen

Bist du selbst zum *suq* gegangen?
Ja, natürlich. Ich habe Öl, Eier und Hühner verkauft und Gemüse eingekauft – Tomaten, Paprika, Courgette*, je nach der Jahreszeit. Wir hatten ja eigentlich alles im Garten; im Sommer gab es reichlich Kartoffeln, Zwiebeln, Tomaten, Trauben ... Nur im Winter haben wir auf dem Markt Tomaten und Courgette gekauft und an den anderen Tagen wurden Linsen oder Kartoffeln gegessen. Von dem Geld aus dem Verkauf konnten wir auch Nudeln, Zucker und Tee kaufen oder ›Forza‹-Mehl** – wir hatten selbst ja nur das einfache Mehl aus Weizen und Roggen. Manchmal habe ich auch noch ein paar Sachen für mich gekauft ...
Zum Beispiel?
Sandalen oder ein Halstuch, einen *serual*, einen *dfina* oder einen *tschamir**** – wenn ich genug Geld hatte, auch noch etwas Stoff, um einen Rock oder so etwas daraus zu machen. Aber sonst habe ich nur das Nötigste gekauft – ich konnte mir nicht alles erlau-

* Zucchini.
** eine sehr feine und weiße Mehlsorte.
*** *serual* – ›Pluderhose‹, *dfina* – ein Umhängetuch, oft durchsichtig, das die Frauen über den Kleidern tragen, *tschamir* – langes Hemd, Kleid.

ben. Aber wenn mein Vater da ist, dann geht er zum Markt, nicht ich.
Wieso das?
Ich bleibe dann zu Hause – nur wenn er nicht da ist, gehe ich auf den *suq*.
Und die anderen Frauen? Gehen sie auf den Markt?
Man sieht viele alte Frauen dort. Die jungen Frauen gehen nicht hin.
Auch nicht, wenn sie verheiratet sind?
Nein, nur die alten Frauen ... Ich kann nicht mit meinem Vater zusammen hingehen, nur wenn er fort ist, in Meknès ...
Wann ist er immer nach Meknès gefahren?
Sobald er hier keine Felder mehr zu bestellen hatte – am Beginn des Winters. Man wartet mit dem Pflügen, bis die Erde feucht genug ist. Um diese Zeit sind auch die Oliven reif. Noch während gepflügt wird, müssen auch die Oliven geerntet werden. Ein Teil wird gleich gemahlen, die übrigen eingelagert. Wenn wir mit der Feldbestellung fertig sind, machen wir mit den Oliven weiter – sonst ist es zuviel Arbeit auf einmal.
Arbeitet ihr dann alle draußen?
Mein Vater geht auf die Felder, und wir ernten die Oliven.
Du, und wer noch?
Ich mache es allein oder mit meinem Bruder. Manchmal nehme ich noch ein paar Mädchen mit – abends bekommt dann jede von ihnen ihren Korb mit Oliven gefüllt. Das ist ihnen lieber als Geld.
Das heißt, du bezahlst sie in Oliven?
Ja. Sie helfen mir pflücken und am Abend gebe ich ihnen ihren Teil: zwei Maß Oliven, oder anderthalb Maß, wenn die Oliven sehr dick sind. Abends kommen die Männer und schütteln die Oliven herunter – bis dahin haben wir nur die gut erreichbaren Zweige mit den kleineren Oliven abgeerntet; nun wird ein Tuch unter den Baum gelegt, auf das die Oliven fallen. Wenn wir die Blätter aussortiert haben, die mit heruntergekommen sind, wird alles in Körbe oder Säcke gefüllt. Wir schaffen es dann mit dem Maulesel fort. Die Männer holen die Oliven auch von den höchsten Ästen, wo man gar nicht mehr hinkommt ... Um diese Zeit treffen sich alle dort, Männer und Frauen ... Die Eltern schütteln die Oliven herunter und die Kinder sammeln sie auf. Leute aus der Verwandtschaft, die selbst keine Olivenbäume haben, kommen und helfen. Wir behalten

nicht alles, ein Teil wird verkauft. Nach dem Pflügen und der Olivenernte gibt es für die Männer nichts mehr zu tun. Wer Obstgärten hat, kümmert sich noch darum, und manche Männer gehen nach Meknès oder nach Fès. Bei uns ist dann alles getan – bis auf das Holzsammeln.

Wo sammelst du das Holz?

Im Wald – der wird aber überwacht, weil die Wälder dem *marhsen** gehören. Man muß das Holz heimlich sammeln . . .

. . . damit die Aufseher nichts merken?

Genau. Der Feldschutz ist für die Bewachung zuständig. Aber durch den Wald führt eine Straße. Wir lassen das gesammelte Holz in der Nähe der Straße oder in Obstgärten liegen.

Ihr schafft es nicht mit dem Esel fort?

Nein, wir holen es uns in kleinen Bündeln. Das Maultier braucht man nur für die großen Stämme, aus denen Holzkohle gemacht wird. Zum Feuermachen nehmen wir nur das Reisig, die Astspitzen – wir schneiden sie, wenn sie noch grün sind, und lassen sie an der Straße zum Trocknen liegen. So können die Feldhüter bei uns nichts finden . . . Wenn das Holz trocken ist, holen wir uns, was wir brauchen, um den Brotofen anzuheizen . . . Wir gehen gemeinsam, aber jeder hat seinen eigenen Holzhaufen und nimmt nur von dort etwas weg.

Gehen auch junge Männer aus dem *duar* mit?

Ja . . . Und wenn ein Mädchen verlobt ist, dann kommt ihr Bräutigam mit und paßt auf, mit wem sie spricht . . . Aber es sind lauter anständige Männer, die mit uns gehen.

Sie wollen auch Holz holen?

Ja. Es sind auch verheiratete Männer dabei. Sie laden dicke Stämme auf die Maultiere, daraus wird dann Holzkohle gemacht. Wenn wir aus dem Wald nach Hause kommen – das ist der richtige Moment für die große Wäsche.

Wo wascht ihr? Und woher kommt das Wasser?

Von der Quelle. Sie sieht aus wie ein Brunnen, aber es ist eine Quelle. Wir haben viele Quellen hier – am Wasser fehlt es wirklich nicht. Wo du hingehst, in den Obstgärten, am Haus, überall gibt es Wasser und Bäche. Ich wasche meine Sachen und die von meiner

* *marhsen* – abschätzig für ›Staat‹, ›Behörden‹ . . .

Schwester und von meinen Brüdern, und dann mache ich das Abendessen: einen Salat, ein bißchen Dickmilch ... Oder ich wärme die Reste vom Mittagessen auf. Wenn dann noch Zeit ist, heize ich den Ofen an und ruhe mich aus ... Viel Arbeit haben wir ja eigentlich nur im Sommer.

Im Sommer? Ich dachte, der Frühling ist die Zeit, in der es am meisten zu tun gibt?

Im Frühling müssen nur die Frauen viel arbeiten. Sie verlesen das Saatgetreide, sie gehen los, um das erste Gras für die Kühe zu schneiden. Wir bestellen ja jeden Flecken Erde – da bleibt nichts, wo die Kühe weiden könnten. Wir haben Heuvorräte für den Winter, aber sobald das Gras aus dem Boden kommt, wird wieder gemäht.

Und das ist Sache der Frauen?

Ja, die Männer haben andere Dinge zu tun. Sie kümmern sich um die Bäume, und wenn es dann wärmer wird, gibt es immer mehr Arbeit. Man muß nach den Obstbäumen und den Olivenbäumen sehen und sich um die Gemüsefelder mit Zwiebeln und Kartoffeln, Tomaten und Courgettes kümmern; im Sommer muß man alles richten, damit man im Herbst ernten kann. Wenn wir draußen in der Ebene ernten, nehmen wir das Mittagessen mit; man setzt sich unter einen Olivenbaum, ißt und ruht sich aus, den Rücken an den Stamm gelehnt – wenn die Hitze nachläßt, arbeiten wir weiter, bis um fünf oder sechs Uhr abends.

Geht ihr alle zusammen nach Hause?

Ja, die Freundinnen und die Töchter bleiben zusammen – einen Tag arbeiten sie bei uns auf dem Feld, den anderen Tag helfen wir ihnen bei der Ernte. So sind wir nie allein. Die Männer schaffen das Getreide ins Haus und die anderen Sachen, die wir ernten. Alles wird in großen Körben auf dem Rücken von Eseln und Maultieren transportiert.

Sind die Männer am Mähen und Pflücken nicht beteiligt?

Doch, aber sie müssen sich vor allem um den Transport kümmern, wenn sie nicht jemanden finden, der das übernimmt. Das Getreide wird nahe beim Haus zu einem großen Haufen aufgeschüttet – dort bleibt es bis zum Dreschen. Das ist dann die Zeit, wenn die *dakkar* soweit sind.

Dakkar – was ist das?

Von außen sehen sie aus wie Feigen und innen gibt es so eine Art Ameisen ... Wir sammeln die *dakkar* und hängen sie an alle Feigenbäume. Die Ameisen fressen sich in die Feigen, so daß die meisten ganz von selbst herunterfallen. Wir sammeln sie ein und pflücken die übrigen und dann werden sie zum Trocknen auf Oreganozweigen und Zwergpalmen-Blättern ausgebreitet. Wenn sie trocken sind, reiht man sie auf Strohhalme. Wir behalten einen Teil, der Rest wird verkauft.

Im Spätherbst sind die Oliven an der Reihe – sobald sie zu reifen anfangen, wird *aruana*-Öl gemacht.

Was für ein Öl ist das?

Die Oliven werden gepflückt, wenn sie noch grün, noch nicht ganz reif sind. Dann werden sie im Ofen gekocht und anschließend in der Presse zerquetscht – wir haben eine eigene Presse, die stellt man so hin, wie du jetzt dein Tonband stehen hast ... Sie hat zwei Teile aus Holz, eines geht rauf, und eines geht runter ... Man drückt, und aus den gekochten Oliven kommt das Öl heraus. So bekommt man Olivenöl, bevor die Oliven reif sind. Das ist so ähnlich wie mit der *zemmata*, die aus dem unreifen Getreide gemacht wird. Da siehst du, was wir auf dem Land alles zu tun haben ...

Und was macht dein Vater?

Wenn er die Arbeit auf den Feldern beendet hat, geht er nach Meknès. Ab und zu besucht er uns – einmal im Monat oder alle zwei Monate ... Wir bekommen etwas Geld, damit wir kaufen können, was wir brauchen. Dann reist er wieder ab – im Haus gibt es für ihn nichts zu tun, und ohne Arbeit kann er es nicht aushalten.

Suchen sich viele Männer eine Arbeit in der Stadt?

Nein, nur ganz wenige. Wer eine große Familie hat, kann hier nicht weg.

Und die Frauen? Gehen auch Frauen in die Stadt?

Nein, die Frauen doch nicht! Wir Frauen vom Land können nicht arbeiten gehen wie die Frauen in der Stadt ...

Wirklich nicht?

Eine Frau kann doch nicht einer anderen Frau die Wäsche waschen – das würde ihren Stolz verletzen! Bei einer anderen Frau arbeiten gehen, das kommt nicht in Frage. Einer Frau zu helfen, die gerade ein Kind bekommen hat, das ist etwas anderes: wenn ich ihr zur Hand gehe, arbeite ich ja nicht für sie.

Könnte eine Frau nicht für eine andere Frau Erntearbeit übernehmen?
Nein, nur wenn sie geschieden ist oder eine alte Frau, die viel mitgemacht hat und sich nicht mehr darum schert, was ›die Leute sagen‹, weil sie für ihr tägliches Brot arbeitet . . .

Die Heirat

Wie war das mit deiner Heirat?
Ich mußte mich ja erst mal um meinen Bruder kümmern, er war inzwischen neun und ging zur Schule . . .
Du hast nach dem Tod deiner Mutter neun Jahre lang nicht ans Heiraten gedacht?
Ja, ich habe nicht geheiratet – es ging eben nicht. Mein Vater wollte nicht wieder heiraten. Er hat gesagt: »Wenn ich eine Frau nehme, wird sie die Kinder schlecht behandeln, und du wirst dich nicht mit ihr vertragen!« Und ich hatte auch keine Lust, zu heiraten.
Wieso? Hast du dich nie in einen Mann verliebt?
Nein. Es gab damals keinen Mann . . .
Du warst wirklich nie verliebt?
Nein, noch nie.
Bist du denn nicht zu den Festen gegangen, wo alle tanzen?
Doch, im Sommer . . .
Und du hast nie jemanden kennengelernt?
Weißt du, das war nicht wie in der Stadt, wo die Mädchen einen Jungen treffen können, der sie umwirbt und sich erklärt und dann verliebt sie sich in ihn . . . Auf dem Land gibt es so was nicht. Wenn ein Mädchen dabei überrascht würde, wenn die Familie oder die Nachbarn etwas merken würden – wenn zum Beispiel eine unverheiratete Frau, oder auch eine verheiratete gesehen wird, wie sie mit einem Mann spricht, dann darf sie jeder verprügeln, egal ob Onkel, oder Vetter . . . Es ist nicht bloß der Vater oder der Bruder, der es nicht ertragen würde, daß sie mit jemandem redet . . .
Frauen, die noch jungfräulich sind, reden also mit keinem?
Nur mit dem, der um ihre Hand anhält . . . Und der junge Mann kommt dann auch nicht selbst, sondern seine Eltern schlagen die Ehe vor. Die Brautleute dürfen sich während der letzten drei oder

vier Monate vor der Verlobung auch nicht treffen und anfreunden – das ist ganz und gar undenkbar!

Und wie war es mit deinem Mann? Wie hat er um deine Hand angehalten?

Er war der Schwiegersohn meiner Tante.

Der Tante, die bei euch gelebt hat?

Ja. Er wohnte aber in der Stadt. Als er um meine Hand angehalten hatte, war er bereits verheiratet. Meine Tante sagte: »Du mußt ihn heiraten«, aber für mich kam das nicht in Frage – er war verheiratet, und ich wollte nicht als die zweite Frau mit seiner ersten Frau zusammenleben.

Weshalb wolltest du nicht die zweite Ehefrau sein?

Weil ich von anderen Frauen weiß, wie das ist ... Das ist kein Leben, endlose Streitereien und kein Friede im Haus ... Ich sagte zu meiner Tante: »Wenn der Heiratsanwärter schon verheiratet ist, dann lehne ich ab!« Wenn er eine andere Frau haben wollte, weil seine erste Frau keine Kinder bekam – dann sollte er sich eben scheiden lassen. »Ich heirate ihn nur, wenn er sich scheiden läßt.« Meine Tante wollte von solchen Einwänden nichts hören, und die anderen Frauen sagten zu mir: »Hast du denn nicht genug davon, mit deinen Brüdern zusammenzuleben? Nur deine eigenen Kinder können sich um dich kümmern, wenn du erst alt und krank bist.« So lagen sie mir alle in den Ohren, und schließlich habe ich nachgegeben – aber ich wollte, daß sie vorher noch meinen Vater nach seiner Meinung fragten. Mein Vater war gegen die Heirat – angeblich, weil er seine Tochter nicht verlieren wollte. Aber so schnell hat meine Tante nicht aufgegeben. Sie machte mir klar, daß mein Vater einfach auf meine Arbeitskraft nicht verzichten konnte: ich kümmerte mich ja immer um seine Kinder, wenn er auswärts arbeitete. So hätte ich also nie heiraten können. Damit hat sie mich überzeugt – außerdem mochte ich meine Tante sehr gern. Sie hat mich großgezogen, und ich konnte ihr einfach nichts abschlagen ... Ich sagte also: »Gut, einverstanden. Aber er muß sich von seiner ersten Frau trennen.« Ich war noch sehr jung, und diese Frau war schon älter; vielleicht verstand er sich mit ihr ja viel besser ... Und dann hatte ich auch Angst, daß sie mir etwas antun könnte* – es ging einfach nicht. Er

* Sie befürchtet, daß die erste Ehefrau sie verhexen lassen könnte.

ließ sich tatsächlich scheiden – aber noch vor der Scheidung und vor der Heirat ernannte er seinen Bruder zum Aufseher über mich. Wenn in der Gegend eine Hochzeit gefeiert wurde, durfte ich nicht dabeisein; ich konnte nicht mehr zum *suq* gehen, und der Bruder folgte mir auf Schritt und Tritt.

Sein Bruder lebte auf dem Land?

Ja. Wenn er mich mit anderen Mädchen zusammen sah, machte er mir Vorwürfe und fing auf der Stelle an, mich zu schlagen ... Dabei habe ich so gerne mit den Mädchen und Jungen geplaudert – wir haben gelacht und unseren Spaß gehabt, besonders wenn ein Mädchen und ihr Verlobter dabei waren ... Aber er wollte einfach nicht dulden, daß ich mit anderen Mädchen rede, während sein Bruder in der Stadt war. Ich sagte, er solle nur so weitermachen – dann würde ich seinen Bruder nicht heiraten. Noch sei ich ja frei, und eigentlich habe ich sowieso nicht heiraten wollen.

Eines Tages, am Jahrestag der Thronbesteigung, gab es ein großes Fest beim *marabut** von Sidi Abdelmalek – dicht bei der Straße. Es sollten sogar Tänzerinnen kommen und alles ... Der *qa'id* hatte das organisiert, und jede *dschmaa*** hatte einen Ochsen gestiftet! Ein tolles Fest! Alle Mädchen sind hingegangen und ich wollte natürlich auch hin. Ich sagte zu meiner Tante: »Sogar die verlobten Mädchen sind dort – also wieso nicht auch ich?«

»Mohammed wird dich dort sehen, mein Kind«, sagte sie, »und er wird nicht zulassen, daß du bleibst. Es wird Streit geben und er wird dich schlagen ...«

War der Bruder deines Bräutigams verheiratet?

Ja. Ich bin trotzdem zu diesem Fest gegangen. Natürlich kam er, und es gab eine Auseinandersetzung. Anschließend hat er herumerzählt, er hätte mich rauchen und mit den Männern schäkern sehen, ich hätte mich mit dem Mann dieser und jener Frau herumgetrieben und überhaupt ...

* Ein Heiligengrab, eine *qubba* (Anm. d. Ü.).

** *dschmaa* – Eine ländliche Siedlungsgemeinschaft, im engeren Sinne der ›Ältestenrat‹ eines Stammes, dessen Autorität traditionell höher geachtet wird, als die des Staates (Anm. d. Ü.).

Khadija ist voller Unrast ...

Khadijas weiterer Lebensweg war recht unstet. Als ich sie 1979 wieder traf, erfuhr ich folgendes:

Es gelang ihr, sich von ihrem ersten Mann zu trennen. Sie heiratete einen anderen und bekam ein Kind. Doch ihr zweiter Mann heiratete dann seine Schwägerin, die kurz zuvor ihren Mann verloren hatte – so will es der Brauch in dieser Region. Khadija war damit nicht einverstanden. Sie verließ ihren Mann und kehrte ins Haus ihres Vaters zurück. Ihr Kind starb im Alter von acht Monaten.

Als sie vom ›Grünen Marsch‹* hörte, fuhr sie nach Kénitra, um sich daran zu beteiligen. Nach ihrer Rückkehr suchte sie sich Arbeit in Rabat – sie fand eine Anstellung als Hausangestellte bei einem hohen Regierungsfunktionär in der Hauptstadt. Nach drei Monaten verließ sie jedoch diese Stellung – wegen einer kleinen Meinungsverschiedenheit. Aber sie wurde als Dienstmädchen einer marokkanischen Diplomatenfamilie mit nach Deutschland genommen. Ein Jahr darauf kehrte sie nach Marokko zurück.

Im September 1982 ging sie, im Dienst derselben Familie, nach Spanien. Zuvor hatte sie ihre Beziehungen zu einigen früheren Dienstherren – hohen Regierungsbeamten – genutzt, um ihren Brüdern und Vettern Posten in verschiedenen Abteilungen der ›Staatlichen Ordnungskräfte‹ zu verschaffen. Außerdem hatte sie die Hochzeit ihrer jüngsten Schwester arrangiert.

Auf meine Frage, warum sie selbst nicht wieder geheiratet habe, sagte sie, das sei es nicht, was ihr fehle ... »Weißt du, für eine Frau wie mich, die weder schön noch reich, noch gebildet ist, ist es nicht leicht, einen Mann zu finden, der sie achtet. Du kennst mich ja – ich ertrage die Beleidigungen nicht! Ich habe ein paarmal meine Stellung bei einer Familie aufgegeben, weil ich meinen Stolz hatte. Ich habe meinen Mann verlassen, weil ich mich nicht beugen wollte. Wenn man so einen Charakter hat, ist das Leben nicht einfach ... Weißt du, es macht mich schon krank, wenn ich jemandem guten Tag sage, und mein Gruß wird nicht gleich freundlich erwidert.

* Die von König Hassan II. propagierte symbolische Inbesitznahme der umstrittenen, ehemals spanischen Gebiete in der Westsahara; im November 1975 durchgeführt als nationales Ereignis, mit Kundgebungen, Volksspeisung etc. ... (Anm. d. Ü.).

Manchmal denke ich daran, was meine Tante zu mir gesagt hat, ich denke an das Alter ... Daß man Kinder braucht, die dann für einen sorgen ... Ja, daran denke ich oft. Meine Brüder haben mich schon fast vergessen. Von ihnen habe ich noch nie etwas bekommen – nicht einmal ein kleines Geschenk ... Aber einen Mann zu finden, der zu mir paßt, das ist nicht leicht. Ich will ja nicht heiraten, bloß um zu heiraten! Ich arbeite für andere, und davon lebe ich – ich kann mir kaufen, was mir gefällt, ein Halstuch, ein Kleid ... Seit wir uns zuletzt gesehen haben, habe ich mir Armreifen und goldene Ohrringe gekauft! Nein, wenn ich heirate, dann nur, weil ... Damit ich einen Mann habe, mit dem ich mich gut verstehe. Wir müßten gut miteinander auskommen. Manchmal denke ich, Rabat ist eine Stadt voller armer Teufel – sieh dir doch an, wie viele Frauen hier allein, ohne Männer leben und wie viele Männer ohne Frauen! Weshalb ist es nur so schwierig, sich zusammenzutun? *(Sie lacht.)* Das ist eben alles nicht so einfach!«
Im November 1982 kam Khadija nach Marokko zurück. Sie hatte ihre Stellung in Spanien gekündigt. Monatelang war sie ohne Arbeit, weil sie sich weigerte, für den Hungerlohn von 400 Dirham zu arbeiten. Die irakische Botschaft in Rabat vermittelte ihr schließlich eine neue Stellung. Wenn sie erhält, was man ihr zugesichert hat, wird sie 1000 Dirham im Monat verdienen ... Im Februar 1983 ist sie nach Bagdad abgereist.

Aïcha Al Hyaniya

ist 1969 in der Hyayna-Region, nördlich von Fès geboren. Im Alter von sieben Jahren wird sie von ihrem Vater bei einer Familie in Fès ›untergebracht‹.
Weil sie dort mißhandelt wird, verläßt sie diese Familie. Sie findet eine Stellung bei einer Familie in Rabat. Dort arbeitet sie, als das Interview geführt wird (1979). Sie bleibt bis 1981 bei dieser Familie, bis zu ihrem zwölften Lebensjahr – dann kehrt sie aufs Land zurück, zu ihrem Vater, um zu heiraten.
Aïcha war zehn Jahre alt, als ich mit ihr sprach.

Aïcha singt Lieder aus ihrer Heimat

Sag' mal, gab es bei deinem Stamm auch *schechata**?
Nein, so was haben wir bei uns nicht.
Und wer singt und tanzt bei euch? Wer schlägt das Tamburin?
Na, die Männer – und wir auch, wir Frauen und Kinder. Wir singen und spielen, und wir tanzen zu den *b'nader* und den *taredsch* . . .**
Es gibt ein Lied von den *chleuh**** – das geht so:

A la la al afrita
ulad Buhamrun
'Asu kulhum****

Und das ist zum Lachen?
Ja, alle fangen an zu lachen . . .
Was ist so lustig daran?
Es wird erzählt, daß alle Kinder die Masern bekommen haben, aber alle sind am Leben geblieben – kein Kind ist an den Masern gestorben!
Kennst du noch andere Lieder?
Ja, der Sänger sagt zum Beispiel:

* (berufsmäßige) Tänzerinnen (Anm. d. Ü.).
** Trommel und Tamburin.
*** *chleuh* – Berberstämme des Mittleren Atlas (Anm. d. Ü.).
**** He da, du Menschenfresserin
Komm doch und friß sie
Die Kinder der Buhamrun . . .

Du, die den Tee genießt
Ich bin ein Fremder
Reich' mir ein Glas
O meine Base, o meine Mutter

und dann dreht er sich zu mir – ich sitze auf der Türschwelle – und er singt:

He, Menschenfresserin
Geh' aus der Tür
Sonst machst du Bekanntschaft
Mit meiner Scher'

›Mit meiner Schere . . .‹?
Ja, er hat eine Schere, beim Tanzen. Dann singt er wieder:

Du, die den Tee genießt . . .

(Sie macht einen Alten ohne Zähne nach . . .)
Wieso redet er so?
Weil er keine Zähne mehr hat! *(Sie lacht)*
Dann sagt er:

Geh' doch und hüte deine Kühe!

– das sagt er zu einem Mädchen, die mitten unter den Leuten anfängt zu tanzen. Es ist ein Scherz – »Geh' doch zu deinen Kühen, du kannst ja gar nicht tanzen!«
Und du? Kannst du auch singen? Warte – du hast mir doch neulich ein Lied vorgesungen, in dem ein Taxi vorkam . . .
Ja. Ich singe es für dich:

Ya ha ya ha . . . das Taxi hält in den Gärten
O mein Bruder, Najat und Abdallah sind dort
O mein Bruder, ya ha, ya ha . . .
O mein Bruder, das Pferd bäumt sich auf
O mein Bruder, in Gärten zu wandeln
O mein Bruder, ya ha ya ha
Liebt er, dem das weiße Pferd gehört
O mein Bruder, der Regen fiel
Und die Rosen sind aufgegangen
O mein Bruder, ya ha ya ha . . .

Aïcha vergleicht Stadt und Land

Wo ist es besser – in der Stadt, oder auf dem Land?
In der Stadt.
Und aus welcher Gegend stammst du?
Aus dem Hyayna, aus dem *duar* Ouled Bouchaïb.
Und wie lange lebst du jetzt schon in der Stadt?
Ich weiß nicht so genau ...
Aber in der Stadt gefällt es dir besser als im *duar**?
Ja.
Und warum?
In der Stadt hat man alles bei der Hand – Stoffe, Gemüse, alles ist da ... Auf dem Land muß man immer den *suq* am Sonntag abwarten und dann ist es auch noch ein weiter Weg ... Gemüse und alles gibt es erst am Markttag.
Und nur deshalb gefällt es dir besser in der Stadt?
Ja. Auf dem *suq* kriegt man ja nicht mal einen anständigen Schluck Wasser! Man zahlt zwei Dirham, und dann darf man nur einen Schluck nehmen! Das lohnt sich ja überhaupt nicht – aber so sind die Vorschriften, die der *marhsen*** macht ...
Gehst du manchmal auf den *suq*?
Ich war einmal da, mit meinem Vater, als ich noch in Fès gearbeitet habe. An einem Sonntag hat er mich abgeholt und dann durfte ich mir den *suq* anschauen.
Und wie war es?
Ich habe Sachen gekauft für meine Schwestern ... Solche Kuchen, weißt du ... Es gab sie in Gelb, Rot und Schwarz – und ich habe drei Stück gekauft. Und für meinen Bruder Mohammed habe ich ein ganzes Paket gekauft ... Diese länglichen Kuchenstücke ...
Woher hattest du das Geld?
Mein Vater hat mir Geld gegeben, damit ich mir was kaufen konnte. Aber ich wollte gar nichts für mich. Und die langen Kuchen, die hat meine Tante bezahlt.
Du hast mir aber noch nicht gesagt, was der Unterschied zwischen Stadt und Land ist.

* Ländliche Siedlung.
** ›Der Staat‹, ›die Behörden‹.

Doch. Die Stadt ist mir lieber. Es gibt immer Gemüse zu kaufen. Auf dem Land muß man bis zum Markttag warten, dann hat man einen weiten Weg und kommt hungrig an. Die Leute kommen um vor Hunger. Wenn es auf dem *suq* Tee gibt, kann man sich eine Kanne bestellen – aber das vertreibt den Hunger nicht. Manche Leute werden auf dem Heimweg ohnmächtig. Wo ich herkomme, ist es sehr heiß, und die Wege sind weit ... Aber hier in der Stadt hat man alles, was man braucht. Ob Gemüse oder Stoff – es ist alles da.

Aïcha arbeitet, damit sie zu essen hat

Wovon habt ihr euch ernährt, auf dem Land?
Vom Getreide, wir haben Getreide gepflanzt ... Das wächst gut. Damals hat man mit der Sichel Korn gemäht. Das Korn wird aufgeschüttet und dann nehmen wir das Vieh, zum Dreschen ... Die Körner werden dann wie Mehl, nein, nicht die Körner, die Ähren ... Wir benutzen *al methra**, weißt du, das ist so eine Art, das Getreide aufzuwirbeln, und *al rharbi*** trennt dann die Spreu vom Korn. Der Wind bläst die Hülsen fort und nur die Körner bleiben übrig – genau wie im Fernsehen ...*** Dann wird das Getreide in Fässer gefüllt ... Glaub' mir, Tante Fatima, einmal – gelobt sei Gott – hat unser eigenes Korn ein ganzes Faß gefüllt und noch zwei große Körbe dazu! Einen Teil davon mahlen wir, damit wir Mehl zum Essen haben ... Oft reicht das bis zum nächsten Jahr.
Aber ihr lebt doch nicht nur vom Getreide, auf dem Land? Eßt ihr denn nicht auch Fleisch und Gemüse?
Sicher, wir schlachten auch ... Truthähne und Hammel. Und am Sonntag kann man Fleisch auf dem *suq* kaufen. Außerdem gibt es einen Laden bei uns in der Nähe – dort holen wir Kaffee und Tee und alles, was man für die Küche braucht.
Womit hast du dich beschäftigt, als du noch auf dem Land gelebt hast? Hast du gearbeitet?

* *al methra* – eine Art Mistgabel (Anm. d. Ü.).
** *al rharbi* – der kalte Westwind im Gebiet des Rharb.
*** Sie meint eine marokkanische Fernsehserie, in der das Landleben dargestellt wird.

Ja, ich habe Besorgungen gemacht und die Feldhacke getragen . . .
Hast du auch selbst den Boden umgegraben?
Ja, man wartet mit dem Pflanzen, bis es regnet. Die Samen werden in den Boden gesteckt und dann muß man abwarten, bis die Pflanzen wachsen. Inzwischen müssen sie schon gewachsen sein, ganz hoch . . .
Inzwischen?
Ja, sie müssen jetzt schon groß sein, wahrscheinlich höher als das Haus. Wir kümmern uns immer um unsere Bäume und Pflanzen, und dafür gibt es dann auch viel . . . Die Oliven schütteln wir mit einem Stock oder einem langen Ast herunter – sie fallen auf den Boden, und wir sammeln sie auf. Wenn wir fertig sind, bringen wir alles nach Hause und später dann zur Ölmühle. Mein Vater und ich gehen dorthin, und wir kommen mit drei, vier oder sogar fünf Krügen Öl zurück. Ich nehme das Maultier oder die Eselin und spanne an – sie müssen ja die Mühle drehen, während wir das Öl auffangen.
Wie geht das?
Ich nehme Salz, das ich von zu Hause mitgebracht habe, und ich schleppe einen Tonkrug auf dem Rücken heran – ich halte ihn mit den Ellbogen fest. Dann streue ich ein bißchen Salz an die Stellen, wo das Öl hinkommt . . . Ich mache es so . . . Und dabei rufe ich den Namen Gottes! Die Mühle dreht sich, darum kümmert sich mein Vater. Wenn die Oliven dann richtig zermahlen sind, fließt das Öl wie aus einem Brunnen . . . Drei oder vier Krüge werden voll. In einem Jahr gab es sogar fünf Krüge – Allah ist groß!
Und was machst du sonst noch?
Ich hole Wasser von der Quelle, damit mein Vater die Oliven wässern kann.
Und wenn du nicht gerade mit den Oliven zu tun hast – hilfst du dann auch deiner Mutter?
Ja. Ich hole Wasser – mit Eimern oder mit einem Gefäß, das ich auf dem Rücken trage. Dann gieße ich die Minze, damit sie gut wächst, aber wenn es am Nachmittag sehr heiß ist, warte ich damit, bis es kühler wird . . .
Wohin gehst du, um Wasser zu holen?
Es gibt eine Quelle, ganz in der Nähe. Die Minze wächst sehr gut bei uns. Ich gieße sie ordentlich und am nächsten Morgen ist sie ein ganzes Stück gewachsen.

Warum gießt du sie nicht tagsüber?
Wenn die Minze in der prallen Sonne gegossen wird, vertrocknet sie und verbrennt. Zwei Tage später ist sie ganz verbrannt.
Und was hast du sonst noch zu tun? Du hilfst also deiner Mutter ...
Ich hole Wasser, ich wasche das Getreide, ich helfe beim Wäschewaschen. Und ich mache das Brot.
Du machst Brot?
Ja, und ich heize auch den Ofen an – zusammen mit meiner Cousine Al Rhalia, die älter ist als ich. Ich gehe Holz sammeln und bringe ein großes Bündel nach Hause – sie hat dann auch ein Bündel gesammelt, und mit dem trockenen Holz zünden wir das Feuer im Ofen an. Wir backen Brot und Kuchen. Und wir machen das Haus sauber – alle Zimmer und die Diele. Der Abfall kommt in einen großen Korb vor der Tür. Das habe ich alles von meiner Mutter gelernt.
Und was machst du noch, außer Brot und Kuchen backen?
Ugied!
Was ist das?
Das sind die Kuhfladen! Sie werden in der Sonne getrocknet und dann kann man damit Feuer machen. Ich sammle die Kuhfladen ein, bis ich einen ganzen Sack voll habe. Außerdem bringe ich Holz nach Hause, jeden Tag zwei Bündel ...
Deine Mutter geht nicht Holz sammeln?
Nein, nur ganz selten. Aber mein Vater holt die *qammar* von den Zwergpalmen.
Was ist *al qammar*?*
Das, was unter den Palmen im Boden ist. Mein Vater nimmt eine Hacke und gräbt sie aus und lädt sie dann auf die Eselin und bringt sie nach Hause.
Was macht ihr damit?
Sie werden vor dem Haus in die Sonne gelegt. Nach ein, zwei Monaten sind sie trocken und dann kann man damit Feuer machen.
Was hast du sonst noch zu tun?
Nichts weiter. Das war alles.

* *al qammar* – Palmschößling (Anm. d. Ü.).

Aïcha hütet die Ziegen

Hast du auch schon auf die Herde aufgepaßt?
Ja, daran habe ich schon gar nicht mehr gedacht – ich bin mit der Herde los ... Und mein Vater hat mir ein paar kräftige Fußtritte versetzt ...
Warum das?
Weil die Ziegen an den Bäumen hochgeklettert sind ... Die Besitzer haben die Ziegen mit nach Menazla genommen, und wir mußten auch zu den Behörden.
Du auch? Du mußtest auch mitkommen?
Nein, ich nicht. Nur einmal habe ich die Herde in einen fremden Garten gelassen – und deswegen habe ich Prügel von meinem Vater bekommen.
Wie konnte das passieren, du hast sie doch gehütet?
Manchmal passiert es eben trotzdem. Weißt du, ich versuche, die Herde beisammenzuhalten ... Ich stelle mich also in die Mitte und passe auf. Aber hinter meinem Rücken läuft eine Ziege in einen Garten. Ich muß hinterher, um sie zurückzuholen ... Und schon verschwindet eine andere im Garten ... Nun finde sie mal! Die Ziegen ruft man ›tss ... tss‹, aber dem Bock darfst du nicht zu nahe kommen, sonst geht er auf dich los. Du lockst ihn mit ›atss ... atss‹, dann kommt er; aber wenn du auf ihn zugehst, stößt er dich mit seinen Hörnern.
Er stößt dich?
Ja, er hat spitze Hörner. Aber wenn ich Angst habe, rufe ich ›tss ... tss‹, und dann kommt er ganz schnell. Den Hammel ruft man ›hay, hay, hay‹ und jagt ihm mit einem Wolfsschwanz Angst ein. Bei uns kommt nämlich der Wolf und frißt die Schafe ... Also kann man den Hammel damit zur Herde zurücktreiben; er tut dann so, als ob er auf mich losgehen will – und manchmal schaut er, als ob er mich fragen will, warum ich ihm einen solchen Schrecken einjage ...
Gehst du allein mit den Tieren los?
Meine Schwestern Latifa und Zoubida begleiten mich. Zoubida holt Wasser, und Latifa, die Jüngste, spielt mit meinem kleinen Bruder.
Um welche Zeit brecht ihr auf?

In der Morgendämmerung, kurz bevor es Tag wird.
Wer weckt dich?
Mein Vater oder meine Mutter – manchmal werde ich auch von allein wach.
Gehst du los, ohne etwas zu essen?
Ja, wir essen nichts – aber um die Mittagszeit kommen wir mit der Herde zurück. Dann wird gegessen, wir ruhen uns ein bißchen aus und dann ziehen wir mit den Tieren wieder hinaus. Die Ziegen machen uns den meisten Ärger ...
Wieso?
Sie bringen uns ins Schwitzen, weil sie nach allen Richtungen weglaufen und wir müssen hinterherrennen ... Und dann der Ziegenbock, wenn der zum Beispiel hinter einer Ziege her ist, weil er ihr was machen will ...
Was machen ...?
Er will sie bespringen ...
Und ihr versucht, Bock und Ziege auseinanderzubringen?
Ja, aber das paßt ihnen nicht; er will ihr ein Kleines machen ... Der Bock geht dann auf uns los und stößt uns um – wir rufen immer ›Baah ... Baah ...‹ ...

Aïcha geht jagen und fischen

Gehst du auch manchmal auf die Jagd?
Ja, wenn ich mit der Herde unterwegs bin, gehe ich auch zwischendurch jagen – ich nehme einen dicken Stock, und ich bringe jeden Tag ein, zwei Rebhühner mit nach Hause ...
Wie fängst du sie?
Wenn man sie erwischt, dreht man ihnen den Hals um und trägt sie nach Hause. Wir jagen immer Rebhühner, es gibt so viele bei uns ...
Aber wie erlegst du sie?
Mit einem Knüppel oder einer Hacke. Wenn sie auffliegen, muß man sie mit dem Stock erwischen, dann fallen sie auf den Boden.
Und du weißt, wie man das macht?
Ja, einfach so – auf den Kopf!
Gehen die Erwachsenen auch auf die Rebhuhnjagd?

Ja, groß und klein – alle fangen Rebhühner. Die ganz Kleinen schaffen es noch nicht, aber sobald die Kinder so alt sind wie ich ... Ich habe schon zwei gefangen, als ich noch viel jünger war, ungefähr so alt, wie meine Schwester Radia jetzt. Und einmal habe ich eine Henne mit ihren Küken gekriegt – und habe sie überrascht, als sie die Augen zu hatte. Die Küken habe ich in meinem Korb mit nach Hause genommen. Sie sind gefüttert worden, und ab und zu haben wir eines davon geschlachtet ...

Weißt du auch, wie man Fische fängt?

Ja, mit der Angel. Man nimmt eine Rute, einen Haken und einen Regenwurm, dann setzt man sich ans Ufer und läßt den Haken ins Wasser. Die Fische denken, das ist ein Fleischzipfel, und wenn sie ihn fressen wollen, beißen sie auf den Haken. Ich habe schon einen ganzen Eimer voll gefangen ... Aber mein Vater, der fängt die ganz großen ...

Gehst du jeden Tag jagen und fischen?

Ja, jeden Tag. Den einen Tag ein Rebhuhn, den andern Tag einen Eimer Fisch – genau die Fische, die bei euch in der Stadt verkauft werden.

Aber sag' mal ... Du gehst fischen und jagen, du hütest die Ziegen, du hilfst deiner Mutter, und du gehst Holz sammeln – wie schaffst du das alles?

Ich mache ja nicht alles zugleich. Als ich die Ziegen gehütet habe, mußte ich sonst gar nichts machen. Erst später, als meine Schwester die Herde übernommen hat, habe ich angefangen, mich ums Kochen und alles andere zu kümmern.

Aber bis dahin warst du allein für die Herde verantwortlich?

Ja, ich habe die Ziegen und die Schafe zu einem Platz geführt, wo es keine Gärten und keine Menschen gibt ... Es ist so weit, als ob man von hier zu Fuß bis zum Haus von Malika* läuft ... Und dort kann man die Fische jagen!

Fische oder Rebhühner?

Rebhühner ... Ich jage die Fische ...

Also Rebhühner oder Fische?

Rebhühner – ich bringe immer die Rebhühner und die Fische durcheinander!

* Aïchas Cousine in Rabat.

Also zunächst hast du die Ziegen und Schafe gehütet, und später hat das deine Schwester übernommen, und du hast deiner Mutter im Haus geholfen?
Ja, und meine Schwester hat auch Rebhühner und Fische gefangen.
Wer hat denn das Vieh gefüttert? Habt ihr viele Kühe gehabt?
Wir hatten nur eine Kuh und eine Färse.
Wer hat ihnen zu fressen gegeben?
Ich. Ich habe ihnen *kersana** und Linsen gegeben.
Linsen?
Nein, nicht Linsen – *kersana* und Kleie.
Um welche Zeit bekommen sie ihr Futter?
Am Abend. Tagsüber sind sie mit den Ziegen und Schafen auf der Weide.
Werden die Ziegen und die Schafe auch gefüttert?
Ja, aber nur im Winter, weil sei dann auf den Weiden nichts zu fressen finden. Wir mästen die Tiere im Sommer – da gibt es genug. Sie kriegen so viel, daß sie ganz dick werden. Wir bringen sie immer auf die Wiesen, wo das Gras besonders saftig ist . . .

* *kersana* – Futterpflanze (Linsenwicke) (Anm. d. Ü.).

Tahra Bent Mohammed

ist 1952 in der Gegend von Aïn Leuh, im Mittleren Atlas, geboren. Nach ihrer Heirat geht sie nach Rabat, arbeitet dort bis zur Geburt ihres ersten Kindes in einer Fabrik. Sie wohnt in einer Barackensiedlung.
Bei ihrer Ankunft in Rabat sprach sie nur die Berbersprache – aber sie lernte das marokkanische Arabisch in wenigen Monaten ...

Kindheit im Atlas bei Aïn Leuh

Wie viele Geschwister wart ihr?
Wir waren fünf Schwestern: Lalla Fatouma, Lalla Zineb, Lalla Malika, Lalla Hachoum und ich – und die fünf anderen.
Halbbrüder?
Ja.
Deine Mutter war schon einmal verheiratet?
Ja, wir sind die Kinder aus dieser ersten Ehe.
Was ist aus deinem Vater geworden?
Er ist bei einem Autounfall ums Leben gekommen. Meine Mutter war so unerfahren, daß sie nicht mal das Geld von der Versicherung bekommen hat. Davon hätten wir ganz gut leben können – aber sie kannte sich eben nicht aus. Wir wohnten bei meinem Onkel, er hat uns großgezogen, und er hat dann auch meine Mutter geheiratet. Sie stellte ihm ganz klare Bedingungen: sie wollte ihn nur heiraten, wenn er bereit war, sich um uns Kinder zu kümmern, um die Schulausbildung und alles andere ... Er war einverstanden. Damals waren wir alle noch klein. An meinen Vater kann ich mich gar nicht erinnern. Eine meiner Schwestern ist eine Zeitlang zur Schule gegangen, aber sie mußte dann abgehen ...
Und du bist nicht auf der Schule gewesen?
Nein, ich nicht. Von uns fünf Schwestern war nur eine auf der Schule – die anderen haben nie ein Schulhaus von innen gesehen. Wir waren ja nur Mädchen ... Und außerdem lag die Schule so weit weg von unserem Haus. Man hat uns immer erklärt, daß es wichtiger ist, sich mit der Hausarbeit auszukennen. »Die Mädchen heiraten ja sowieso. Da ist es besser, wenn sie eine gute praktische Ausbildung bekommen und lernen, sich anständig zu benehmen.«

Das war in Aïn Leuh?
Ja, in Aïn Leuh.
Lebt deine Familie noch dort?
Ja, die ganze Verwandtschaft.
Weißt du noch, wie alt du warst, als du geheiratet hast?
Ich muß so um die achtzehn Jahre alt gewesen sein ... Vorher war ich schon mal verlobt gewesen – mit *henna* und *Ju Ju** und allem. Aber diesen Mann wollte ich nicht ... Ich habe mich geweigert, ihn zu heiraten.
Warum?
Er hat behauptet, er würde bald Arbeit haben, als er um meine Hand angehalten hat, aber ich habe gemerkt, daß es nicht die Wahrheit war. Es ist ja gar nicht so, daß ich einen reichen Mann haben will, daß ich etwas Besseres sein will als meine Schwestern – aber einen, der keine Arbeit hat, den heirate ich nicht. Ich hätte gern einen Beamten, einen, der auf der Schule war ... Das wäre mir lieber als ein ungebildeter Reicher.
Weshalb?
Weil ich selbst nicht zur Schule gegangen bin. Wenn ich zum Beispiel mit dem Zug fahre, weil ich jemanden besuchen will – wie soll ich wissen, wann ich aussteigen muß, wenn ich den Namen der Stadt nicht lesen kann? Ich kann auch keine Adressen lesen. Meine Eltern haben mich eben nie in die Schule geschickt. Ich wäre sogar in meinem Alter noch in die Schule gegangen – aber sie nehmen ja keine Erwachsenen.
Sind damals die Mädchen nicht in die Schule geschickt worden?
Doch, das gab es bei uns schon. Sogar Mädchen, die älter waren als ich, sind in der Schule gewesen, allerdings nicht so sehr viele ... Aber trotzdem, auch heute schicken nur wenige Familien ihre Töchter in die Schule, eigentlich nur die Leute in den Dörfern – und selbst da bringt man sie lieber zum *nadi***. Ungefähr

* Gebräuche bei der Verlobungsfeier: Freudengesänge und Färbezeremonie.

** *nadi* (›Klub‹) – eine ›Frauenbildungsstätte‹, die vom Ministerium für Jugend und Sport unterhalten wird. In diesen Einrichtungen erhalten Mädchen und junge Frauen eine buntgemischte praktische Ausbildung, die von Ernährungslehre über Sticken und Häkeln bis zur Familienplanung reicht. Andere Ministerien und Institutionen haben inzwischen ähnliche Einrichtungen ins Leben gerufen. Für die Frauen der ärmsten Bevölkerungsschichten in Stadt und Land, denen die Schulbildung versperrt bleibt, sind diese Bildungsstätten trotz ihrer bescheidenen Finanzmittel sehr wichtig geworden.

die Hälfte der Mädchen geht in die Schule, die anderen werden beim *nadi*, bei den Teppich-Webschulen und sonstwo untergebracht. Auf dem Land schätzt man vor allem das anständige Betragen der Mädchen. Wir haben nie das Wort an einen Mann gerichtet, oder mit den Männern gescherzt. Wir sind nicht zu den Hochzeiten gegangen, und wenn es sich ergab, daß wir bei anderen Leuten waren, haben wir uns nicht vom Fleck gerührt, bis man uns abgeholt hat.

Die Verteilung der häuslichen Pflichten

Und daheim habt ihr eurer Mutter bei der Arbeit geholfen? Wie sah denn ein normaler Arbeitstag aus?
Wir sind sehr früh am Morgen aufgestanden und haben die Kühe und die Ziegen gemolken. Dafür waren meine Schwester und ich zuständig – wir sind immer für Zwillinge gehalten worden; sie ist nur ein Jahr jünger als ich. Also, wir fingen morgens mit dem Melken an, und ich habe dann vorgeschlagen, daß wir es immer abwechselnd machen. Meine Amme hat ja auch noch bei uns gearbeitet, sie lebte mit uns zusammen und half im Haushalt. Ihr Haus war ganz in der Nähe, aber sie hat an unserem Tisch gegessen und bis zu ihrem Tod bei uns gelebt. Als wir Töchter etwas älter waren, mußte meine Mutter keine Hausarbeit mehr machen. Das haben wir ihr abgenommen. Wir haben uns um alles gekümmert. Unsere Kühe waren die besten im ganzen *duar* und wir hatten auch einen kräftigen Ochsen. Also ... Wenn die Kühe versorgt waren, gab es Frühstück.
Was gab es da zu essen?
Kaffee und Brot – manchmal auch Tee und Brot.
War das Brot vom Tag zuvor, oder habt ihr es morgens gebacken?
Wir haben unser Brot selbst gebacken, aber am Abend ... Bei uns wird das Brot anders gemacht als hier ... Wir lassen es erst mal in der Schüssel aufgehen – es sind natürlich zehn oder zwölf Brote – und dann, nach ungefähr einer Stunde, wird es flachgeklopft. Hier in Rabat macht man das gleich zu Anfang. Bei dieser Arbeit haben wir uns immer abgewechselt. Außerdem mußten wir uns um den *kuskus* kümmern und die Hunde füttern. Mit diesen Arbeiten fing der Tag an. Und dann die Küchenarbeit ... Und die Arbeit mit der

Molke ... Wenn alle aufgestanden waren, haben wir die Betten gemacht, die Petroleumlampe nachgefüllt und Wasser geholt ...
Und dabei habt ihr euch immer abgewechselt?
Ja – die Wäsche mußte ja auch noch gewaschen werden.
Habt ihr die Arbeiten wöchentlich oder täglich neu untereinander aufgeteilt?
Jeden Tag. Wenn ich gerade mit dem Hausputz dran war, dann hatte meine Schwester eben nur ganz leichte Arbeiten zu machen ... Also ich bin morgens immer ganz früh aufgestanden, habe die Kühe gemolken und Frühstück gemacht und dann gleich den *kuskus* aufs Feuer gestellt. Danach konnte ich mich ein bißchen ausruhen – so bis um neun; um diese Zeit kam der Hirte, um die Kühe auf die Weide zu treiben. Er bekam ein Frühstück von mir, seine erste Mahlzeit hatte er schon bei Tagesanbruch zu sich genommen. Dann mußten die Hunde gefüttert werden, die mit dem Hirten gehen sollten – er nimmt immer zehn, zwölf Hunde mit, sie schützen die Herde vor den Wölfen. Und diese Mäuler wollen auch gestopft sein! Man füttert die Hunde mit trockenem Brot und Kleie.
Wir hatten auch häufig Gäste. Wenn zum Beispiel der Arzt zu uns in die *dschmaa** kam, dann wurde er in unserem Haus bewirtet ... Wir schlachteten ein Huhn oder zwei ... Und auch der *muqaddim*** kehrte bei uns ein. Wenn er jemandem aus der *dschmaa* einen Brief zu bringen hatte, dann erkundigte er sich vorher bei uns nach den Leuten ...
Lag euer Hof an der Straße?
Nicht direkt, er lag schon etwas abseits. Aber wir hatten eben einen besonderen Ruf – noch aus der Zeit, als es uns sehr gut ging. So reich waren wir nicht mehr, aber alle Welt erinnerte sich an die besseren Tage ... Und deswegen hatten wir auch weiterhin viele Gäste. Na, wir schlachteten eben ein Huhn – und ein paar kleine Kuchen konnten wir ihnen immer anbieten, daran hat es nie gefehlt. Wir hatten einen Vorrat von besonderem Mehl für die Gäste.
Besonderes Mehl?
Ja, sehr gutes, fein gesiebtes Mehl, das kauften wir auf dem *suq*.

* *dschmaa* – eine ländliche Siedlungsgemeinschaft und ihre soziale Infrastruktur (s. o.).

** *muqaddim* – der (behördliche) Ortsvorsteher (Anm. d. Ü.).

Wie viele Personen lebten denn in der *chaima**?
Die Familie und dann noch drei oder vier Männer.
Wer waren diese Männer?
Hirten.
Sie gehörten nicht zur Familie, aber sie lebten ständig bei euch?
Ja, immer.
Das ganze Jahr über, oder nur einen Teil des Jahres?
Das ganze Jahr über ... Im Winter waren es sogar mehr. Und dann gab es noch einen, der die Kuhställe saubergemacht hat; der ist aber nur drei Monate im Jahr bei uns gewesen.
Und die eigentliche Familie – wie viele Personen waren das?
Die Familie? Nur mein Onkel und wir ... Der älteste von drei älteren Brüdern meiner Mutter war es, der sich um uns gekümmert hat. Meinen beiden Halbbrüdern hatte er ein Drittel seines Besitzes vermacht – sie sollten das Erbe nicht verprassen. Das Haus hatten wir Töchter in Ordnung gehalten – als wir geheiratet hatten, sah es im Haus ganz anders aus, nicht mehr so ordentlich, der Haushalt war nicht mehr so gut geführt. Weißt du, auf dem Land ist es gar nicht so einfach, ein Haus sauberzuhalten. Alles ist staubig, man muß ständig waschen, ausfegen, aufwischen. Auch wenn es keinen Zementfußboden gibt – der Staub muß vor die Tür gekehrt werden ... Die Frau, die morgens aufsteht, wäscht zuerst das Geschirr ... Dann muß ja auch der Schlauch saubergemacht werden, es dauert zwei oder drei Tage, bis er wieder aufgeblasen werden kann, er muß abgerieben werden, damit er zu benutzen ist ... Unsere Molke ist sehr gut**, das weiß man im ganzen *duar*.
Ihr wascht den Schlauch drei Tage lang?

* *chaima* – (›Zelt‹), hier ist die Familie, der Haushalt gemeint.

** Hier geht es um die Herstellung von Butter und Molke. Man benutzt dazu einen großen sackartigen Schlauch aus Ziegenleder, der getrocknet und so lange mit einem Brei aus Pinienrinde gescheuert wird, bis er den Geruch annimmt und ›sauber‹ ist. In einem Dreibein aus Holzstangen aufgehängt, wird er mit Frischmilch gefüllt, zum Ballon aufgeblasen und verschlossen. Die Frauen bewegen den Schlauch, bis Butterklumpen entstehen, die dann herausgefischt und gewaschen werden. Zurück bleibt die Molke, die als Getränk oder als Soße zu *kuskus* und anderen Speisen sehr geschätzt ist. Um den Schlauch wieder verwenden zu können, muß er, wie beschrieben, aufwendig gewaschen, von allen Rückständen gereinigt und getrocknet werden (Anm. d. Ü.).

Das Waschen dauert ein oder zwei Tage, dann wird er umgestülpt und aufgeblasen, damit man ihn abschaben kann, und dann hängen wir ihn wieder auf und streuen Salz hinein ... Also eine Frau muß sich immer um den Schlauch kümmern, die andere holt den Tieren Futter – wenn der *chammas** nicht da ist, muß sie selber los und Gras schneiden. Sie geht dann ins Feld und kommt erst abends zurück, mit einem vollen Sack. Wir haben uns aber immer nur um die Hausarbeit gekümmert, nie ums Geld.

Wer war dafür zuständig?

Mein Onkel. Er ist auf den *suq* gegangen und hat ein oder zwei Mutterschafe verkauft, für 100 oder 150 Dirham pro Schaf. Das waren oft Schafe, die eine Ohrenkrankheit hatten, die taub waren. Manchmal wurden sie an den Schlachter verkauft, oder es wurde gerade geschoren, dann kam nur die Wolle auf den Markt. Sonst haben wir nichts verkauft, weder Butter, noch Eier. Vom *suq* brachte mein Onkel immer Tomaten mit und Wassermelonen, wenn es welche gab ... Dienstags war Markttag – mein Onkel kam mit vollbepacktem Esel zurück, und wir hatten dann genug zu essen für eine Woche.

Bis zum nächsten Markttag?

Ja, fünf, sechs Tage – bis kein Gemüse mehr da war. Dann wurde jemand losgeschickt, Gemüse holen. Von der Minze kann man ja ganz viel kaufen und sie in einem feuchten Jutesack oder einem Tonkrug frischhalten.

Aber um die Haushaltskosten haben wir uns keine Gedanken gemacht, meine Schwester und ich; wir haben nur die Hausarbeit getan und das Vieh versorgt. Die Tiere müssen vor allen Dingen immer genug zu trinken haben ...

Für das Vieh sind also die Frauen zuständig?

Nur für die Kälber, die im Stall bleiben.

Was gibt es da zu tun?

Sie bekommen regelmäßig zu trinken, und bevor die Kühe zurückkommen, bringen wir sie ein bißchen auf die Weide.

Bindet ihr sie fest?

Ja, die Kälber sollen ja nicht an die Euter der Kühe ... Bei den Ziegen ist das auch so – man muß ihnen abends Kuhmist auf die

* *chammas* – ein Landarbeiter, der sich für ein Fünftel des Ernteertrags bei einem Grundbesitzer verdingt. Diese Art von Partnerschaft *(chammasat)* ist in den ländlichen Gebieten bis heute üblich.

Zitzen schmieren, damit sie nicht in der Nacht ihre Kleinen trinken lassen, und in der Morgendämmerung, so um fünf Uhr, muß man sie melken. So wird das gemacht.

Aber das alles ist Aufgabe der Frauen?

Ja, das machen die Frauen, und sie müssen auch etwas davon verstehen – sonst stirbt das Kalb, die Kühe geben keine Milch, und die Ziegen säugen ihre Jungen. Wenn sich die Frau nicht richtig um die Kälber kümmert, werden sie schwach und krank und im Winter muß man sie dann notschlachten – das ist der Ruin! Aber wenn ein Mann sich in allen Dingen auf seine Frau verlassen kann, dann glückt ihm alles, ob Viehzucht oder Geschäfte in der Stadt . . .

Teppichmuster – schöpferische Arbeit

Habt ihr auch selbst die Wolle verarbeitet?

Ja, das wurde am Nachmittag gemacht. Wir haben gewebt, was wir so brauchten, für das Zelt und die Tiere – für die Stricke, mit denen die Kälber angebunden werden, benutzt man auch Ziegenhaar, das hält besser als Wolle. Und im Sommer brauchten wir Stricke, um das Stroh zu binden. Aber wir haben auch *hanbel* hergestellt.*

Und du kannst auch Teppiche weben?

Ja, ich mache auch Teppiche. Ich kann zwar keine Muster erfinden, aber wenn ich mir einen Teppich anschaue, kann ich sein Muster nachmachen – man muß es nur auszählen. Nur nach einer Anleitung weben, so wie die ›Rabat-Teppiche‹ gemacht werden, das kann ich nicht. Alle diese feingewebten Sachen, wie die Teppiche aus Rabat, das gelingt mir nicht, aber einen Marmoucha** kann ich weben.

Und du schaust dir einen Teppich nur an – und schon kannst du ihn nachmachen?

Ich zähle die Fadenkreuzungen, aber ich brauche Ruhe für so eine Arbeit. Die Kinder dürfen mich nicht stören, wenn jemand auf die Kinder aufpaßt, dann geht es . . .

Hast du schon Teppiche gemacht, seit du hier in Rabat wohnst?

Nein, hier müßte ich die Wolle kaufen – das ist zu teuer.

* *hanbel* – eine bestimmte Art von Bodenmatten – mit ›klassisch orientalischen‹ Mustern um ein Zentralmotiv.

** Marmoucha – ein Teppich aus dem Mittleren Atlas.

Auf dem Land mußtest du die Wolle nicht kaufen ...?
Nein, wir hatten sie ja im Haus – aber hier in Rabat ist das was anderes, ich habe auch zu viel zu tun ... Ich hätte mir ja Wolle von zu Hause, vom Land schicken lassen können, um Bettdecken zu machen. Hier in der Stadt gibt es Frauen, die Wolle kämmen und spinnen und Decken daraus weben, die sie dann an den *derraz** verkaufen. Außerdem kann man auch Matten herstellen. Bei uns in der Familie wußte früher niemand, wie das geht – weder meine Mutter oder meine Schwester, noch ich. Aber meine Schwester und ich wollten so eine Matte mit ganz vielen Farben machen, wie man sie in Zemmour bekommt. Eine Frau hat uns gezeigt, wie es geht, und dann haben wir gezählt und gezählt und drei oder vier Muster nachgemacht und schließlich hatten wir es gelernt. Das Übungsstück haben wir behalten. Einmal ist uns eine besonders schöne gelungen – *›numéro uahed‹*** – die hat meine Schwester mitgenommen, als sie heiratete. Die Matten haben den Vorteil, daß man nicht viel Wolle braucht – schon für 40 oder 50 Dirham kann man eine Matte machen. Aber seit wir beide verheiratet sind, haben wir das aufgegeben.
Kannst du es noch?
Ja.
Und warum machst du es dann nicht?
Wie denn? Wovon soll ich die Wolle bezahlen? Sicher, wenn ich keine Kinder hätte, dann könnte ich mit einer kleinen Menge anfangen, ein paar Matten verkaufen und von dem Geld wieder Wolle kaufen, um weitere Teppiche und Matten zu machen ... Aber die Kinder lassen mir ja keine ruhige Minute.
Hast du niemanden, der sich um sie kümmern könnte?
Nein, niemanden.

Tahra heiratet

Du hast erzählt, daß du deinen ersten Verlobten nicht heiraten wolltest. Weil er ungebildet war und keinen Posten beim Staat hatte?
Ja. Wenn ein Mann schon keine Ausbildung und keinen Posten hat, dann wenigstens ein Geschäft oder sonst einen Lebensunterhalt – er

* *derraz* – Weber, Teppichhändler.
** *›numéro uahed‹* – ›1 a Qualität‹ – erste Ware.

muß irgendeine Arbeit haben, sonst bleibt ihm nichts, als zu stehlen oder seine Frau sitzenzulassen. Ich bin eine ungebildete Frau, aber ich mache mir meine Gedanken und sehe manches kommen. Manche Leute stürzen sich in Schulden für die Hochzeit und das ›tag-zadag, tag-zadag‹* . . . Dabei ist doch viel wichtiger, was danach kommt. Ich will keine Tamburins und keine Feier, sondern einen Mann, der mich liebt und der für den Lebensunterhalt sorgen kann, der nicht irgendwann stehlen gehen muß oder mich mit einem Haufen Kinder sitzenläßt. Auf Reichtum bin ich gar nicht aus, sogar auf die ›Morgengabe‹ kann ich verzichten, wenn ich mich nur auf meinen Mann verlassen kann, auf seine Hilfe in diesen Zeiten, die immer schwieriger werden.

Also wie bist du dann deinen ersten Verlobten losgeworden? Hast du ihn einfach abgelehnt?

Ja.

Und deine Familie war damit einverstanden?

Nein, überhaupt nicht – alle haben mir Vorwürfe gemacht. Die Sache gefiel ihnen ganz und gar nicht; sie sagten mir ein schlimmes Ende voraus . . . Wir haben uns gestritten, und ich bin zu meiner Tante gezogen. Dort bin ich dann lange geblieben. Es hat mir bei ihr gefallen, weil sie in der Stadt wohnte.

In welcher Stadt?

In Aïn Leuh. Meine Familie hat dann schließlich eingesehen, daß ich einfach keine Lust hatte, irgendwann als geschiedene Frau mit Kindern dazustehen oder die Kinder bei ihrem Vater und einer Stiefmutter zu lassen, die sie schlecht behandelt. Soweit läßt man es besser gar nicht erst kommen. Wie heißt es doch: ›Was leicht anbrennt, soll man nicht in den Topf tun.‹** Gut, wir waren verlobt, mit allem drum und dran – aber die Kleider, die er für mich gekauft hat, habe ich nie getragen. Er hat alles zurückbekommen. Das ganze *duar* hat davon geredet. Ich sagte immer: »Es ist nichts Schlimmes passiert – aber ich heirate nur einen Mann, den ich liebe!« Na ja, ich habe es geschafft, diesen Bräutigam wieder loszuwerden. Und später habe ich meinen jetzigen Mann geheiratet, den du ja kennengelernt hast . . .

* lautmalerisch für die Tamburinklänge bei der Hochzeitsfeier.

** *ma darna fil qadra ma jettehrek.*

Hatte er denn eine Arbeitsstelle?
Ja, aber ich habe mich vor allem wegen seiner Familie für ihn entschieden – sie stammen aus der Sahara, genau wie meine Familie. Wir Saharauis sind vertrauenswürdig und ein bißchen hochmütig, weißt du; mir hat es gefallen, einen Saharaui zu heiraten. Seine Familie ist auch sehr gottesfürchtig, und so haben wir dann schließlich geheiratet. Man besinnt sich doch immer auf die Ursprünge, nicht wahr?
Also er stammt aus der Sahara und du auch?
Meine Mutter stammt von dort – mein Vater nicht. Aber ich habe mir einfach gesagt, dieser Mann taugt mehr als andere ... Bei der Heirat hat er mir geschworen, daß er mich sehr liebt und mich nicht betrügen wird. Wenn wir einmal Streit hatten, weinte er wie eine Frau ... Verstehst du, ein Mann soll sich schon erkenntlich zeigen dafür, daß du ihm zuliebe deine Familie verläßt, vielleicht Hunger und Kälte erduldest ... Bevor ich mein erstes Kind bekam, habe ich ihm meine Bedingungen gestellt. Ich habe gesagt: »Hunger und Armut kann ich ertragen; ich bin bereit, mit dir in einem baufälligen Haus, in einer Wellblechhütte oder in einem Zelt zu leben, wenn es sein muß ... Aber wenn ich merke ... Wenn ich dich mit einer anderen sehe, wenn du auch nur anfängst, spät nach Hause zu kommen – woher soll ich denn wissen, was du treibst – das könnte ich nicht ertragen! Wenn es so enden muß, dann sollten wir uns lieber gleich trennen – bevor wir Kinder haben. Ich habe genug Verehrer, manche machen sich schon Hoffnungen ... *(sie lacht)*, glaub' mir ...« *(sie lacht)*.
Und wie lange bist du jetzt schon verheiratet?
Weißt du, wenn man mich so sieht – die Leute unterschätzen mich einfach! Ich will nicht behaupten, daß ich schön bin – die Schönheit! Ach je! – aber ich bin nicht dumm, und ich weiß mich sehr gut zu benehmen. Bei uns suchen sich die Männer ja bei den Hochzeitsfeiern das Mädchen aus, das sie heiraten wollen. Bei solchen Anlässen bekommen sie sogar die Mädchen zu Gesicht, die sonst nicht aus dem Haus gehen. Aber bei den Hochzeiten singen die Mädchen Lieder voller Witz und Anspielungen – auf dem Land gibt es das noch, und kein Mann kann einer Frau widerstehen, wenn sie aus dem Stegreif ein Lied für ihn singt.

Lieder und Tänze der Berber

Und du? Kannst du auch solche Lieder erfinden?
Natürlich! Ich kann auch singen.
Wie geht das denn vor sich? Ist das so ein gesungenes Frage-und-Antwort-Spiel? Wer fängt damit an?
Nein, nein – das ist genau festgelegt. Jemand singt und dabei wirst zum Beispiel du angesprochen; das geht dann so . . . *(sie singt mir etwas vor).*
Bitte sing' noch ein bißchen, damit ich das begreifen kann . . .
Du willst das bloß mit dem Tonband aufnehmen! *(Sie lacht.)* Nein, kommt nicht in Frage . . .
Na komm', bitte sing' weiter . . .
Aber wir singen doch in der Berbersprache *(sie lacht).* Du wirst gar nichts begreifen, es ist ja nicht Arabisch!
Das macht nichts. Ich habe die Lieder der Berber schon oft im Radio gehört, und ich war auch schon bei den *ahïdus**, auf dem Land. Singen kann ich nicht, aber tanzen; und ich weiß auch ein bißchen Bescheid: die Männer und die Frauen stehen sich in zwei Reihen gegenüber, ein Mann tritt vor und beginnt zu singen, und dann antwortet eine Frau, und sie tritt auch aus der Reihe . . . So ist es doch?
Ja, das stimmt. Also bei uns ist das jedenfalls nicht so wie hier bei euch in der Stadt. Hier wird ja oft nur für Geld getanzt. Die *schechata* tanzen, weil das ihr Beruf ist. Aber wenn bei uns getanzt und gesungen wird, dann treffen sich ganz normale Leute . . . Man singt, wie es einem gerade einfällt, und es gibt immer eine Menge Anspielungen . . . Manche Leute verstehen sofort, worum es geht, andere kapieren überhaupt nichts. Das gilt auch für die Sänger und Sängerinnen: die einen wiederholen einfach, was gerade gesagt worden ist, sie machen nur mit; aber andere haben genau begriffen, wem die Anspielung gegolten hat. Sie haben das Lied richtig verstanden. Wenn zum Beispiel ein bestimmter junger Mann mit einem bestimmten Mädchen ausgeht, dann hat der Sänger die Gelegenheit, allen Anwesenden diese Neuigkeit mitzuteilen. Oder wenn jemand ein Heiratsangebot ausschlägt und statt dessen eine

* *ahïdus* – Tanz der Berber.

andere Frau umwirbt, dann wird diese Angelegenheit öffentlich verhandelt – bei nächster Gelegenheit, also anläßlich einer Hochzeitsfeier.

Darf denn der Sänger die Familie des Mädchens öffentlich in Verlegenheit bringen?

Nein, das Lied richtet sich ja gegen den Bräutigam, selbst wenn er ein anständiger Bursche ist – es geht darum, ihm Bescheid zu stoßen ...

Und bei den Hochzeiten gibt es immer solche Lieder voller Anspielungen?

Ja, das ist so üblich, bei Festen – ganz gleich, ob es sich um eine Hochzeit oder eine Geburt oder irgendeinen anderen Anlaß handelt, zu dem man sich versammelt und tanzt und singt ... Wenn man sich beim Singen hervortun will, muß man natürlich auf dem laufenden sein – man muß verstehen, worum es in den Liedern der anderen geht und was im *duar* gerade los ist. Aber meistens können auch die Gäste, die nicht so gut Bescheid wissen, die Anspielungen in den Liedern verstehen.

Singst du denn noch bei solchen Gelegenheiten?

Nein, das ist vorbei. Ich habe alles vergessen. Wenn mir jemand vorsingt, kann ich mitmachen – ganz ohne Verstand. Aber auf Zuruf fällt mir einfach nichts mehr ein.

Ist das wahr?

Ja, die Zeiten sind vorbei, als ich jederzeit vortreten konnte ... Damals im *duar*, wenn wir uns gegenüberstanden, die Sänger und die Sängerinnen.

In der einen Reihe die Mädchen, in der anderen die Männer, nicht wahr? Und dann gibt ein Wort das andere?

Ja, und da wird scharf geschossen! Manchmal gibt es richtig Streit – aber irgendwer sorgt dann schon für Ordnung. Was für Bosheiten sich die Leute an den Kopf werfen. Wirkliche Messerstiche sind nicht so schlimm, wie das, was man bei solchen Festen zu hören bekommt.

Also wenn dich jemand auf diese Weise provoziert, gibst du's ihm zurück?

Natürlich. Aber ich biete ihnen ja keinen Anlaß – ich gehe nicht aus, also kann man mir nichts nachsagen ... Die Lieder der Berber sind immer sehr vieldeutig. Weißt du, ich spreche jetzt ja auch

Arabisch, aber Lieder kann ich nur in der Berbersprache machen.
Ich höre oft Arabisch im Radio, aber ich verstehe nichts.
Wir müssen uns mal solche Lieder gemeinsam anhören, damit du mir alles erklären kannst.
Die Lieder sind doppeldeutig, Berberlieder haben immer viele Bedeutungen ... Sie erzählen von den Problemen der Leute, von den Dingen, die geschehen – na ja, genauer kann ich es jetzt nicht erklären.

Schwangerschaften ...

Nach deiner Heirat – wie lange hat es gedauert, bis du dein erstes Kind bekamst?
Ich weiß nicht mehr so genau ... Ungefähr acht Monate.
Das erste Kind nach acht Monaten?
Ja, Al Abed ...
Und wie lange hat es dann gedauert, bis das zweite kam?
Nicht so lange ... Vier Monate – ich habe das erste Kind noch gestillt ...
Nur vier Monate! Hast du nicht gemerkt, daß du schwanger warst?
Nein, ich war müde und mußte mich erbrechen, aber ich dachte, das liegt an meiner Krankheit – ich hatte nämlich Probleme mit der Gebärmutter. Ich bin zum Arzt gegangen, und dann habe ich für 100 Dirham Medikamente genommen. Na gut, dachte ich, wenn ich davon gesund werde ... Aber ich bin überhaupt nicht auf die Idee gekommen, daß ein Kind in meinem Bauch schläft ... Der Arzt hatte gesagt, ich sollte wiederkommen, wenn meine Regel ausbleibt ... Also habe ich einen Monat gewartet, ich hatte meine Regel, und daraufhin bin ich nicht mehr zum Arzt gegangen. Es war aber gar nicht die Monatsblutung gewesen, sondern eine Fehlgeburt. Nach weiteren zwei Monaten habe ich dann Kräuter für die Abtreibung genommen.
Diesmal warst du nicht beim Arzt?
Nein.
Und hattest du deine Regel?
Ja, aber ich bin wieder schwanger geworden – ich dache: »Das arme Kind ist wieder aufgewacht.«* Dann habe ich die Kräuter genom-

* Nach dem Volksglauben kann der Fötus als *ragad* (›schlafendes‹ Kind) über Monate oder gar Jahre im Uterus bleiben, ohne sich weiterzuentwickeln – bis zum plötzlichen ›Erwachen‹; das Wachstum geht dann weiter, wo es aufgehört hatte.

men und ich hatte wieder eine Fehlgeburt – aber mein Bauch tat sehr, sehr weh . . .
Aber es kam alles heraus?
Ja, es kam viel . . . Mein Bauch wurde ganz flach und ich dachte, ich hätte es hinter mir. Schließlich bin ich zum Arzt gegangen und der hat festgestellt, daß ich im dritten Monat war. Ich habe dann mit dem Stillen aufgehört – das Kind, das ich gestillt hatte, wäre fast gestorben, von all dem Zeug, das es mit der Muttermilch abbekommen hatte. Ich war mit dem Kleinen beim Arzt, aber es hat nicht geholfen. Alle Leute haben gesagt, daß die Medikamente nichts nützen. Er war schon dünn wie ein Nagel – da habe ich von dem Trick mit der Schildkröte erfahren . . .
Eine Schildkröte?
Ja, wir haben eine lebende Schildkröte gekauft und sie auf das *kanun** gelegt, bis der Panzer weg war . . .
Ihr habt sie lebend ins Feuer gelegt?
Ja, der Panzer ging ab und dann haben wir sie gekocht, wie ein Huhn, mit vielen Gewürzen, von allem ein bißchen . . . Mein Sohn bekam drei Tage lang davon zu essen – am dritten Tag wollte er nicht mehr, aber er mußte: ich habe ihm sonst nichts gegeben.
Und wer hat dir dieses Mittel empfohlen?
Ein *aattar*** hier aus Salé. Und stell dir vor, davon ist der Kleine gesund geworden. Anschließend hatte er sehr starken Durchfall, es wollte gar nicht mehr aufhören und stank ganz schlimm. Aber dann wurde er gesund. Zum Glück habe ich jeden Monat etwas Geld für ihn auf die Seite gelegt.
Wieso?
Es war für Abed . . . Sonst hätte ich ihm keinen Reis kaufen können. Im Winter habe ich sein Essen für zwei Tage im voraus gekocht, um Gas zu sparen – der Reis muß ja lange kochen. Zum Frühstück, zum Mittagessen und am Abend bekam er seinen Reis, dreimal am Tag und am nächsten Tag wieder. Manchmal gab es auch Grieß, weil das billiger ist.
Hast du ihm denn keine Milch gegeben, als er erst vier Monate alt war?

* *kanun* – Eine Art Kohlebecken aus Ton, auf das der Kochkessel gestellt wird.
** *aattar* – ein ›Kräuterdoktor‹, ein Kräuter- und Parfumhändler, der eine Vielzahl von Heilpflanzen und Kräuterkuren anbietet.

Doch, die ganze Zeit. Und weißt du was? Ich habe die Milch in Tüten gekauft, einen Liter oder einen halben, je nachdem, wieviel Geld ich hatte. Es ist nicht billig, aber frische Milch ist doch einfach besser. Er hat seine Milch fast jeden Tag bekommen, das hat mich 15 oder 20 Dirham im Monat gekostet. Aber davon ist er doch nicht satt geworden und dann habe ich angefangen, ihm etwas von unserem Essen zu geben ... Ein bißchen gekochte Kartoffeln ... So ging das, bis ich mein zweites Kind bekam.
Wo hast du es zur Welt gebracht? Im Krankenhaus?
Ja, es ging nur im Krankenhaus.
Hast du eine Krankenversicherung?
Ja. Ich habe das Kind hier im Gesundheitszentrum unseres Viertels zur Welt gebracht. Ich war auch mal bei der Entbindungsklinik, aber dort haben sie mich nicht hereingelassen – ich mußte in meinem Viertel ins Krankenhaus. Schon im siebten Monat hatte ich die ersten Wehen, ganz starke Wehen, und ich wußte nie, ob nicht gleich das Kind zur Welt kommt. Jedesmal dachte ich: jetzt ist es soweit!

... und Empfängnisverhütung

Irgendwann hatte ich genug von den vielen Geburten. Jedesmal habe ich mir vorgenommen, nach der Geburt einen *fqih* aufzusuchen oder mir ein Medikament zu besorgen. Die Pille kam nicht in Frage – ich war bereits operiert worden, weil ich eine Zyste hatte, und außerdem: mein schwaches Herz! Auch wenn ich deswegen nie beim Arzt war – das Herz war nicht in Ordnung, das fühlte ich. Also sagte ich mir, wenn du jetzt die Pille nimmst, ist das dein Ende. Und dann heißt es immer, wer die Pille nimmt, muß viel essen – eine Banane zwischendurch, ein bißchen Milch zum Frühstück, verstehst du? Aber ich bin ja sozusagen auf Diät gesetzt, weil es für mehr nicht reicht – wie sollte ich da die Pille nehmen? Das kam also nicht in Frage. Ich war bereit, alles zu versuchen, obwohl ich zu den *fqihs* nicht viel Vertrauen habe: da zahle ich 25 oder 50 Dirham für irgendwas, und es kann passieren, daß ich für immer unfruchtbar werde ... Und wenn ich irgendwann doch noch einmal Kinder haben will ... Ich war so unentschlossen, daß ich gar nichts

unternommen habe. Manche Leute sagen, mein Mann müßte eben aufpassen, wenn er mit mir schläft ...
Benutzt er ein Kondom?
Nein, gar nichts ...
Bei wem holt ihr euch Rat in solchen Fragen?
Er hat da einen Freund ... und mit mir hat eine Frau darüber gesprochen, die Frau von einem Freund meines Mannes.
Im letzten *ramadan** bin ich irgendwie mißgünstig geworden und habe ganz plötzlich aufgehört, mein zweites Kind zu stillen. Ich dachte mir: »Lieber verzichte ich auf alles mögliche, damit ich die Milch für das Kind kaufen kann.« Meine Milch ist nämlich immer sehr gut und die Kinder werden dick und rund, wenn ich sie stille ... Ich muß dir mal ein paar Fotos zeigen. Also ich habe aufgehört zu stillen, und dann habe ich eine *quina*** für 4,50 Dirham gekauft, um eine Fehlgeburt zu bekommen. Ich wußte, daß ich etwas Schlechtes tue – aber trotzdem ...
Wo hast du diese Pille gekauft?
In einer Apotheke. Der Verkäufer wollte noch wissen, ob ich schwanger bin ... Ich habe nein gesagt, ich habe gelogen – Gott sei mir gnädig! Mir war ziemlich klar, daß ich schwanger war. Aber was sollte ich machen? Ich konnte einfach nicht mehr: es war niemand da, der die Kinder gehütet hätte; ob ich ins Bad wollte oder irgend etwas anderes – es ging nicht! Ich kam nicht mehr zum Schlafen, ich schaffte es nicht mehr, den Haushalt zu besorgen und die Wäsche zu waschen ... Wenn ich schwanger war, wurden auch die Einkäufe zu mühsam. Weißt du, ich kann ja nicht einfach irgendwo einkaufen. Es gibt zwar Geschäfte gleich um die Ecke, aber ich gehe immer dorthin, wo es billiger ist – auch wenn ich sehr weit laufen muß. Das alles hatte ich satt, also habe ich diese Pille genommen, damit das Kind wenigstens ein halbes Jahr oder ein Jahr schläft ... Danach hatte ich dann immer meine Regel – bis vor kurzem, und da habe ich Kräuter genommen, von einer Nachbarin ... Die hatte gerade ein Kind bekommen und die Frauen haben ihr diese Kräuter gebracht und zubereitet.
Was für Kräuter waren das?

* *ramadan* – der Fastenmonat.
** *quina* – Pille. Das Wort kommt vermutlich vom französischen *quinine* (Chinin).

*Ras-al-hanut** und noch andere – sie werden ins Gebäck gemischt, das schmeckt sehr gut ...
Ja, wirklich?
Danach habe ich angefangen, die 23 Pillen zu nehmen ...
Wie lange?
Nur einen Monat, dann habe ich die Pillen für 4,50 Dirham genommen.
Auch einen Monat lang?
Nein, da gibt es nur zwei Tabletten. Die eine nimmst du, wenn die Regel ausbleibt – die nächste Monatsblutung ist dann ganz stark – und die andere Tablette sorgt dafür, daß du keine Kinder bekommst.
Hast du noch solche Pillen? Zeigst du sie mir?
Nein, ich habe keine mehr ...
Hat sich das alles erst kürzlich zugetragen?
Ja, es ist erst vier oder fünf Monate her – als meine Nachbarin ihr Kind bekam und die Kräuter von ihren Freundinnen genommen hat. Sie hatten Gebäck für sie gemacht, das mit diesen Kräutern gefüllt war.
Und weshalb hat die Nachbarin die Kräuter gegessen?
Das ist gut für die Frauen im Wochenbett ... Damit kein Blut von der Geburt in ihrem Körper bleibt, damit sie sich schneller erholen. Nach der Geburt nehmen die Frauen die Kräuter mit ein bißchen Olivenöl oder ranziger Butter – das kostet 2 Dirham und hilft ihnen ganz schnell auf die Beine. Ich habe das nicht gemacht, als ich Al Abed geboren hatte, weil mir niemand diese Ratschläge gegeben hat.
Und weshalb willst du keine Kinder mehr?
Warum? Weil wir kein Geld haben und auch wegen meiner Gesundheit. Wenn ich mir das leisten könnte, dann würde ich eine Frau anstellen, die sich um die Kinder kümmert – für 20 bis 25 Dirham im Monat. Aber es fehlt am Geld ... Und dann auch die Probleme mit der Wohnung: Wenn man viele Kinder hat, soll man nicht mit anderen Leuten zusammenwohnen, man braucht ein eigenes Haus. Sonst gibt es immer Streit – wenn die Nachbarn nicht zufällig sehr nett sind. Deswegen möchte ich nicht so viele Kinder. Man braucht dann nicht so viel Platz, wenn einem schon die Wohnung nicht

* *ras al hanut* – sinngemäß: ›Krönung des Ladens‹ – eine kräftige Kräutermischung, die auch für die *kuskus*-Zubereitung verwendet wird.

gehört. Schließlich kann man ja auch krank werden, oder die Arbeit verlieren ... Erst neulich ist mein Mann krank geworden – und das war nicht das erste Mal. Was wäre gewesen, wenn sie ihn nicht mehr genommen hätten, da, wo er arbeitet? Und überhaupt: was kann man schon anfangen mit den 150 Dirham, die er im Monat nach Hause bringt? Wir müssen uns ständig einschränken – so ein Leben ist nicht zu ertragen ...

Das Leben ist teuer ...

Weißt du, ich muß dauernd sparen ... Zum Frühstück trinke ich nicht Milchkaffee, sondern Tee, obwohl mir Tee nicht schmeckt. Fleisch gibt es kaum zweimal die Woche und Sardinen überhaupt nicht ... Wir verbrauchen viel Öl, mindestens fünf Liter im Monat. Bei uns gibt es auch keinen Nachmittagskaffee – das Gebäck kostet 80 Centimes pro Pfund, darauf verzichten wir. Und Obst? Nicht einmal Orangen gibt es alle Tage, von Äpfeln und Bananen ganz zu schweigen ...

Nicht mal Orangen?

Ja, auch darauf verzichten wir manchmal. Ich gehe auch höchstens einmal im Monat ins Badehaus – meistens bade ich zu Hause. Zu den Festtagen bekomme ich keine neuen Kleider; ich habe mir schon seit zwei Jahren keine Sachen mehr gekauft. Meine Familie lade ich zu den Feiertagen auch nicht ein – ich habe sie seit vier Jahren nicht mehr gesehen.

Du bist seit vier Jahren verheiratet?

Schon etwas länger, glaube ich ... Fünf Jahre vielleicht. Aber seit ich Al Abed zur Welt gebracht habe, sind meine Angehörigen nie zu Besuch gekommen. Meine Mutter war damals bei mir, aber die anderen konnte ich nicht einladen. Zu dieser Zeit verdienten wir 150 Dirham und mußten 40 Dirham Miete bezahlen, nicht zu vergessen das Geld für die Busfahrten ... Was bleibt da schon übrig?

Dein Mann fährt mit dem Bus?

Ja. Uns bleibt gerade so viel, daß wir zu essen haben. Aber das größte Problem ist die Wohnung ... Wenn wir uns ein Heim gekauft hätten, wäre es jetzt schon abbezahlt, obwohl das Leben so teuer ist ...

Wie hoch ist die Miete jetzt?
Wir zahlen 15 Dirham für einen Raum. Früher hatte ich mehr Hausrat, aber die Arbeit war nicht so anstrengend. Aber in dem einen Zimmer gibt es einfach zu viel zu tun: abends müssen die Matratzen ausgelegt werden und morgens muß man wieder alles umräumen, und zwischendurch noch Brot machen und Geschirr abwaschen. Ich kann es doch nicht stehenlassen – wenn nun jemand zu Besuch kommt! Dann die Küchenarbeit und das Windelnwaschen – so geht es von früh bis spät. Wenn nur ein Glas Tee getrunken wird, muß schon wieder abgewaschen werden. Anschließend wird der Fußboden gewischt, wenn das Baby aufwacht, wird es auf den Topf gesetzt ... Das Aufräumen darf nicht zu lange dauern, es könnte ja jemand vorbeikommen und die ganze Unordnung sehen. Als wir mehrere Zimmer hatten, mußte ich mich nicht so plagen. Da gab es eine richtige Küche und ein Zimmer, in dem man die Gäste empfangen konnte – mit Sitzgelegenheiten und Tischen, die ich dann verkauft habe ...
Du hast sie verkauft?
Ja, für 150 Dirham, es blieb mir nichts anderes übrig. Mein Mann war krank geworden und wollte zurück aufs Land. Er wäre fast entlassen worden, weil er so oft krank war ...
Und du – wolltest du eigentlich arbeiten gehen?
Was soll ich da antworten, Schwester? Auch wenn ich nicht gewollt hätte – wenn mein Mann plötzlich keine Arbeit mehr gehabt hätte, dann wäre mir ja wohl nichts weiter übriggeblieben, als arbeiten zu gehen ... Zum Glück ist er bald wieder gesund geworden. Aber für mich ist die Unterkunft das wichtigste Problem.

Wohnungsprobleme

Was würde es denn kosten, ein Haus zu kaufen?
Für ein Haus mit Wellblechdach, mit zwei Zimmern und einer Küche, muß man 4000 bis 4500 Dirham rechnen.
Und wieviel könnt ihr im Augenblick aufbringen?
Wir haben jetzt 1500 Dirham und nochmal 300, macht 1800, dann noch der Lohn für diesen Monat – sagen wir 2000 Dirham. Wir erwarten auch noch eine Nachzahlung, 500 oder 750 ... Meine

Eltern schicken mir auch ein bißchen was. Wenn die Ernte dieses Jahr gut ausfällt, was ich nicht glauben kann, aber wenn sie gut wird, dann könnten die Eltern uns vielleicht 500 Dirham leihen. Wenn wir das Haus erst mal gekauft haben, werden wir die Schulden bald wieder los sein. Wir können an jedem Monatsende ein bißchen zurückzahlen. Ich werde jedes Opfer bringen, mir keine Kleider kaufen und gar nichts . . .

Also du müßtest nur jemanden finden, der dir 500 Dirham leiht, dann könntest du dir dein Haus kaufen?

Ich werde es kaufen, ganz bestimmt, auch wenn die Sache nicht einfach ist . . .

Und warum willst du unbedingt kaufen? Andere Leute wohnen ihr Leben lang zur Miete!

Man zahlt Miete . . . Und dann? Man muß doch an die Zukunft denken. Nimm mal an, mein Mann hat keine Arbeit mehr – wer soll dann die Miete bezahlen? Es gibt Streit mit dem Eigentümer, aber ausziehen kommt nicht in Frage. Und der Eigentümer hat vielleicht geschuftet und gespart und viel mitgemacht, um das Haus zu kaufen, oder es ist sein Erbteil – und du hast keine Entbehrungen in Kauf genommen, und jetzt willst du einfach nicht ausziehen! Das ist nicht gerecht. Wenn er sich an die Behörden wendet, kannst du ja nicht behaupten, daß es dein Haus ist. Der Eigentümer muß nur seine Urkunden vorweisen, dann wird ihm der Staat schon helfen, den Besitz zurückzubekommen. Und was machst du, wenn du die Miete nicht mehr zahlen kannst? Betteln? Stehlen? Wenn man aber sein eigenes Haus hat und die Miete wegfällt, dann muß man nur verdienen, was man zum Leben braucht . . .

Da hast du recht . . .

Der Hauseigentümer kann dich ja nicht umsonst wohnen lassen, er ist auf das Geld auch angewiesen . . . Und die Mieten sind heutzutage sehr hoch, vor allem in der Stadt. Wer ein oder zwei Häuser vermietet, braucht sein Leben lang nicht zu arbeiten, bei diesen Mietpreisen: 200 bis 250 Dirham im Monat!

Wie hoch waren sie, als du geheiratet hast?

Ich weiß nicht mehr, ich glaube vierzig Dirham, ja genau, vierzig.

Wo habt ihr damals gewohnt?

In Salé.

Wie lange?

Ziemlich lange; als ich mein erstes Kind bekommen hatte, sind wir nach Rabat gezogen, aber danach wieder zurück nach Salé ...
Weshalb seid ihr dann erst umgezogen?
Weil es näher war ...
Näher an der Arbeitsstelle deines Mannes?
Ja. Aber in Rabat kannten wir niemanden. Samstags und sonntags waren wir immer bei unseren Freunden in Salé, also sind wir dann auch wieder dort hingezogen. Wir hatten Verwandte dort, aber die Mieten in Salé waren höher und außerdem hat uns dieses Haus kein Glück gebracht. Weißt du, es gibt Häuser, die bringen kein Glück. Ich habe dort meinen Verlobungsring verloren, er ist in den Ausguß gefallen, mein Mann hat zweimal seine Geldbörse verloren, und dann hatte er noch einen Unfall auf der Straße ... Wir sind dort nur ein Jahr geblieben. Als mein Mann die Geldbörse verloren hat, habe ich alle Wolle verkauft, die ich noch besaß. Meine Perlen habe ich auch verkauft, damit er sich ein Moped kaufen konnte, eine Honda – so dumm war ich.
Wann hat er die Honda gekauft, im ersten Jahr eurer Ehe?
Nein, als Mohammed, der Kleine, schon geboren war ... Aber das Moped haben wir wieder verkauft. Ich habe zu ihm gesagt: statt für ein Moped tausend Dirham Schulden zu machen, sollten wir das Geld lieber als Anzahlung für ein Stück Land verwenden. So ein Moped ist doch bloß Schrott, ein Luxus für Leute, die genug Geld haben ... Leute wie wir, die kaum zu essen haben, können sich doch nicht eine teure Wohnung und außerdem ein Moped und das Benzin leisten. Als mein Mann dann noch das Portemonnaie verloren hat, war das Maß voll – ich bin nach Rabat gezogen. Dort wohnte ich zuerst in einem sehr kleinen Zimmer. Ich wollte aber größere Matratzen haben, und deshalb bin ich noch mal umgezogen ... Die neue Wohnung war auch billiger. Ich hatte alles verkauft, und da habe ich geschworen, mir nichts mehr zu gönnen, bis ich endlich mein eigenes Haus besitze. Seitdem habe ich mir nichts mehr angeschafft, nicht mal eine zweite Bettdecke ... Im letzten Winter sind wir fast erfroren, aber es wurde nichts gekauft! Irgendwelche Sachen zu kaufen ist ja ganz leicht – auf Kredit, oder auf dem Flohmarkt ... Wenn ich erst mein eigenes Haus habe, wird es keine zwei Monate dauern, und ich kann mir alles mögliche

kaufen. Aber bis dahin leiste ich mir gar nichts! Schau, was ich an den Füßen habe: Plastiksandalen ...
Bist du damals arbeiten gegangen, als du geheiratet hast?
Ja, in einem Betrieb, wo Teppiche gemacht wurden.
In der Nähe deiner Wohnung?
Nein, es war weit weg ...
Du mußtest also mit dem Bus fahren?
Manchmal habe ich den Bus genommen, aber meistens bin ich zu Fuß gegangen. Das Mittagessen habe ich ja am Arbeitsplatz zu mir genommen.
Was hast du dort verdient?
Am Anfang sehr wenig ... Später waren es ungefähr 100 Dirham – es kam darauf an, wie gearbeitet wurde.
Was meinst du damit?
Zunächst bekamen wir unser Geld erst, wenn ein Teppich fertiggestellt war. Später sind wir dann tageweise bezahlt worden.
Und wieviel habt ihr an einem Tag verdient?
Das war auch ganz unterschiedlich ... Manchmal sehr wenig: 3 Dirham, 2,50; wenn es mehr Arbeit gab, konnte man auch 5 Dirham verdienen. Ich habe morgens angefangen und bis sechs Uhr abends gearbeitet.
Sechs Uhr ... Bist du dann zu Fuß nach Hause gegangen?
Ja.

Die ersten Ehejahre ...

Und wer hat die Einkäufe erledigt? Du, oder dein Mann?
Ab und zu hat er sich darum gekümmert. Aber damals hatte er viel zu tun und war nicht oft zu Hause – also mußte ich einkaufen gehen. Damals hatte ich noch keine Kinder und konnte alles ganz schnell erledigen. Die Hausarbeit war nie ein Problem für mich. Es war immer sauber bei uns, zweimal die Woche habe ich die Wäsche gewaschen. Es gab *kuskus* oder ein anderes Essen ...
Wenn mein Mann zu Hause war, habe ich ihn bewirtet, wie einen Gast. Er sollte keinen Grund haben, sich zu beklagen – ich wollte nicht, daß er denkt: »Ich mache meine Arbeit, aber meine Frau tut nicht das Ihre.« Also er war wirklich mein Gast ... Am Sonntag

kamen ein paar Sardinen in die Pfanne, oder ich habe ein halbes Pfund Fleisch gekauft, dazu Kartoffeln ... Solche guten Sachen gab es unter der Woche nicht, wenn ich nur für mich zu kochen hatte.
Und das alles, um ihn bei Laune zu halten?
Ja, er sollte sich nicht beklagen können. Wenn wir zusammen ausgegangen sind, habe ich die *dschellaba* angezogen ... Aber auch nicht immer ... Wir sind spazierengegangen, bis es dunkel wurde. Damals haben wir uns gut verstanden; er liebte mich und ich liebte ihn noch mehr. Aber es hat mich betrübt, wenn er unterwegs war – ich mußte immer weinen, bis er wieder da war.
War er viel unterwegs?
Manchmal blieb er einen ganzen Monat weg.
Direkt nach deiner Heirat warst du so oft allein?
Ja, und ich habe mir die Augen ausgeweint ... Das ging so, bis ich schwanger war ... Ich habe dann aufgehört zu arbeiten und wir sind in eine andere Wohnung gezogen – die war billiger, aber sie lag außerhalb. 40 Dirham für die Miete und von den übrigen 100 Dirham haben wir gelebt ...
Du bist also nicht mehr arbeiten gegangen ...?
Nein.
Und vorher, was hast du mit deinem Verdienst gemacht?
Für mich ist nichts übrig geblieben. Mein Mann hat ja nicht viel verdient – also kam alles in die gemeinsame Kasse ... Aber mit der Haushaltsführung bin ich ganz gut zurechtgekommen.
Das heißt, du hast dich um alle Geldangelegenheiten gekümmert?
Ja. Die Geburt meines Kindes war nicht leicht. Ich wollte meine Mutter bei mir haben, aber sie war krank. Sie kam erst 16 Tage nach der Geburt zu mir.
Wann hast du ihr denn Bescheid gesagt?
Als ich die ersten Wehen bekam. Ich habe das Kind im Krankenhaus zur Welt gebracht, mein Mann war damals krank ... Das war ein Glück – er mußte nicht zur Arbeit und konnte mich ins Krankenhaus bringen. Später hat mir eine Nachbarin geholfen, eine ältere Frau, die sehr nett zu mir war. Sie hat eine Woche lang die Windeln gewaschen und Wasser vom Brunnen geholt ... Bei uns im Haus gab es ja kein Wasser.
Es hat lange gedauert, bis ich wieder aufstehen konnte, es war eine

schwere Geburt ... Zum Glück bin ich so klug gewesen, ins Krankenhaus zu gehen, wer weiß, was sonst passiert wäre. Zweimal mußte ich eine Spritze bekommen, wahrscheinlich, weil es meine erste Entbindung war ...

Hat die Geburt lange gedauert?

Ja, sehr lange ... ›Möge Gott uns vergeben, was unsere Mütter erlitten haben‹ ... Ich habe mich nicht richtig davon erholt – wahrscheinlich hätte man danach besser auf mich aufpassen müssen.

Bist du nicht im Bett geblieben?

Nein, ich konnte nicht im Bett bleiben; Schmerzen im Bauch hatte ich noch, die kriege ich auch heute noch ab und zu. Ich denke dann jedesmal, ich sollte zum Arzt gehen, eine Röntgenaufnahme machen lassen – aber erst muß das Geld für das Haus zusammenkommen.

Wer hat dir gezeigt, wie du mit deinem ersten Kind umgehen mußt?

Die Frau des Freundes, von dem ich erzählt habe, und die Nachbarn. Sie hat mir gezeigt, wie man das Kind wickelt. Als sie mir das zwei-, dreimal vorgemacht hatte, konnte ich es auch. Früher hatte ich ja meinen Brüdern die Windeln gewechselt, aber das war zu lange her. Von der Nachbarin habe ich auch ein paar Tricks gelernt: beim Wickeln bekam der Kleine ein bißchen *khol** auf den Nabel – das heilte ganz schnell. Babypuder habe ich auch gekauft und dem Kind damit die Innenseite der Schenkel gepudert. Ich habe ihm die Brust gegeben ... Aber später mußte ich ›Muchacho‹-Dosenmilch nehmen; meine Milch hat nicht gereicht.

Im Krankenhaus

Mein zweites Kind wollte ich zu Hause zur Welt bringen; im Krankenhaus sind einfach zu viele Leute um die Frau herum, die das Kind bekommt – Ärzte und Schwestern ... Ich wollte da nicht mehr hin – außerdem kann ich es nicht leiden, wenn man sich über

* *khol* – gemahlene Kohle, die auch als Augenschminke (Cajal) benutzt wird (Anm. d. Ü.).

mich lustig macht, so bin ich nun mal ... Obwohl das Pflegepersonal aus Schwestern besteht, hast du dort nicht das Gefühl, unter Frauen zu sein. Sie haben sich ihre Späße mit uns erlaubt.
Die Krankenschwestern haben sich über euch lustig gemacht? Hast du das selbst erlebt?
Nein, mir ist das nicht passiert, aber anderen Frauen, die zur selben Zeit dort entbunden haben. Wenn eine Frau bei der Geburt anfängt zu schreien, oder wenn sie vom Land kommt und nicht gleich alles versteht, was man ihr sagt – dann machen sich die Schwestern lustig über sie ...
Was sagen sie denn zum Beispiel?
»Jetzt schreist du – daran hast du vorher wohl nicht gedacht?« – das soll heißen, bei der Liebe ... Und noch mehr solche Sachen – sie erzählen sich dann solche Geschichten und reißen ihre Witze über uns.
Und ihr habt euch das angehört?
Ja. Was sollten wir machen? Manche Frauen haben sich nichts gefallen lassen und einen Streit angefangen, aber die ängstlichen oder gutmütigen Frauen haben lieber geschwiegen.
Und bei der Geburt, wie viele Frauen waren im Kreißsaal?
Wir waren zu zweit ... Aber ich habe die Frau neben mir gar nicht gesehen, sondern nur ihre Schreie gehört – meine Entbindung war ja so schwierig. Es hat sehr lange gedauert, und sie haben mir ganz fest auf den Bauch gedrückt.
Wer hat das gemacht?
Die Schwester – sie hat fest gedrückt und danach sind die Wehen regelmäßiger geworden. Ich bekam eine Spritze und dann noch eine ... Dann mußte ich die Beine so legen ...
Sie haben dir die Beine gespreizt ...
Ja, ganz weit auseinander ... Zu zweit hatten sie mich gepackt – wie ein Schaf, dem man beim Werfen hilft! Ich habe ganz schön gebrüllt ... Danach bin ich ein, zwei Monate zu Hause geblieben, um mich zu erholen. Ich war völlig erschöpft und konnte mich kaum rühren. Nach alledem wollte ich beim nächsten Mal das Kind lieber zu Hause zur Welt bringen. Aber das war natürlich auch riskant. Und schließlich werden die Frauen, die versichert sind, im Krankenhaus ja auch besser behandelt ...
Hast du keine Krankenversicherung?

Doch, und die Frauen, die eine Versicherung haben, können sich besser wehren, und deshalb werden sie von den Krankenschwestern auch ein bißchen besser versorgt als die Ärmsten, die nicht versichert sind ... Na ja, ich habe mein Kind dort zur Welt gebracht, und dann bin ich wieder nach Hause gegangen – hier in diesem Haus hatte ich ja sogar Wasser und Strom.

Hättest du gern ein drittes Kind?

Ich möchte schon, aber wir haben ja kein Haus ... Ein Mädchen hätte ich gern noch – und dann keine Kinder mehr. Drei Kinder – mehr können wir uns nicht leisten. Man muß sie doch einkleiden und auf die Schule schicken. Meine Kinder sollen nicht so ein schlechtes Leben haben und sich auf der Straße herumtreiben oder als Hausmädchen zu anderen Leuten gehen müssen, die sie schlecht behandeln. Ich will, daß sie auf die Schule gehen und in der schulfreien Zeit einen Beruf lernen – wenn sie dann die Schule nicht schaffen, ist es nicht so schlimm; so können sie immer noch bei einem Schreiner oder Friseur arbeiten. Und wenn ich je eine Tochter hätte, würde ich sie auch in die Schule schicken, aber nur in die Grundschule – sie soll wenigstens lernen, einen Brief zu schreiben. Sie müßte aber eine praktische Ausbildung bekommen – vielleicht Teppichweben, da könnte ich sie in einer Werkstatt unterbringen ... Und wenn ich keine Tochter habe, dann kaufe ich eben das Haus ... Und wenn ich noch einen Jungen bekomme, dann werde ich ein Mädchen adoptieren und sie großziehen, als ob es meine eigene Tochter wäre ...

Du willst unbedingt eine Tochter haben, nicht wahr?

Ja, ich hätte gern ein Mädchen. Weißt du, man bleibt ja nicht ewig jung, die Kinder werden erwachsen, sie sollen für einen sorgen ... Also wenn ich einmal alt bin und krank werde, dann soll mich meine Tochter besuchen und mir die Wäsche waschen, nicht die Frau meines Sohnes. Klar, wenn die nett ist und mir was zu essen macht, das ist auch nicht schlecht. Aber wenn sie mich nicht mag, dann wird sie zu ihrem Mann sagen: »Ich habe keine Lust, mich um deine Mutter zu kümmern ...« Und deswegen hätte ich gerne eine Tochter. Ich könnte ja krank werden ... Weißt du, einer meiner Söhne ist krank, er hat solche Anfälle ...

Zauberei und Geister

Was fehlt ihm denn?

Na, er hat das, was man die *dschnun* nennt ... Manche Frauen haben das Böse in ihrer Milch, in ihren Brüsten ... Und dann sind ihre Kinder ständig krank ... Bei der Tante meines Sohnes ist das so, bei der Schwester meines Mannes. Sie hat das in der Muttermilch, und drei oder vier ihrer Kinder sind besessen ... Ich bin dann zu einem *fqih* in meinem Heimatdorf gegangen. Er sagte: »Was wirst du mir geben, wenn dein Sohn gesund wird?« Ich habe versprochen wiederzukommen: »Du wirst ein Geschenk erhalten, so viel, wie ich dir mit Gottes Hilfe geben kann ...«

War das der *fqih*, bei dem wir uns getroffen haben?

Nein, das war wieder ein anderer – der hat aus dem Brot ›gelesen‹, weil mein Sohn nämlich seit 12 Tagen nicht mehr essen wollte ... Er hat immer nur gespielt und mochte gar kein Brot. Sonst hat er beim Frühstück und am Mittag mit uns gegessen und abends bekam er ein bißchen Brot.

Und was geschah, wenn er einen Anfall hatte?

Er hat ja bis jetzt nur einen einzigen Anfall gehabt!

Und wie war das?

Danach ist es nicht mehr vorgekommen.

Und dieses eine Mal ...?

Gott steh' uns bei! Du kannst dir das nicht vorstellen! Er war ganz blau im Gesicht, die Augen verdreht ... Als ob er erdrosselt würde und er röchelte: »Nein, nein, nein ...«

Er hat gesprochen?

Nein, er ist fast erstickt ... Schließlich hat er sich erbrochen, eine Viertelstunde lang ...

Habt ihr ihn denn nicht zum Arzt gebracht?

Nein, dagegen kann kein Arzt etwas machen, das haben schon viele Familien festgestellt. Wir kannten eine Familie auf dem Land, damals war ich noch sehr klein, die hatten zwei Kinder, einen Jungen und ein Mädchen ... Sie wollten umziehen, und dabei haben sie einen Moment lang nicht auf die Kinder aufgepaßt. Beide bekamen einen schrecklichen Durchfall, und als sie sich davon erholt hatten, konnten sie nicht mehr laufen, sondern nur noch auf allen vieren kriechen.

Und dann?

Sie haben es bei allen *marabuts** versucht. Der Vater war zu jedem Opfer bereit, obwohl er fast nichts besaß. Später ging es ihnen etwas besser, sie konnten laufen, aber sie hinkten ... Ich glaube, eines von beiden ist gesund geworden. Hast du mal Leute gesehen, die von dem vergifteten Öl** gegessen hatten?

Jaja ...

Das war damals passiert, kurz vorher ...

Hat in eurer Familie sonst noch jemand solche Anfälle gehabt, wie dein Sohn?

Nein ... Aber ich hatte zweimal so einen Anfall.

Wann war das? Warst du schon verheiratet?

Nein, das erste Mal war vor meiner Heirat – kurz nachdem ich operiert worden bin. Das zweite Mal geschah es nach der Heirat. Weißt du, ich träume sehr viel, und oft sind es Wahrträume – ich habe irgend etwas geträumt, und am Tag darauf geschieht es ...

Du hast also zwei Anfälle gehabt?

Ja, zweimal ... Das erste Mal nach der Operation.

Die Zyste ...?

Ja. Die Frauen sagen ja, wenn die Geister in einem sind, dann soll man sich von den Ärzten fernhalten. Aber ich bin trotzdem zum Arzt gegangen – das war nach der Geburt, als wir gerade das Moped gekauft hatten ...

Warst du schwanger, als du den Anfall hattest?

Nein, es war nach der Geburt. Mein Mann ist abends mit dem Moped weggefahren, und ich mußte zu Hause bleiben und mich um die Kinder kümmern. Das hat mich geärgert. Ich habe dem Kleinen die Brust gegeben und versucht, beide Kinder ruhig zu halten. Aber es war niemand da, mit dem ich reden konnte – das hat mich ganz nervös gemacht. Und vor dem Einschlafen ist es dann über mich gekommen.

Was geschah dann?

Ich war nicht bei mir ... Alles geschah in einem höchst angenehmen Schlummer ... Mein Mann hat mich dann mit Duftstoffen besprenkelt, davon bin ich erwacht.

* Grabstätten der Heiligen, denen wundertätige Kräfte zugeschrieben werden (Anm. d. Ü.).

** Ein berühmter Fall aus den Jahren kurz nach der Unabhängigkeit. Gepanschtes Speiseöl forderte eine Reihe von Todesopfern und machte viele zu Krüppeln.

Hat er dir dann erzählt, was passiert war?
Ja. Ich habe nur gemerkt, daß ich mir auf die Zunge gebissen hatte ... Als ich den Anfall im Krankenhaus hatte, da hätte ich mir fast die Zunge abgebissen ... Ich hatte mich erbrochen und meine Zunge ...
Im Krankenhaus ist es auch über dich gekommen?
Ja, und weiß du, was die Frauen gemacht haben, die bei mir im Zimmer lagen? Sie haben mir Duftstoffe auf die Zunge getan! Sie dachten sich: »Wenn sie stirbt, braucht der Arzt ja nichts davon zu wissen, und wenn sie es übersteht ...« Vorher hatten sie schon alles mögliche versucht – Wasser und andere Sachen, aber ohne Erfolg.
Aber dem Pflegepersonal haben sie nichts gesagt?
Nein, sie haben dichtgehalten. Bis ein Uhr morgens versuchten sie, mich durch Ohrfeigen aufzuwecken. Aber ich war im Tiefschlaf. Die Geister warten ja immer, bis alle Leute schlafen ... Es hat noch mindestens eine halbe Stunde gedauert. Der ganze Saal war über zwei Stunden lang in Aufruhr ...
Und du wußtest danach nur, daß du geschlafen hast?
Ja, ich bin erst am Mittag aufgewacht. Daß irgend etwas passiert sein mußte, habe ich daran gemerkt, daß meine Zunge ganz geschwollen war.
Mein Gott!
Ja, glaub' mir, ich dachte: irgendwann wirst du dir mal die Zunge abbeißen!
Bist du danach zu einem *fqih* gegangen?
Ja, aber nur, weil ich immer solche Angst hatte, wenn ich allein schlafen mußte. Inzwischen ist es nicht mehr so schlimm, aber damals dachte ich immer, daß ich überfallen werde. Ich konnte nicht einschlafen, wenn ich nicht unter dem Bett und in den Schränken nachgesehen hatte ... In solchen Nächten habe ich oft kein Auge zugetan. Ich weiß auch nicht, was das ist – aber sobald ich eingeschlafen war, hatte ich ganz schlimme Träume ... Ich wachte wieder auf, weil ich glaubte, daß mich jemand erwürgt. Ich weinte und betete zu allen Heiligen ...
Ist das immer noch so?
Nein, seit wir in dieses Haus gezogen sind, ist es vorbei. Aber ich schlafe immer mit einem Messer unter dem Kopfkissen ...

Transkription von Namen und Begriffen aus dem Arabischen

1. Eigennamen wurden in der französischen Umschrift wiedergegeben, die auch in Marokko üblich ist.
2. Um die Einführung eines wissenschaftlichen Transkriptionssystems mit seinen Sonderzeichen und Ausspracheregeln zu vermeiden, wurde versucht, die arabische Lautbildung in deutscher Umschrift annähernd wiederzugeben. Ungenauigkeiten waren dabei unvermeidbar: die im Arabischen bedeutsame Unterscheidung zwischen ›Lang-‹ und ›Kurzvokalen‹, ›dunklen‹ und ›hellen‹ Konsonanten, sowie zwischen stark und schwach gehauchtem ›h‹ konnte nicht kenntlich gemacht werden.

   Im übrigen sind die transkribierten Begriffe unter Beachtung der folgenden Regeln auszusprechen:

aa	gepreßtes, kehliges a
ai	gepreßtes, kehliges i
ch	wie in Bach
dsch	stimmhaftes sch wie in Journal
q	dumpfes, kehliges k
rh	Gaumen-r
th	stimmhaft (engl.: the)
z	stimmhaftes s
’	Stimmabsatz (be’enden)

Fatema Mernissi

im Luchterhand Literaturverlag

Die Sultanin
Die Macht der Frauen in der Welt des Islam
Aus dem Französischen von Edgar Peinelt
ca. 240 Seiten. Gebunden

Die Welt des Islam – aus neuer Sicht

»Die Bühne des Zeitgeschehens ist in den muslimischen Ländern immer eine Drehbühne: ein Szenenbild zeigt die Gegenwart, das andere die Vergangenheit.«
Als 1988 in Pakistan eine Frau zur Premierministerin gewählt wurde, Benazir Bhutto, empfand man dies in der Welt des Islam als krassen Bruch mit der Überlieferung. Tatsächlich wurde Benazir Bhutto schon nach zwanzig Monaten ihres Amtes enthoben.
Die Marokkanerin Fatema Mernissi, die sich seit langem mit der Rolle der Frau in der Welt des Islam beschäftigt, machte bei ihren Studien über den Einfluß von Frauen in der Geschichte der muslimischen Länder die Entdeckung, daß oftmals über kurze und weite Spannen hin in den großen Zeiten und Räumen islamischer Herrschaft Frauen die weltliche Macht innegehabt haben. Sultaninnen herrschten einst über Delhi, Kairo, Sanaa, Granada. Andere übten als »Lieblingssklavinnen« eines Herrschers oder »graue Eminenzen« in der Welt des Harems, als Ehefrauen oder Mütter eines Sultans oder Kalifen Einfluß und Macht aus. An Beispielen fehlt es nicht – nur waren sie unbekannt, weil die Geschichtsschreiber sie verschwiegen, unterdrückten.
Fatema Mernissi, »eine moderne Scheherezade«, erzählt die Geschichte dieser Frauen. Sie führt ihre Leserinnen und Leser durch die bewegten Ereignisse der Epochen: Eroberungen, Umwälzungen und Spaltungen. Aber auch Größe und Glanz der islamischen Kultur werden sichtbar.
›Die Sultanin‹ ist nicht zuletzt ein ebenso umfassender wie aktueller Beitrag zur Frauenfrage und Emanzipation in den muslimischen Ländern und zugleich ein anschauliches lehrreiches Buch über die Macht und ihre Paradoxien.

Frauen bei uns und anderswo – gestern und heute

in der Sammlung Luchterhand

Sibilla Aleramo
Tagebuch einer Frau 1945–1960
Aus dem Italienischen
von Gisela Baratta und
Maja Pflug
Das Tagebuch der Autorin von
Una donna.

Bubikopf
Aufbruch in den Zwanzigern
Texte von Frauen
Hg. Anna Rheinsberg
Originalausgabe
SL 753

Gute Nacht, du Schöne
Autorinnen blicken zurück
Hg. von Anna Mudry
Originalausgabe
SL 969
Schriftstellerinnen der ehemaligen DDR berichten offen und kritisch, wie sie heute ihre Lebensgeschichte sehen.

Der Harem ist nicht die Welt
Elf Berichte aus dem Leben
marokkanischer Frauen
Hg. Fatima Mernissi
SL 789

Kazuo Ishiguro
Damals in Nagasaki
Roman
Aus dem Englischen
von Magarete Längsfeld
SL 821

Gabriele Kreis
Frauen im Exil
Dichtungen und Wirklichkeit
SL 812
»Ein spannendes Geschichts- und Geschichtenbuch über die alltägliche Wirklichkeit des Exils.« *WDR*

Marie-Luise Könneker
Mädchenjahre
Ihre Geschichte in Bildern
und Texten
SL 307

Beata Lipman
Alltag im Unfrieden
Frauen in Israel, Frauen in Palästina
SL 833

Karen Margolis
Der springende Spiegel
Begegnungen mit Frauen zwischen
Oder und Elbe
Originalausgabe
SL 981

Paola Masino
Die Geburt der Hausfrau und ihr Tod
Roman
Aus dem Italienischen
von Maja Pflug
SL 983

Aysel Özakin
Die Preisvergabe
Roman
SL 840
Drei Generationen von Frauen in der Türkei, drei Versionen, Mißfallen auszudrücken, sich zur Wehr zu setzen.

Geschichten aus der Geschichte

in der Sammlung Luchterhand

Diese Anthologien unterscheiden sich von anderen Erzählsammlungen durch das Prinzip, Geschichte in Geschichten widerzuspiegeln. Nicht Schreibweisen sollen repräsentiert werden, sondern literarische Texte in ihren zeitlichen Bezügen zu einem historischen Prozeß.

Geschichten aus der Geschichte der Bundesrepublik Deutschland
Hg. von Klaus Roehler
SL 300. Originalausgabe

Geschichten aus der Geschichte der DDR
Hg. von Manfred Behn
SL 301. Originalausgabe

Geschichten aus der Geschichte Frankreichs seit 1945
Hg. und eingeleitet von Claude Prévost
SL 836. Originalausgabe

Geschichten aus der Geschichte Nordirlands
Hg. von Rosaleen O'Neill und Peter Nonnenmacher
SL 704. Originalausgabe

Geschichten aus der Geschichte der Türkei
Hg. Güney Dal und Yüksel Pazarkaya
SL 804. Originalausgabe

Geschichten aus der Geschichte Polens
Hg. von Per Ketman und Ewa Malicka
SL 856. Originalausgabe

Geschichten aus der Geschichte Kubas
Hg. José Antonio Friedl Zapata
SL 878. Originalausgabe

Geschichten aus der Geschichte der Sowjetunion
Hg. von Thomas Rothschild
SL 901. Originalausgabe

Schweiz
Geschichten aus der Geschichte nach 1945
Hg. von Rolf Niederhauser/Martin Zingg
SL 947. Originalausgabe

Tschechoslowakei
Geschichten aus der Geschichte
Hg. von Paul Kruntorad
SL 958. Originalausgabe

Reisen in die Ferne

mit der Sammlung Luchterhand

Albert Camus
Hochzeit des Lichts
Heimkehr nach Tipasa
Mittelmeer-Essays
SL 755
»Der Autor ... gibt hier die verheimlichte Kehrseite seines Rebellentums zu erkennen – eine tiefe Sehnsucht nach der ursprünglichen Einheit von Mensch und Welt.«
Gerd Henniger im Südfunk

Anna Seghers
Aufstand der Fischer von St. Barbara und andere Erzählungen
SL 349
Wir wissen nicht, wo St. Barbara liegt, die Zeit ist ungewiss, der revolutionäre Aspekt nur symbolisch angedeutet. Bestimmt und nachprüfbar sind einzig die Fischer, deren Leben schlecht ist.

Irmtraud Morgner
Die wundersamen Reisen Gustavs des Weltfahrers
Lügenhafter Roman
mit Kommentaren
SL 350
Sieben abenteuerliche Reisen, die der Großvater der Erzählerin in die exotischsten Erdengegenden sowie zu einem seltsamen fernen Gestirn unternahm ...

Anna Seghers
Die Hochzeit von Haiti
Karibische Geschichten
SL 193
Ein nur scheinbar exotischer Stoff – die Revolution der Negersklaven auf den Antillen zur Zeit der Französischen Revolution. Der zeitgeschichtliche Bezug – auch zu den Diktaturen Lateinamerikas unserer Zeit – ist offenkundig.

Pablo Neruda
Seefahrt und Rückkehr
SL 535
Gedichte voller Schiffahrtsmetaphorik: Das Leben der Menschen ist wie eine Reise mit dem Schiff hin zu hellen, freundlichen Gestaden, aber gleichzeitig bedroht von Schiffbruch und Untergang.

Jusuf Naoum
Der rote Hahn
Erzählungen des Fischers Sidaoui
SL 153
»... eine Kette von Abenteuern und Schlägereien, voller Anekdoten und orientalisch übertriebener Phantastik, kaum Sein und Schein unterscheidend.« *Gerhard Endreß, Hessischer Rundfunk*

Der nahe Ferne Osten

in der Sammlung Luchterhand

Christa Proksch
Taijiquan
Die Kunst der natürlichen Bewegung
Mit Beiträgen von Ute Engelhardt und August Nitschke
SL 702
Grundthema dieses Bandes ist die Frage nach der Übertragbarkeit von Bewegungs- und somit auch von Verhaltensmustern, die in einer sehr fremden Kultur entwickelt wurden und unseren eigenen kulturell vorgeprägten Vorstellungen diametral entgegengesetzt sind. Christa Proksch gibt uns einen Erfahrungsbericht über das, was sie in Verbindung mit ihren Schülern in Taijiquan gefunden hat. Der Kulturhistoriker August Nitschke erweitert mit seinem Beitrag »Die Bewegung als Zugang zu einer Kultur« das Thema über das Taijiquan hinaus. Die Sinologin Ute Engelhardt gibt eine Einführung in Ursprung und Geschichte des Taijiquan.

Kazuo Ishiguro
Damals in Nagasaki
Roman
Aus dem Englischen von Margarete Längsfeld
SL 821
Frauenleben zwischen zwei Welten: Erschüttert durch den Selbstmord ihrer noch in Japan geborenen Tochter, erinnert sich die Japanerin Etsuko, inzwischen in England lebend, wie das war, damals in Nagasaki nach dem Krieg und der Zerstörung der Stadt.
»Ein bedeutsam-distanziert geschriebener Roman, der vom Leiden an der Lösung traditioneller Bindungen in Japan selbst und vom Leiden an der Entwurzelung bei der Suche nach einer neuen Heimat handelt.«
Alice Villon-Lechner, FAZ

Erzählerinnen

in der Sammlung Luchterhand

Eine Auswahl

Natalja Baranskaja
Das Ende der Welt
Erzählungen von Frauen
SL 581. Originalausgabe

Adelheid Duvanel
Anna und ich
Erzählungen. SL 662
In intensiven Bildern zeigt Adelheid Duvanel gekränkte Hoffnungen und die Kraft an Träumen festzuhalten.

Aysel Özakin
Die Preisvergabe
Roman
SL 840
Drei Generationen von Frauen in der Türkei, drei Versionen, Mißfallen auszudrücken, sich zur Wehr zu setzen.

Fabrizia Ramondino
Althénopis
Kosmos einer Kindheit
Roman. SL 830
»Wer den Roman gelesen hat, wird die Atmosphäre jener langen Stationen einer Kindheit nicht vergessen, einer Kindheit, die ewig zu sein schien, zugleich aber in der Schwebe gehalten von der ständigen Erwartung, durcheinandergebracht und vertrieben zu werden, abreisen zu müssen in ein nächstes Exil.«
Natalia Ginzburg

Christa Reinig
Gesammelte Erzählungen
SL. 656. Originalausgabe
Der Band sammelt von den frühen Geschichten bis hin zu den jüngeren, radikal-feministischen Arbeiten, die wichtigsten und für die Entwicklung der Autorin einschneidendsten Erzählungen.

Gabriele Wohmann
Gesammelte Erzählungen aus dreißig Jahren
Drei Bände
SL 651/652/653

Christa Wolf
Gesammelte Erzählungen
SL 361